Naher Osten

Wegweiser zur Geschichte

Herausgegeben vom
Militärgeschichtlichen Forschungsamt

Wegweiser zur Geschichte
Naher Osten

Im Auftrag des
Militärgeschichtlichen Forschungsamtes
herausgegeben von Bernhard Chiari
und Dieter H. Kollmer

unter Mitarbeit von
Martin Rink

Zweite, überarbeitete und erweiterte Auflage

FERDINAND SCHÖNINGH 2009
Paderborn • München • Wien • Zürich

Umschlagabbildung:
Altstadt von Jerusalem. Aufnahme vom 26. September 2008
(picture alliance/dpa)

Bibliografische Information der Deutschen Nationalbibliothek

Die Deutsche Nationalbibliothek verzeichnet diese Publikation
in der Deutschen Nationalbibliografie; detaillierte bibliografische
Daten sind im Internet über http://dnb.d-nb.de abrufbar.

Gedruckt auf umweltfreundlichem, chlorfrei gebleichtem
und alterungsbeständigem Papier ISO ⊖ 9706

2., überarb. und erw. Aufl.
© 2009 Ferdinand Schöningh, Paderborn
(Verlag Ferdinand Schöningh GmbH & Co. KG,
Jühenplatz 1, D-33098 Paderborn)

Internet: www.schoeningh.de

Redaktion, Lektorat, Satz, Layout: MGFA, Potsdam
Lektoren: Roland G. Foerster, Alexander Kranz, Stephan Theilig,
Michael Thomae, Aleksandar-S. Vuletič
Druck: SKN Druck und Verlag GmbH & Co., Norden

Alle Rechte vorbehalten. Dieses Werk sowie einzelne Teile sind urheber-
rechtlich geschützt. Jede Verwertung in anderen als den gesetzlich
zugelassenen Fällen ist ohne vorherige schriftliche Zustimmung des
Verlages nicht zulässig.

Printed in Germany

ISBN 978-3-506-76759-2

Inhalt

Vorwort 7
Einleitung 9

I. Historische Entwicklungen

Der Nahe Osten als Konfliktgebiet in Antike
und Mittelalter 17
Loretana de Libero

Der Mittelmeerraum in der Frühen Neuzeit 27
Martin Rink

Die Osmanenzeit im Nahen Osten 39
Mehmet Hacısalihoğlu

Der osmanische Kriegsschauplatz im Ersten Weltkrieg 51
Gerhard P. Groß

Der Nahe Osten und der Libanon nach dem Ersten Weltkrieg 59
Henner Fürtig

Die jüdische Siedlungsbewegung bis zur Gründung
des Staates Israel 67
Angelika Timm

Der Nahe Osten und der Zweite Weltkrieg 79
Rolf-Dieter Müller

Die Gründung des Staates Israel: Historisches
Geschehen und gesellschaftliche Weichenstellungen 89
Angelika Timm

Die Nahostkriege seit 1956 und der Friedensprozess 99
Andreas Mückusch

Die Palästinenser und die Rolle der PLO 113
Christoph M. Scheuren-Brandes

Der Bürgerkrieg im Libanon 1975 bis 1990 123
Martin Rink

Der libanesische Staat und die Hisbollah seit 1970 139
Melanie Herwig, Rudolf Schlaffer

Der Sommerkrieg 2006 im Libanon und seine Folgen **147**
Tarik Ndifi

II. Strukturen und Lebenswelten

Die Grundlagen des Nahostkonflikts **157**
Udo Steinbach

Das geopolitische Umfeld des Nahostkonflikts **169**
Martin Beck

Konfliktlösung der Vereinten Nationen **181**
Thomas Breitwieser

Die Rolle des Militärs in Israel **199**
Gil Yaron

Judentum und jüdische Religion **207**
Bernhard Chiari

Der Holocaust und die deutsch-israelischen Beziehungen **219**
Norbert Kampe

Religiöse Texte und religiöse Gewalt in der islamischen Welt **229**
Ralf Elger

Wirtschaft und Ökologie **237**
Dieter H. Kollmer

Städteportrait: Beirut und Tel Aviv **249**
Marko Martin

Jerusalem, die heilige Stadt **257**
Gil Yaron

Anhang (*Richard Göbelt*)

Geschichte im Überblick **264**
Kalender **280**
Erinnerungsorte **283**
Literatur und neue Medien **290**
Register **304**
Autorinnen und Autoren **311**

Vorwort

Seit dem Bundestagsbeschluss vom 20. September 2006 ist die Bundeswehr auf Grundlage der Resolutionen der Vereinten Nationen mit einem »robusten Mandat« im Nahen Osten eingesetzt. Im Rahmen eines internationalen Flottenverbands unterstützt die Deutsche Marine die Überwachung der Seewege vor der libanesischen Küste, um den illegalen Waffenhandel zu unterbinden.

Auslöser für die Verstärkung der UN-Mission UNIFIL auf insgesamt mehr als 13 000 Mann war der Sommerkrieg im Libanon vom Juli und August 2006. Mit dem Ende der damaligen israelischen Militäroperationen brachen Auseinandersetzungen insbesondere innerhalb des palästinensischen Lagers aus. Im Juni 2007 lieferten sich die Bewegungen der Fatah und Hamas erbitterte Kämpfe um die Macht im unter palästinensischer Verwaltung stehenden Westjordanland sowie im Gazastreifen. Auf Einladung des US-Präsidenten kamen im November Vertreter der israelischen Regierung mit Angehörigen der palästinensischen Autonomiebehörde zu Friedensgesprächen in Annapolis, MD, zusammen, die immerhin die beiderseitige Bereitschaft zur Fortsetzung der Verhandlungen deutlich werden ließen. Im Sommer 2008 schließlich wurden – im Austausch gegen palästinensische Gefangene – die sterblichen Überreste zweier israelischer Soldaten, deren Entführung zwei Jahre zuvor den Sommerkrieg ausgelöst hatte, an ihre Angehörigen übergeben.

Innerhalb Israels und des Libanon ergaben sich bedeutende Veränderungen. Nach dem Rücktritt von Premierminister Ehud Olmert erhielt im September 2008 die amtierende Außenministerin und neue Vorsitzende der liberalen Partei Kadima, Zipi Livni, von Staatspräsident Schimon Peres den schwierigen Auftrag zur Regierungsbildung in Jerusalem. Den Libanon lähmte seit Herbst 2006 eine Parlaments- und Regierungskrise, während derer das Amt des Staatspräsidenten sechs Monate lang vakant blieb. Im Mai 2008 besetzten Hisbollah- und Amal-Kämpfer vorübergehend Teile Beiruts. Angesichts einer möglichen erneuten Eskalation der Kämpfe in Richtung eines Bürgerkriegs einigten sich die Kontrahenten unter Vermittlung der Arabischen Liga auf die Bildung einer Regierung der nationalen Einheit. Der frühere Armeechef Michel Suleiman konnte am 25. Mai 2008 zum libanesischen Staatsoberhaupt gewählt werden.

Die Ursachen für die vielfältigen Konflikte im Nahen Osten reichen tief in die Vergangenheit zurück. Hier setzt das Militärgeschichtliche Forschungsamt (MGFA) mit seiner Reihe »Wegweiser zur Geschichte« und dem Versuch einer ungeschönten Analyse komplexer Zusammenhänge an. Der nun in zweiter, erweiterter und überarbeiteter Auflage vorliegende Band zum Nahen Osten soll mit Blick auf diese Region als Ausbildungshilfe für Soldaten der Bundeswehr – allen voran die Angehörigen des deutschen UNIFIL-Kontingents – und als Orientierungshilfe für alle interessierten Leserinnen und Leser dienen.

Gleichzeitig bietet jede Neuauflage Gelegenheit, auf Fragen, Anregungen und Kritik unserer Leser zu reagieren. Ohne die elementare Rolle des Konflikts zwischen Israel und den Palästinensern zu vernachlässigen, wurde in dieser Auflage noch stärker die jüngere Geschichte des Libanon in den Blick gerückt. Dr. Bernhard Chiari, Leiter des Moduls Einsatzunterstützung und verantwortlich für die Reihe der »Wegweiser«, hat die Neuauflage mit diesem Ziel konzipiert und erfolgreich zum Abschluss gebracht. Dr. Martin Rink bearbeitete das Manuskript redaktionell und hatte wesentlichen Anteil an der inhaltlichen Fortschreibung. Oberst a.D. Dr. Roland G. Foerster übernahm das Lektorat, zusammen mit Michael Thomae aus dem MGFA. Maurice Woynoski gestaltete den Band, verantwortlich für den Satz waren Carola Klinke und Christine Mauersberger. Ich danke vor allem den Autorinnen und Autoren für die Aktualisierungen und neuen Beiträge. Mein Dank gilt ebenso dem Mitherausgeber Oberstleutnant Dr. Dieter H. Kollmer sowie Prof. Dr. Udo Steinbach, dem ehemaligen Leiter des Deutschen Orient-Instituts, Hamburg, für seine konzeptionelle Beratung. Dr. Angelika Timm, Arbeitsstelle Politik des Vorderen Orients, Freie Universität Berlin/Bar Ilan University, Ramat Gan, Israel, unterzog die erste Auflage einer zusätzlichen fachlich-kritischen Überprüfung. Dem »Wegweiser zur Geschichte: Naher Osten« wünsche ich weiterhin viel Erfolg.

Dr. Hans Ehlert
Oberst und
Amtschef des Militärgeschichtlichen Forschungsamtes

Einleitung

Die internationalen Ereignisse im Zusammenhang mit dem Sommerkrieg von 2006, die den unmittelbaren Anlass für das Erscheinen des »Wegweisers zur Geschichte: Naher Osten« bildeten, sind aus der Perspektive des Oktobers 2008 bereits selbst als historisch zu bezeichnen. Am Mittwoch, dem 20. September 2006, stimmte nach einer kontrovers geführten Debatte im Deutschen Bundestag eine große Mehrheit von 442 der insgesamt 599 Abgeordneten für eine deutsche Militärmission im Nahen Osten. Als Teil der von den Vereinten Nationen mandatierten United Nations Interim Force in Lebanon (UNIFIL) lief schon wenige Tage später ein 1000 Mann starker Verband der Deutschen Marine aus. Zwei Fregatten, ein Einsatzgruppenversorger, ein Tender sowie vier Schnellboote sollten der libanesischen Regierung helfen, ihre Küste gegen Waffenschmuggel zu sichern sowie Aufklärung und Kontrolle der Seewege sicherzustellen.

Die Marineoperation im Libanon, die mit keinem der bis 2006 von der Bundeswehr durchgeführten Auslandseinsätze vergleichbar ist, läuft mittlerweile im dritten Jahr. Der Deutsche Bundestag verlängerte das Mandat zuletzt bis zum Jahresende 2009. Nach wie vor besitzt der internationale Flottenverband der UNIFIL, die insgesamt über mehr als 13 000 Soldaten zu Land, zu Wasser und in der Luft verfügt, ein »robustes Mandat« und arbeitet unter den Bedingungen von Kapitel IV der Charta der Vereinten Nationen. Dass heute sowohl die deutschen Soldaten der UNIFIL als auch die deutsche Bevölkerung diesen Einsatz als Normalität ansehen, ist alles andere als selbstverständlich. Noch während der Krise in Kuwait, das irakische Truppen im August 1990 besetzten und trotz einhelliger Verurteilung durch den UN-Sicherheitsrat annektierten, hatte die Bundesregierung eine direkte Beteiligung deutscher Truppen an einer internationalen Interventionstruppe abgelehnt. Sie begründete dies damit, dass ein solches Mandat im Orient für Deutschland nicht zuletzt aus historischen Gründen nicht tragbar sei. Im Herbst 2008 gibt es in der europäischen Öffentlichkeit zwar durchaus Diskussionen über die militärische Sinnhaftigkeit des Marineeinsatzes an der libanesischen Küste und über dessen konkrete Ergebnisse. Den Einsatz der UNIFIL im Allgemeinen und die deutsche Beteiligung im Speziellen stellen grundsätzlich jedoch weder der Deutsche Bundestag noch die Öffentlichkeit in der Bundesrepublik infrage.

Deutsche Truppen als Teil der UNIFIL sind die Konsequenz eines Konfliktes, der im Juli und August 2006 zum Ausbruch kam, als israelische Truppen zum wiederholten Mal in den Südlibanon einmarschierten. Im »Libanonkrieg« (in Israel auch »Zweiter Libanonkrieg«, in arabischen Ländern auch als »Julikrieg« und »33-Tage-Krieg« bezeichnet) ging die Israelische Verteidigungsarmee (hebr. Zahal) nach zahlreichen Raketenangriffen auf das Territorium Israels und wegen der Entführung zweier israelischer Soldaten gegen militärische Kräfte und Führungsstrukturen der Hisbollah vor. Unter dem Namen »Just Reward« (engl. Gerechter Lohn) begann am 12. Juli eine Offensive, die sich aus Sicht der israelischen Führung erstens direkt gegen die im Lande operierende Hisbollah richtete und zweitens die Regierung des Libanon dazu bewegen sollte, die Entwaffnung dieser Gruppe durchzusetzen und deren gewaltsame Aktionen gegen Israel zu unterbinden. Der Infrastruktur des gesamten Libanon fügte die israelische Armee in den folgenden Wochen durch Bombardements, Artilleriebeschuss sowie den Einsatz weitreichender Präzisionswaffen enorme Schäden zu. Die Luftwaffe flog weit mehr als 15 000 Einsätze gegen Ziele im ganzen Land, die israelische Marine nahm 2500 Objekte an der libanesischen Küste unter Feuer. Eine Luft- und Seeblockade legte im Libanon weite Teile des Lebens lahm. Am 23. Juli überschritten auch israelische Bodentruppen die Staatsgrenze und nahmen als Hochburgen der Hisbollah geltende Orte vor allem in Grenznähe ein. Zivile Opfer unter der libanesischen Bevölkerung – so starben allein bei einem Luftangriff auf Kana am 30. Juli mindestens 28 Menschen, darunter viele Kinder – erhöhten den Druck auf die Konfliktparteien, die militärische Auseinandersetzung durch Verhandlungen zu ersetzen. Der Rückzug der israelischen Streitkräfte im August 2006 erfolgte zu einem Zeitpunkt, als die nach der Taktik einer Guerillatruppe kämpfende und fest in der Bevölkerung verwurzelte Hisbollah noch nicht wesentlich in ihren militärischen Fähigkeiten geschwächt worden war.

Die Ereignisse seitdem machten deutlich, dass der Militäreinsatz bestehende Probleme nicht beenden konnte. Im Libanon gingen die politischen und gesellschaftlichen Auseinandersetzungen, bei denen die Hisbollah weiterhin eine Schlüsselrolle übernahm, unvermindert weiter. Hisbollah- und Amal-Kämpfer besetzten im Mai 2008 vorübergehend abermals Teile der Hauptstadt Beirut. Erst kurz vor Aufflammen eines weiteren Bürgerkriegs und nach Vermittlung der Arabischen Liga gelang im Libanon im Mai 2008 die Wahl eines neuen Staatspräsidenten und die Bildung einer handlungsfähigen Regierung. Im Westjordanland und im Gazastreifen bekriegten sich währenddessen die Palästinenserorganisationen Fatah und Hamas. Schimon Peres beauftragte nach dem Rücktritt von Premierminister Ehud Olmert im September 2008 die neue Parteivorsitzende der Kadima und amtierende Außenministerin, Zipi Livni, mit der Regierungsbildung in Jerusalem. Wie sich dieser Wechsel innerhalb der israelischen Führung auf die politische Entwicklung auswirken wird, bleibt abzuwarten.

Die Kontrolle im Südlibanon üben heute wieder die libanesische Armee sowie die Kräfte der UNIFIL aus. Dies ist Teil der Bemühungen um einen umfassenden Friedensplan für den Nahen Osten, der bislang allerdings nach wie vor nicht in klaren Konturen erkennbar ist. Verhandlungen wechselnder Teilnehmer konnten vor allem ein Grundproblem nicht lösen: Bis heute gibt es keinen souveränen Staat, in dem das insgesamt wohl neun Millionen Menschen zählende Volk der Palästinenser – davon 3,7 Millionen als Flüchtlinge anerkannt – eine nationale Heimstätte finden könnte. Hierdurch und verstärkt durch die Tatsache, dass der Staat Israel auf einem Territorium existiert, das bis zu Beginn des 20. Jahrhunderts fast ausschließlich von Arabern besiedelt war, ist in Jahrzehnten ein vielschichtiges Konfliktgefüge entstanden. Dieses schließt die Nachbarstaaten Israels ebenso ein wie weite Teile der islamischen Welt, die Israel auch aufgrund der Rolle der Vereinigten Staaten als dessen Schutz- und Garantiemacht nicht nur als regionalen Gegner, sondern auch als »Einfallstor« westlicher Interessen betrachten.

Der in Jahrzehnten immer wieder festgefahrene und erneut flottgemachte Friedensprozess wie auch die konträre Lagerbildung zwischen Israel und seinen Nachbarn haben den Ost-West-Konflikt des Kalten Krieges mittlerweile um mehr als 15 Jahre überlebt. Besonders kompliziert stellt sich die Beurteilung der Lage im Nahen Osten für die deutsche Seite dar. Das deutsch-israelische Verhältnis nahm seinen Ausgangspunkt 1945 mit der Zerschlagung des nationalsozialistischen Deutschlands, das die planmäßige Ermordung von sechs Millionen Juden während des Zweiten Weltkriegs zu verantworten hatte. Diese Form gemeinsamer Geschichte von Israelis und Deutschen macht die im Rahmen einer UN-Mission notwendige Neutralität für die Bundesrepublik schwieriger als für jedes andere beteiligte Land.

Das vorliegende Buch soll den seit Jahrzehnten schwelenden und immer wieder offen zum Ausbruch kommenden Konflikt im Nahen Osten beschreiben und aus der jeweils unterschiedlichen Perspektive von Historikern, Politologen und Kulturwissenschaftlern analysieren. Dabei liegt der Schwerpunkt auf der Siedlungs- und politischen Geschichte im heutigen Israel und im Libanon sowie auf den Auseinandersetzungen, die die Region vor, während und nach der Staatsgründung Israels erschütterten. Aus dem besonderen Bezug zum aktuellen Mandat der UNIFIL ergibt sich eine weitere Fokussierung auf das israelisch-libanesische Verhältnis. Weitere staatliche Akteure wie Syrien, Jordanien oder Ägypten bleiben demgegenüber eher am Rande der Betrachtung.

Im Zusammenhang mit dem Nahost-Konflikt nach einfachen Erklärungen oder pauschalen Schuldzuweisungen zu suchen, würde weder der Realität der Auseinandersetzungen noch dem schwierigen Auftrag gerecht, den UNIFIL unter dem Mandat der Vereinten Nationen übernommen hat. Dem tragen der Aufbau des Buches sowie der Versuch Rechnung, dem Leser einen möglichst facettenreichen Einblick in Geschichte, Gegenwart und Kultur der Region zu ermöglichen. Im ersten Abschnitt des »Wegweisers zur Geschichte: Naher Osten«, überschrieben mit »Historische Entwicklungen«, schildern zunächst Loretana de Libero und Martin Rink die Wandlungen Palästinas bzw. des Nahen Ostens in der Antike, im Mittelalter und während der Frühen Neuzeit. Neben den Auseinandersetzungen, die seit der Spätantike zwischen christlichen Herrschern und dem aufkommenden Islam geführt wurden, stellen sie mit Palästina einen Kultur- und Handelsraum vor, der in vielfältiger Weise mit dem europäischen Abendland verbunden war. Mehmet Haçsalihoğlu zeichnet das Schicksal Palästinas und der angrenzenden Provinzen des Osmanischen Reiches nach, in dem Juden und Christen zwar streng kontrolliert, aber doch weitgehend frei in ihrer Glaubensausübung leben konnten, solange sie die Auflagen der osmanischen Behörden erfüllten. Gerhard P. Groß widmet sich der deutsch-osmanischen militärischen Zusammenarbeit während des Ersten Weltkriegs. Diese konnte weder das militärische Scheitern der Mittelmächte noch den Zusammenbruch des Osmanischen Reiches verhindern, hat in der Region aber vielfältige Spuren hinterlassen, die noch heute sichtbar sind. Henner Fürtig skizziert die internationalen Versuche, nach dem Ende der türkischen Herrschaft 1918 im Nahen Osten ein geordnetes Staatswesen zu schaffen. Es galt, in den Mandatsgebieten des Libanon und Palästinas – die faktisch erst während und nach dem Zweiten Weltkrieg unabhängig wurden – eine geregelte staatliche Ordnung herzustellen und das friedliche Zusammenleben der verschiedenen Bevölkerungsgruppen zu ermöglichen.

Angelika Timm thematisiert die Entwicklung des Zionismus in der jüdischen Diaspora Mitteleuropas und die Siedlungsbewegung der europäischen Juden, die seit Beginn des 20. Jahrhunderts die Bevölkerungsverhältnisse in Palästina grundlegend veränderte und den Grundstein legte für die Realisierung der von den Zionisten verfolgten Vision eines jüdischen Staates. Dass der Nahe Osten im Zweiten Weltkrieg Objekt nationalsozialistischer Politik ebenso wie militärisches Operationsgebiet wurde, zeigt Rolf-Dieter Müller. In ihrem zweiten Beitrag schildert Angelika Timm anschließend die Gründung des Staates Israel 1948. Sie untersucht die regionalen Auseinandersetzungen, die der Staatsgründung folgten, und erläutert vor allem Voraussetzungen und Basis jüdischer Staatlichkeit, ohne die eine realistische Bewertung aktueller Konfliktlagen schwerfällt. Die Geschichte des Nahostkonfliktes seit 1949 vollzieht Andreas Mückusch im Zusammenhang nach, ergänzt durch Betrachtungen von Christoph M. Scheuren-Brandes zu den Palästinensern und der Geschichte ihrer wichtigsten Organisation PLO, die sich seit fast 40 Jahren für einen eigenen palästinensischen Staat einsetzt. Martin Rink behandelt den Bürgerkrieg im Libanon zwischen 1975 und 1990, der das Land verwüstete und tiefe Gräben zwischen Ethnien, Religionen und politischen Lagern hinterließ. Melanie Herwig und Rudolf J. Schlaffer ergänzen diese Perspektive um einen Aufsatz zur Entstehung der Hisbollah und ihrer Verwurzelung in der libanesischen Gesellschaft. Tarik Ndifi geht auf die israelischen Militäroperationen vom Sommer 2006 und ihre gravierenden Auswirkungen auf Staat und Gesellschaft des Libanon ein.

Der zweite Abschnitt des Buches ist überschrieben mit »Strukturen und Lebenswelten«. Er vermittelt Einblicke in politische, sicherheitspolitische, wirtschaftliche, religiöse und kulturelle Problemfelder, die für die aktuelle Lage im Nahen Osten bestimmend sind. Einleitend erörtert Udo Steinbach die historisch-politische Dimension der Auseinandersetzungen und geht dabei bis in die Zeit vor Gründung des Staates Israel zurück. Daran anschließend beleuchtet Martin Beck den Einfluss internationaler Akteure und Interessen auf die Region. Die Bemühungen um »Peacekeeping«, die die Vereinten Nationen in fast 60 Jahren zur Beilegung der Streitigkeiten unternommen haben, zeichnet Thomas Breitwieser nach. Eine herausragende Rolle im Konflikt kommt dem israelischen Militär zu. Gil Yaron beschreibt dessen Entstehung, analysiert seine – in letzter Zeit zunehmend umstrittene – Rolle in der israelischen Gesellschaft und lässt die Militarisierung der Gesellschaften im Nahen Osten generell zumindest erahnen.

Fragen der Mentalität, Religion und Wirtschaft widmen sich die sechs abschließenden Beiträge. Einen zentralen Bezugspunkt israelischer und jüdischer Identität bildet der Holocaust. Welche Folgen dies für Staat und Gesellschaft in Israel hatte, inwiefern die Erinnerung an die Shoah die Wahrnehmung des aktuellen Konfliktes beeinflusst und wie angesichts der Ermordung von sechs Millionen Juden durch das NS-Regime nach 1945 tragfähige deutsch-israelische Beziehungen entstehen konnten, erklärt Norbert Kampe. Der Nahostkonflikt begann als Auseinandersetzung um Siedlungsgebiete, doch basierte der Staat Israel von Anbeginn an auf dem jüdischen Glauben. Bernhard Chiari geht der historischen Entwicklung des Judentums nach, die sich nach dem Ende jüdischer Staatlichkeit im antiken Palästina vor allem in der europäischen Diaspora vollzog. Der Beitrag macht greifbar, warum Juden mit europäischem, amerikanischem oder israelischem Hintergrund bis heute in dem Bewusstsein leben, einer gemeinsamen Nation anzugehören. In Ergänzung hierzu verdeutlicht Ralf Elger die Wurzeln und die unterschiedlichen Richtungen des Islam. Verschiedene Interpretationen des Korans sowie

Einleitung

das islamische Rechtsverständnis betrachtet er vor allem vor dem Hintergrund fundamentalistischer Tendenzen der Gegenwart.

Der Nahe Osten ist kein einheitlicher Wirtschaftsraum wie etwa die Europäische Union. Dieter H. Kollmer geht den Strukturen und Problemen der beteiligten Volkswirtschaften nach. Dabei wird ersichtlich, dass die Konflikte im Nahen Osten nicht nur sukzessive das ökonomische Fundament für zukünftige Stabilität zerstören, sondern auch die ökologischen Lebensgrundlagen der betroffenen Länder bedrohen. Marko Martin porträtiert mit Tel Aviv und Beirut zwei Städte am Mittelmeer, die als lebendige und von kultureller Vielfalt geprägte Metropolen gelten können, aber auch die vielfältigen Erscheinungsformen des Konfliktes widerspiegeln. Abschließend skizziert Gil Yaron die »heilige Stadt« Jerusalem, deren große Bedeutung für die drei Weltreligionen Judentum, Christentum und Islam alle Verhandlungen über den zukünftigen Status der Stadt für die beteiligten Parteien zu einer zutiefst emotionalen Angelegenheit macht.

Sämtliche Beiträge wurden für die Neuauflage überarbeitet und teils umfänglich ergänzt. Die Aufsätze von Martin Rink zum libanesischen Bürgerkrieg und von Gil Yaron zu Jerusalem stellen Erweiterungen gegenüber der Erstausgabe dar. Um den Zugang zu komplexen Sachverhalten zu erleichtern, enthält der Band neben zahlreichen Karten einen dritten Abschnitt mit Zeittafel, Literatur- und Filmtipps, wichtigen Gedenk- und Feiertagen sowie bedeutenden Erinnerungsorten. Der Orientierung im Buch dient ein Namen- und Sachregister. Ständig aktualisierte Internetlinks finden Sie hingegen online auf der Seite http://www.mgfa.de/html/einsatzunterstuetzung/.

Schlüsselbegriffe werden in den Texten in farbig hinterlegten Infokästen erläutert, auf die im Register mit fett gedruckten Seitenzahlen verwiesen wird. Bei der Umschrift aus dem Hebräischen und Arabischen wurde der besseren Lesbarkeit willen durchgängig eine einfache, an der Aussprache orientierte Umschrift verwendet (so etwa Dschihad). Die Bände der Reihe »Wegweiser zur Geschichte« aktualisieren wir in unregelmäßigen Abständen und freuen uns in diesem Zusammenhang über Anregungen und Kritik. Bitte nutzen Sie hierzu die Kontaktdaten auf der vorderen Umschlaginnenseite dieses Buches.

Bernhard Chiari

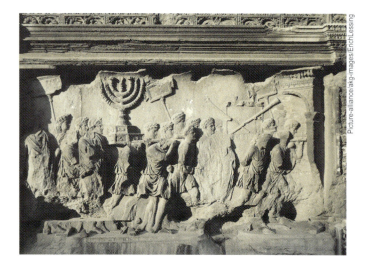

Ein Relief auf dem 81 n.Chr. in Rom errichteten Titusbogen zeigt den römischen Triumphzug nach dem sogenannten Ersten Jüdischen Krieg, in dem der siebenarmige Leuchter aus dem Tempel von Jerusalem mitgeführt wird. Römische Truppen hatten die Stadt im Jahre 70 n.Chr. erobert und den Tempel zerstört. Drei Jahre später fiel die Bergfestung Masada, wo mehrere Hundert jüdische Aufständische einen verzweifelten Kampf gegen die römischen Besatzer führten. Beide Ereignisse – die Zerstörung des Tempels und der Fall von Masada – zählen zu den zentralen Bezugspunkten des heutigen jüdischen bzw. israelischen Selbstverständnisses.

In der römischen Provinz Palaestina lebten Juden gemeinsam mit anderen Bevölkerungs- und Religionsgruppen als Untertanen römischer Kaiser. In der Spätantike wurde das Christentum Staatsreligion im Römischen Reich. Im Gefolge der Schlacht am Yarmak im Sommer 636 geriet der Nahe Osten unter die Herrschaft verschiedener muslimischer Dynastien, wobei ein Teil der Bevölkerung den jüdischen bzw. christlichen Glauben beibehielt. Im Mittelalter war das »Heilige Land« Ziel mehrerer Kreuzzüge, die zwischenzeitlich erneut eine regionale christliche Herrschaft sichern, die Durchsetzung des Islam auf Dauer jedoch nicht verhindern konnten.

Der Nahe Osten als Konfliktgebiet in Antike und Mittelalter

Der antike Mensch teilte die ihm bekannte Welt in Orient und Okzident. Diese ost-westliche Weltsicht richtete sich nach Sonnenaufgang (lateinisch: *sol oriens*, daher Morgenland) und Sonnenuntergang (lateinisch: *sol occidens*, daher Abendland). Im Römischen Reich galt als »Orient« der östliche Teil des Herrschaftsgebietes. Nach der Provinzreform des Kaisers Diocletian im Jahre 294 n.Chr. führte mit der Diözese *Oriens* sogar eine großräumige Verwaltungseinheit diesen Namen. Den politisch-geografischen Begriff »Naher Osten« kannten die Römer dagegen nicht. Ein Großteil der heute unter diesem Namen versammelten Regionen war einst von römischen Truppen erobert und unter direkte Herrschaft gestellt worden, das heißt, einst unabhängige Staaten wurden in Provinzen verwandelt, denen Statthalter vorstanden.

Das Gebiet des heutigen Libanons gehörte zur römischen Provinz Syrien (*Syria Phoenice*). Das von antiken Autoren gepriesene »schattenreiche« Libanongebirge gab dem modernen Staat seinen Namen. Parallel zur Mittelmeerküste durchzieht der Libanon das Land auf etwa 160 Kilometern Länge von Norden nach Süden; seine »mächtigen Zedern« weiß auch die Bibel zu rühmen. Das aromatische Zedernholz wurde bereits im 3. Jahrtausend v.Chr. vom Libanon nach Ägypten exportiert und vor allem für den Schiffsbau verwandt, es musste in späteren Zeiten aber auch für Mumiensärge herhalten. Alexander der Große ließ aus Zedern des Libanon 324 v.Chr. eine Flotte bauen; einer seiner Nachfolger, Antigonos Monophtalmos, schickte sogar 8000 Holzfäller in das Gebirge, um seine Werften beliefern zu können. Bereits im Mittelalter war ein Großteil des Gebirges entwaldet. Der Wald der Libanonzedern (Horsh Arz el-Rab), der uralten und berühmten »Zedern Gottes«, von denen nur noch knapp 400 stehen, ist heute UNESCO-Weltkulturerbe.

Das Gebiet am Libanon galt als fruchtbares Land, das Klima als angenehm. Die aramäisch sprechende Bevölkerung war im Wesentlichen von der griechischen Kultur geprägt. In der Küstenebene finden sich heute noch auf antike, zum Teil bereits

I. Historische Entwicklungen

phönikische Gründungen zurückgehende Städte wie Tripolis (Tripoli), Berytos (Beirut), Sidon und Tyros (Tyrus), die einstige Hauptstadt der römischen Provinz. Der Reichtum dieser fruchtbaren Landschaft weckte naturgemäß Begehrlichkeiten bei den Nachbarn. Der Libanon musste daher in der Antike viele Herren ertragen, von den Altbabyloniern und Ägyptern bis hin zu den Griechen und Römern. Unmittelbar nach dem Tod Mohammeds (632) ging das Land als Teil des Oströmischen bzw. Byzantinischen Reiches infolge der arabischen Expansion in den Jahren 634 und 640 erstmals an muslimische Eroberer verloren. Als Ergebnis des Ersten Kreuzzuges (1096–1099) gehörte der nördliche Teil Libanons zur christlichen Grafschaft Tripoli und der südliche Teil zum neugegründeten Königreich Jerusalem. Nach der endgültigen Vertreibung der Kreuzfahrer im Jahre 1291 durch die ägyptischen Mamluken blieb allein Beirut durch eine venezianische Handelsniederlassung ein bedeutender Umschlagplatz für orientalische Luxusgüter. Mit den Eroberern wechselten je-

Kreuzzüge

Die Verbreitung des Islams ging einher mit arabisch-muslimischen Eroberungen im Nahen Osten, Nordafrika und Spanien. In den christlichen Ländern Europas sah man diese Entwicklung als Bedrohung. Der erste Kreuzzug fand von 1096 bis 1099 statt. Papst Urban II. hatte 1095 dazu aufgerufen, nachdem der byzantinische Kaiser Alexios I. Komnenos seine Hilfe erbeten hatte.

Der Begriff Kreuzzug kam erst im 13. Jahrhundert auf. Davor sprach man von bewaffneten Pilger- oder Wallfahrten. Heute sind mit den – schon bei Zeitgenossen aufgrund ihrer Grausamkeit, teils zweifelhafter Beweggründe und der Opfer an Menschenleben umstrittenen – »Kreuzzügen« zumeist die Orientkreuzzüge gemeint, obwohl auch in Europa Feldzüge gegen andere Religionsgruppen oder zur Christianisierung von Heiden geführt wurden, etwa die »Litauerfahrten« im Baltikum. Im Orient fanden bis zum Kreuzzug von Nikopolis (1396) elf Kreuzzüge statt, darunter wahrscheinlich sogar ein Kinderkreuzzug. 50 weitere solcher Unternehmungen werden für das 14., vier für das 15. Jahrhundert gezählt. Mit der Schlacht bei Warna endete 1444 der letzte Kreuzzug im Osmanischen Reich. *(ft)*

weils auch die Privilegien für entsprechende Religionszugehörigkeiten. Wie antike Quellen zu berichten wissen, erwies sich das schwer zugängliche Gebirgsmassiv im Libanon oftmals als Zufluchtsstätte für ethnisch und religiös verfolgte Minderheiten. 1516 wurden Syrien, Palästina und der Libanon schließlich von den Osmanen erobert.

Palästina

Israel, das in grauer Vorzeit ein selbstständiger Staat in Palästina gewesen war (1. Hälfte des 1. Jahrtausends v.Chr.), gehörte in der Spätantike zur kleinen römischen Provinz *Palaestina Prima* mit seiner Hauptstadt Caesarea. Der Name dieser Landschaft an der vorderasiatischen Mittelmeerküste begegnet uns zuerst bei dem griechischen Historiker Herodot im 5. Jahrhundert v.Chr. (Palaistine). In der Bibel steht »Israel« für das gesamte Palästina, dessen natürliche Grenzen grob zwischen der Sinaiwüste und den Jordanquellen, dem Mittelmeer und der arabisch-syrischen Wüste anzusetzen sind.

Auch dieses Gebiet wechselte in der frühen Geschichte mehrfach seinen Besitzer: Es gehörte zu den großen Reichen der Assyrer, Babylonier und Perser, war im Besitz der makedonischen Ptolemäer und syrischen Seleukiden, eine gewisse Zeit auch unabhängig unter der jüdischen Dynastie der Hasmonäer und schließlich ein Vasallenstaat Roms unter König Herodes. In der Kaiserzeit war *Palaestina* römische Provinz, die im Laufe von vier Jahrhunderten ihren Namen von *Iudaea* über *Syria Palaestina* bis zur dreigeteilten Provinz *Palaestina* (*Prima*, *Secunda* und *Tertia*, um 400 n.Chr.) veränderte. Als Folge der direkten römischen Herrschaft war die Stadtkultur der Provinz vorwiegend griechisch-römisch. Als Sprachen wurden neben Latein das Griechische, Aramäische und Hebräische gesprochen. Die Küstenebene war fruchtbar; Handel, Ackerbau, Viehzucht und verarbeitendes Gewerbe prägten die Wirtschaft des Landes. Galiläa etwa war berühmt für sein Olivenöl; die Weine von Askalon und Gaza wurden nach Ägypten exportiert.

Die jüdische Bevölkerung litt zunehmend unter der repressiven Politik römischer Statthalter. Als etwa der Prokurator Ges-

I. Historische Entwicklungen

sius Florus 66 n.Chr. auf den jüdischen Tempelschatz zurückgreifen wollte, um die magere Steuerbilanz aufzubessern, kam es zum »Ersten Jüdischen Krieg« (66–70/74 n.Chr.), an dessen Ende Tempel und Stadt von Jerusalem durch die römischen Besatzer zerstört wurden. Der Siebenarmige Leuchter, die Menora, wurde im Triumphzug durch Rom getragen, aus dem Tempelschatz das Amphitheatrum Flavium, das später sogenannte Colosseum in Rom, erbaut (80 n.Chr.). Masada, die einstige Residenz von König Herodes, in der sich zu Beginn der Unruhen mehr als 900 Aufständische mit ihren Familien verschanzt hatten, wurde als letztes größeres Widerstandsnest 72/73 n.Chr. nach langer Belagerung von den Römern erobert. Um nicht den Siegern in die Hände zu fallen, töteten sich die unterlegenen Juden selbst. Ihr Kämpfen und Sterben hat der jüdisch-römische Historiker und Zeitgenosse Flavius Josephus in seinem Buch über den Jüdischen Krieg legendär verklärt. Masada gilt daher dem heutigen Israel als Symbol des heroischen Widerstandes gegen einen äußeren Feind.

Am 9. Tag des Monats Av (Juli/August) trauern die Juden bis heute um den von Rom zerstörten Tempel. Wichtigster heiliger Ort für die jüdische Gemeinde wurde früh ein kurzes erhaltenes Stück der Tempelanlage, die Klagemauer. Das zerstörte Jerusalem wurde unter dem Kaiser Hadrian (117–138 n.Chr.) als römische Kolonie *Aelia Capitolina* neu gegründet. Juden war anfangs das Betreten der Stadt verboten, sodass sich das Zentrum der jüdischen Siedlung im Wesentlichen in Galiläa konzentrierte. Mangelnde Sensibilität gegenüber den Besonderheiten der jüdischen Religion, grausame Amtsführung und Korruption der Statthalter führten immer wieder zu jüdischen Aufständen, die vom römischen Militär blutig niedergeschlagen wurden (beispielsweise der Bar-Kochba-Aufstand, 132–135 n.Chr.). Auf die gefangenen Freiheitskämpfer wartete das Kreuz, eine von den Römern bevorzugte und ausgiebig genutzte grausame Hinrichtungsart. Mitte des 2. nachchristlichen Jahrhunderts machten die Juden nach modernen Schätzungen in Palästina nur noch ein Viertel der Gesamtbevölkerung von eineinhalb Millionen Menschen aus. Allerdings bildeten noch im 5. Jahrhundert Juden und sogenannte Heiden gegenüber den Christen die Bevölkerungsmehrheit.

Der Nahe Osten in Antike und Mittelalter

I. Historische Entwicklungen

Die Stadt Jerusalem in einem Ausschnitt der »Madaba-Landkarte«, ein Bodenmosaik (um 560) in Madaba (Jordanien), St. Georgskirche

Nachdem der christliche Glaube im 4. Jahrhundert Staatsreligion geworden war, wurde Palästina, gestützt durch zahlreiche aufwändige Kirchenstiftungen römisch-christlicher Kaiser, alsbald zum »Heiligen Land« und Jerusalem zum Mittelpunkt der Christenheit stilisiert. Die Stätten, an denen ihr Religionsstifter Jesus Christus gewirkt hatte, wurden für die Gläubigen beliebte Wallfahrtsorte, so Bethlehem, der Geburtsort Jesu, Nazareth als eine Hauptstätte seines Wirkens in Galiläa und vor allem sein Sterbeort Jerusalem. Als Aufrührer verurteilt, wurde Jesus unter dem römischen Statthalter Pontius Pilatus um 30 n.Chr. auf Golgatha vor den Toren Jerusalems gekreuzigt und in einem Felsgrab bestattet. Nach drei Tagen soll er gemäß christlichem Glauben von den Toten wieder auferstanden sein. Spektakuläre Ereignisse wie das Auffinden des Heiligen Kreuzes beim Bau der Grabeskirche 335 (und dessen Rückführung 629 nach Jerusalem) taten ihr Übriges, die Pilgerströme anwachsen zu lassen. Die Christianisierung der Provinz wurde im Weiteren unterstützt durch eine starke Einwanderung und das aufkommende Mönchswesen.

Der Nahe Osten in Antike und Mittelalter

Die Assassinen und der »Alte vom Berge«
Im Englischen und Französischen haben sie ihre bleibenden Spuren hinterlassen: »to assassinate« bzw. »assassiner« bedeutet ermorden, ein Attentat ausüben. Der Ursprung des Begriffs leitet sich von den Anschlägen der sogenannten Assassinen ab, die zwischen dem 11. und 13. Jahrhundert rund 50, teils spektakuläre Mordanschläge verübten. Die militante Sekte wollte mit gewaltsamen Mitteln den vom Propheten Mohammed hinterlassenen Gottesstaat wiederherstellen, dem ihrer Auffassung nach die zeitgenössischen autokratischen Herrscher entgegenstanden. Verknüpft sind die Assassinen mit der sagenhaften Gestalt des »Alten vom Berge«, der von seiner Burg in den Bergen Syriens aus zur Selbstaufopferung bereite Attentäter aussandte. Den Schilderungen Marco Polos zufolge sei den künftigen Attentätern im Drogenrausch ein Vorgeschmack auf das Paradies vorgegaukelt worden, das sie nach ihrem Attentat erwartete. Entsprechend bezieht sich »Assassinen« (arab. *haschischiyyin*) auf »Haschisch«.

Mit der Spaltung der islamischen Glaubensgemeinschaft in Sunniten und Schiiten bildete sich unter anderem die schiitische Glaubensschule der Ismailiten heraus. Der Ismailit Hasan-e Sabbâh gründete im ausgehenden 11. Jahrhundert nach ausgedehnten Missionsreisen ein Netz von Gemeinden und konspirativen Zirkeln und setzte sich ab 1090 mit seinen Getreuen auf der Burg Alamut im Nordwestiran fest. Zwei Jahre später erfolgte das erste Attentat gegen den Wesir des Kalifen. Nach Sabbâhs Tod (1124) blieb es beim gezielten Terror gegen das Bagdader Kalifat. Den Anschlägen fielen z.B. 1127 erneut ein Wesir, 1130 der ägyptische Fatimidenkalif, und 1139 sogar der Kalif von Bagdad zum Opfer, daneben viele Rechtsgelehrte, die das mörderische Treiben mit Fatwas (Rechtsgutachten) verurteilt hatten.

Ab 1106 operierten die Assassinen auch aus befestigten Stützpunkten um die Stadt Masyaf in Syrien. Bis zur Mitte des 13. Jahrhunderts stabilisierten sich die ismailitischen Herrschaften in Syrien und im Ostiran. Gleichwohl traten die gefürchteten Attentate in den Hintergrund; oft blieb es bei der Drohung als politischem Druckmittel. Der Mongoleneinfall brachte das Ende: 1256 fiel Alamut und wurde zerstört, zwei Jahre vor der Metropole Bagdad. Mit der Einnahme ihrer letzten Burgen durch den neuen Mamlukensultan von Kairo in den 1270er-Jahren endete die Zeit der Assassinen. *(mr)*

I. Historische Entwicklungen

Das Wohl und Wehe der Juden war abhängig von der persönlichen Einstellung der römischen Kaiser zu deren Religion. Während Hadrian mit Repressalien auf Unzufriedenheit und Unruhen antwortete, lockerte sein Nachfolger Antoninus Pius die Verbote und gestattete den Juden, ihre Religion auszuüben. Die Dynastie der Severer (193–235 n.Chr.) schließlich war den Juden überaus wohlgesonnen. Erst mit Constantius II. (337–361 n.Chr.) begann eine antijüdische Gesetzgebung, die in spätantike Gesetzessammlungen wie den Codex Theodosianus (438 n.Chr.) und den Codex Iustinianus (534 n.Chr.) Eingang gefunden hat.

Die Ausbreitung des Islams

Im Mittelalter war das »Heilige Land« für Christen, Juden und Muslime begehrter Besitz. Wie der Libanon wurde Palästina zwischen 634 und 640 von den muslimischen Arabern erobert. Diese entfalteten unter verschiedenen Kalifen-Dynastien vor allem in Jerusalem eine rege Bautätigkeit. Als bedeutendster islamischer Bau gilt der Felsendom auf dem Tempelplatz aus dem Jahre 692. Gegenüber christlichen und jüdischen Andersgläubigen wurde anfangs gemäß dem Gebot Mohammeds Toleranz geübt. Religionsfreiheit wurde garantiert, Kirchen blieben unangetastet, allerdings wurde eine Sondersteuer erhoben und die Anerkennung des muslimischen Führungsanspruches eingefordert. Nun begann sich muslimische Bevölkerung anzusiedeln. Als türkische Seldschuken 1077 Jerusalem eroberten, wurde den christlichen Pilgern der Zugang zu den heiligen Stätten verwehrt, etwa zur Grabeskirche in Jerusalem. Papst Urban II. rief schließlich auf Bitten des byzantinischen Kaisers die Christenheit zum Kreuzzug auf, mit dem Ziel, das »Heilige Land« zu befreien.

Über die Motive der vermutlich 120 000 ersten Kreuzfahrer – Männer wie Frauen – lässt sich spekulieren. Religiöse Überzeugung dürfte im Vordergrund gestanden haben, materielle Beweggründe und Abenteuerlust, Machtstreben und Ruhmsucht könnten ebenfalls eine Rolle gespielt haben. Die erfolgreichen Kreuzritter eroberten Jerusalem, ließen die dortigen Muslime und Juden töten oder vertreiben. Am 22. Juli 1099 kam es zur Gründung des Königreiches Jerusalem unter Balduin von Flandern, der den Felsendom in ein christliches Heiligtum umwidmete und in der Al-Aksa-Moschee residierte.

Allerdings war der durch militärische Eroberungen wachsende Kreuzfahrerstaat, der alsbald von den Jordanquellen bis zum Roten Meer reichte, ohne stehendes Heer nicht überlebensfähig. Ritterorden wie Johanniter, Tempelherren und Deutschritter sollten daher in Festungen die gefährdeten Grenzen des Königreiches beschützen. Sultan Saladin, muslimischer Herrscher über Ägypten und Syrien, gelang es dennoch, im Jahr 1187 in der Schlacht bei Hattin ein großes Heer der Kreuzfahrer vernichtend zu schlagen. Er eroberte Jerusalem und besetzte Palästina. Ein Großteil der Kirchen und Tempel wurde in Moscheen umgewandelt, den Christen und Juden wurde allerdings der freie Zutritt zu ihren heiligen Stätten gewährt. Die Ritter zogen sich in das nördliche Palästina um Akko zurück, das am 18. Mai 1291 als letzter christlicher Stützpunkt im »Heiligen Land« verloren ging. Palästina wurde in der Folgezeit von mamlukischen Dynastien regiert. 1516 machte Sultan Selim I. ihrer Herrschaft gewaltsam ein Ende. Syrien und Palästina fielen an das Osmanische Reich.

Loretana de Libero

Das Gemälde von Paolo Veronese (eigentlich Paolo Caliari, 1528–1588) zeigt die Seeschlacht bei Lepanto. Im Golf von Korinth besiegte ein christliches Geschwader aus venezianischen, spanischen und päpstlichen Schiffen unter Don Juan d'Austria am 7. Oktober 1571 die osmanische Flotte.

Das Mittelmeer bildete in der Frühen Neuzeit einen wichtigen Schauplatz, auf dem die europäischen Staaten und das aufstrebende Osmanische Reich den Kampf um die Macht austrugen. Vom rund 50-jährigen Ringen um die Vorherrschaft im Mittelmeer zwischen 1522 und 1571 war der Nahe Osten zwar meist nur mittelbar betroffen. Dennoch spielte die Kontrolle der Seewege im östlichen Mittelmeer eine wichtige Rolle im komplexen Widerspiel zwischen den Osmanen und ihren Gegnern. Zu diesen gehörten neben den habsburgischen Ländern vor allem der Papst und die Republik Venedig. Hatte sich in Deutschland seit der Frühen Neuzeit zunehmend Mitteleuropa in das Zentrum der Wahrnehmung geschoben, so wurde das politische und religiöse Schicksal des Kontinents im 16. Jahrhundert vor allem im Mittelmeerraum entschieden.

Der Mittelmeerraum in der Frühen Neuzeit

Von 1516 bis zum Ersten Weltkrieg war die Küstenregion am Ostrand des Mittelmeers Teil des Osmanischen Reichs. Während sich die Europäer auf den Ozeanen anschickten, die Welt zu erschließen, tobte im Mittelmeer der Kampf zwischen »Okzident« und »Orient«, zwischen christlichem »Abendland« und dem Osmanischen Reich. Der Kampf um die Hegemonie erreichte in der zweiten Hälfte des 16. Jahrhunderts seinen Höhepunkt: Seit der osmanischen Eroberung von Rhodos 1522 wurde nicht nur die Vorherrschaft der »christlichen Seefahrt« im östlichen, sondern auch im westlichen Mittelmeer infrage gestellt. Mit dem Seesieg der christlichen Liga bei Lepanto (Naupaktos/Griechenland) 1571 etablierte sich dann aber ein Gleichgewicht, das bis ins 18. Jahrhunderts anhielt.

Auf der westlichen Seite des Mittelmeers hatte sich seit dem Anfang des 16. Jahrhunderts die Monarchie der Habsburger als europäische Großmacht herausgebildet. Durch geschickte Heiratspolitik war von Österreich und Spanien aus ein Reich entstanden, in dem die Sonne niemals unterging. Spanische Eroberer erschlossen ab 1492 die Karibik, ab 1519 Mexiko, ab 1522 die Philippinen und ab 1531 Peru. Ströme von amerikanischem Gold und Silber heizten die wirtschaftliche Entwicklung an. Eine der Hauptkonfliktregionen der Habsburger – neben dem Kampf gegen den französischen Dauergegner, die renitenten deutschen Protestanten und später die rebellischen Niederländer – war das Mittelmeer.

Ab Mitte des 14. Jahrhunderts gelang es der osmanischen Dynastie, sich in Nordwestanatolien wie auch auf der europäischen Seite der Dardanellen zu etablieren. Es folgte eine stetige Ausdehnung auf Kosten des Byzantinischen Reiches, später auch gegenüber Bulgarien, Serbien und Ungarn. Spätestens mit dem Fall Konstantinopels im Jahr 1453 traten die Osmanen in das Konzert der Großmächte ein: Mehmet II. (Regierungszeit 1451–1481) übernahm den Beinamen »Sultan über zwei Länder und Großkhan über zwei Meere«, was auch bedeutete, dass er nunmehr im Mittelmeer ein gewichtiges Wort mitzureden gedachte. Über

I. Historische Entwicklungen

ein halbes Jahrhundert blieb es freilich bei einer Dominanz der christlichen Marinen: Zwar fielen Inseln in der nördlichen Ägäis in osmanische Hände (Lemnos 1456, Mytilene 1462), doch blieb die südliche Ägäis durch die Johanniterfestung Rhodos und die venezianischen Kastelle an der Adria sowie auf den griechischen Inseln gut geschützt. Zudem war es den Johannitern gelungen, die Kleinkriegsaktionen der muslimischen Grenzkrieger und Glaubenskämpfer zur See zu unterbinden.

Mindestens genauso wichtig wie die Eroberung der Metropole am Bosporus war die osmanische Unterwerfung des Nahen Ostens ein Dreivierteljahrhundert später: Ohne große Mühe wurde 1516 die Mamlukenherrschaft in Syrien und Palästina und ein Jahr später in Ägypten durch die Oberhoheit der »Hohen Pforte«, der osmanischen Regierung, abgelöst. Das Festland im östlichen Mittelmeer wurde von nun an bis zum Ersten Weltkrieg von den Osmanen beherrscht, ebenso wie das Rote Meer. Damit waren sie in der Lage, die transkontinentalen Handelswege zum Indischen Ozean zu überwachen. Mit dem Besitz von Jerusalem, Medina und vor allem Mekka und dessen Hafen Dschidda lagen zudem die heiligen Stätten des Islams und die Pilgerrouten unter der Kontrolle des Sultans. Mit gutem Recht konnte sich dieser nun als Beschützer der Gläubigen bezeichnen. Die großen Inseln Kreta (Candia) und Zypern im östlichen Mittelmeer verblieben dagegen in venezianischem Besitz.

Im komplexen Spiel um das Mittelmeer waren trotzdem mehr als nur die Habsburger und Osmanen mit von der Partie. So war Venedig einerseits durch das osmanische Ausgreifen auf die eigenen Besitzungen im östlichen Mittelmeer direkt betroffen. Andererseits war es zur Wahrung seiner traditionellen Handelsrouten in die Levante (ital. für östliches Mittelmeer) oft schnell gegenüber der Hohen Pforte kompromissbereit. Mindestens so gefährlich wie »der Türke« waren für Venedig die Handelsstörungen, die durch die mittlerweile im Indischen Ozean eingetroffenen Portugiesen und ihre Blockaden des Roten Meeres ausgelöst wurden. Das von den habsburgischen Territorien im Osten wie Westen eingekreiste Frankreich stand tendenziell auf der Seite der Osmanen. So überwinterte die Flotte des Sultans 1535 in Marseille, und auch später erfreuten sich diese wie auch muslimische Korsaren französischer Unterstützung. Als Bastion der christlichen Flotten hingegen fungierten die Johanniterritter, denen der Kaiser 1530, acht Jahre nach ihrer Vertreibung von Rhodos, die Insel Malta überließ. Malta blieb in der Folgezeit ein Bollwerk gegen ein Vordringen der Osmanen in das westliche Mittelmeer.

Krieg und Korsaren im Mittelmeer

Die wegweisenden militärischen Entwicklungen im 16. Jahrhundert – Hochseeschiffe, Feuerwaffen und Befestigungen – machten die »Militärische Revolution« der Neuzeit aus, und sie ermöglichten das »Zeitalter der Entdeckungen«. Das Waffensystem aus hochseetüchtigem Schiff und Artillerie leitete die Ära »westlicher« Überlegenheit ein. Dadurch – und nicht etwa aufgrund einer generellen technischen oder gar kulturellen Überlegenheit – vermochten die Europäer, die Geschichte der Neuzeit zulasten der nichteuropäischen Welt zu beeinflussen. Das war jedoch ein langer Prozess, dessen Ausgang im 16. Jahrhundert keineswegs ausgemacht war. Im zweiten Drittel des 16. Jahrhunderts besaßen eher muslimische Seefahrer die Oberhand. Auch die Osmanen verdankten die Einnahme von Konstantinopel und Rhodos ihrer schweren Artillerie; nicht zuletzt deswegen erwiesen sie sich auch gegenüber den Mamluken Syriens und Äyptens als überlegen.

Neben dem Kriegsschiff stellte sich die Kombination von Artillerie und den Küstenbefestigungen als ein »Waffensystem« dar. An den Küsten Spaniens und Italiens, vor allem entlang der sizilianischen und apulischen Küsten, entstanden Überwachungs- und Zufluchtssysteme, um die einheimische Bevölkerung vor Übergriffen der Korsaren zu schützen. Die sogenannten Türkentürme kann man heute noch entlang der Ostküste Mallorcas sehen. Umgekehrt benötigten die personal- und daher versorgungsintensiven Galeerenflotten Stützpunkte an den Hauptbewegungslinien. So erstreckte sich eine Kette venezianischer Stützpunkte von der östlichen Adria und der südlichen Ägäis bis nach Kreta und Zypern. Ebenso griff Spanien seit Ende des 15. Jahrhunderts auf die Gegenküste des Maghreb (Marokko, Algerien und Tunesien) aus und errichtete eine Reihe von Küs-

I. Historische Entwicklungen

tenfestungen (*presidios*). Die wichtigsten von ihnen, Algier, Tunis und Tripolis, waren vor allem um die Mitte des 16. Jahrhunderts hart umkämpfte Plätze.

Trägerin des Krieges zur See im Mittelmeer blieb die Galeere. Angesichts der Klimaverhältnisse (wie sommerlicher Flauten), guter Manövrierbarkeit und etablierter Versorgungsnetze erschien das lange Zeit auch als zweckmäßige Lösung. Der Krieg um das Meer bestand in dieser Zeit hauptsächlich in amphibischen Operationen und verband sich so mit dem Kampf um Festungen. Der Kampf zur See war oft Enterkrieg, vorgetragen mit der Artillerie am Bug der Schiffe und dem Rammangriff.

Wie in den Grenzgefechten zu Lande bestanden im Mittelmeer gleitende Übergänge zwischen Piraterie und Krieg. Von allen Küsten aus operierten neben den großen Flotten Korsaren mit oder ohne Kaperbrief ihrer Herrscher. Die Osmanen verfügten denn auch über drei Flotten: Die Hauptflotte des Sultans lag in Konstantinopel, die von regionalen »Beys« (osman. für »Statthalter des Sultans«) geführten Flotten hatten ihre Stützpunkte in der Ägäis, und Korsaren führten den Kleinkrieg zur See. Im Zuge der großen Auseinandersetzungen zwischen christlichen und muslimischen Flotten im 16. Jahrhundert erlebte das Korsarentum einen mächtigen Aufschwung. Unabhängig von den Großereignissen blieb es dann bis ins 19. Jahrhundert eine beständige Größe im Mittelmeer. Das Personal der muslimischen Korsaren bestand oft aus »Renegaten«, also aus zum Islam übergetretenen Europäern. Der berühmteste von ihnen, Khair ed-Din (wegen seines roten Bartes auch »Barbarossa« genannt), verdeutlicht die Korsarenkarriere am eindruckvollsten: vom griechischen Ruderssklaven über den Korsarenkapitän bis hin zum Admiral des Sultans und (halb-) souveränen Herrscher über die prosperierende Stadt Algier. Ähnlich steil verlief die Karriere des Uluj Ali (vorher Giovanni Dionigi Galeni aus Kalabrien), der als einziger mit seinen leichten Schiffen dem Desaster von Lepanto entkam. Ein weiteres Beispiel stellt der Holländer Simon »de Danser« Simonszoon dar, dessen Niederlassung in Algier gegen Anfang des 17. Jahrhunderts zum nautischen und artilleristischen Technologietransfer beitrug.

Ein wichtiges Geschäftsfeld der Korsaren war die Sklaverei. Auf beiden Seiten des Mittelmeers wurden Menschen der Küstenstriche verschleppt – auch von christlichen Seefahrern. Vor allem muslimische Korsaren des Maghreb, allen voran aus Algier, betrieben ein einträgliches Lösegeldgeschäft. Die Sklaverei wurde prägend für die Wirtschaftsstruktur des nordwestafrikanischen Küstensaums bis ins 19. Jahrhundert. So etablierte sich ein festes Handels- und Auslösesystem zur Befreiung gefangener Christen, während muslimische Sklaven in christlichen Händen weit weniger Chancen auf ein glückliches Ende ihres Loses hatten.

Der große Krieg ums Meer

Die Steigerung zum Großkonflikt erfuhren die Auseinandersetzungen zwischen christlichen und muslimischen Flotten von 1522 bis 1571. Sie waren zugleich ein Kampf um die Vorherrschaft im gesamten Mittelmeer. Mit der Einnahme Granadas 1492 war die »Reconquista«, die christliche Rückeroberung muslimisch besetzter Gebiete in Spanien, beendet. Danach, zwischen 1497 und 1511, konnten wichtige spanische Stützpunkte auf der nordafrikanischen Gegenküste gewonnen werden. Mit dem Ausgreifen der Osmanen auf die See fand diese Expansion einen Gegenpol. Nach der Eroberung der Insel Rhodos 1522 besaßen die Osmanen nun den Eckpfeiler sowohl für die Ägäis als auch eine wichtige Station zur Überwachung des Seewegs vom Schwarzen Meer in die Levante. Das östliche Mittelmeer wurde nun muslimisch dominiert, trotz venezianischer Handels- und Kolonialpräsenz. Die Konfliktzone wanderte im Laufe der Jahre weiter westlich und fand im Dreieck zwischen Sizilien, Malta und Tunis ihr Zentrum.

Nachdem die spanisch-französische Auseinandersetzung der 1520er-Jahre um Italien ein (vorläufiges) Ende gefunden hatte, verschärfte sich im Folgejahrzehnt der Konflikt mit dem Osmanischen Reich. Nach dem Sieg in der Schlacht bei Mohacs 1526 im westlichen Ungarn und der ersten Belagerung Wiens im Herbst 1529 war die Expansion der Osmanen in Mitteleuropa angelangt. Im Mittelmeer bahnte sich ein Zusammenwirken von muslimischen Seefahrern aus dem Maghreb mit der Hohen Pforte an. Die Korsaren Nordafrikas blieben von nun an eine Gefahr für die christliche Seefahrt. Bisher waren muslimische Korsaren

I. Historische Entwicklungen

Italienische Karte des Mittelmeers, 1558

nur im östlichen Mittelmeer tätig gewesen. Zwischen 1520 und 1525 gelang es ihnen, eine Reihe von spanischen Stützpunkten in Nordafrika einzunehmen.

Auch die christliche Seite baute ihre Positionen aus. Ab 1530 wurde Malta zum Sitz des Johanniterordens. Fünf Jahre später widmete sich Karl V. höchstpersönlich der Einnahme von Tunis. Dafür wurde er in Europa gefeiert, scheiterte aber auf längere Sicht. Der Konflikt zwischen christlichen und muslimischen Flotten eskalierte vollends 1538 im Seegefecht bei Prevesa im Ionischen Meer. Obwohl die christliche Flotte eine Schlacht verweigerte, wurden einige ihrer Kriegsschiffe durch die osmanische Flotte genommen und dies von den Osmanen als Seesieg reklamiert. In den kommenden Jahren entspann sich ein Kampf um Stützpunkte, der ohne Entscheidung hin- und herwogte. Während sich Korsaren aus dem Maghreb einträglichem Kaperkrieg und Raubzügen widmeten, häuften sich für die christliche Seefahrt die Rückschläge: Kaiser Karl V., der Sieger von Tunis, führte 1541 die Belagerung von Algier, die jedoch in einem Desaster endete. Ein aufkommender Herbststurm machte die Flotte

Die Johanniterritter (Malteserorden)
Kaufleute aus Amalfi sollen es gewesen sein, die zwischen 1048 und 1071 in Jerusalem ein Hospital für arme und kranke Pilger gründeten. Aus der ursprünglichen Spitalbruderschaft entwickelte sich der ritterliche Orden St. Johannis vom Spital zu Jerusalem, der älteste geistliche Ritterorden. Die zumeist adligen Ritter des Ordens übernahmen unter dem Einfluss der Kreuzzüge auch militärische Aufgaben und schützten im Mittelmeer christliche Handelsschiffe und Pilger. Darüber hinaus kämpften sie gegen »Ungläubige«.

Nach dem Verlust des Heiligen Landes 1291 verlegte der Orden seinen Hauptsitz nach Limassol auf Zypern und später nach Rhodos, wo er von 1306 bis 1522 residierte. Von hier aus operierte er mit einer Galeerenflotte und wurde zu einem bedeutenden Machtfaktor im östlichen Mittelmeer. Durch wiederholte osmanische Angriffe ging Rhodos jedoch 1522 verloren.

Ab 1524 befand sich der Hauptsitz des Ordens auf Malta, weshalb bis heute auch die Bezeichnung Malteserorden gebräuchlich ist. Kaiser Karl V. belehnte den Johanniterorden 1530 mit der »Kalksteininsel«. Diese wurde in der Folgezeit immer wieder von osmanischen Flotten und Armeen angegriffen. 1565 versuchten über 40 000 osmanische Soldaten letztmalig, die 2000 Malteserritter von der Insel zu vertreiben, um ein Einfallstor in das westliche Mittelmeer zu gewinnen. Mit der Unterstützung der maltesischen Einwohner gelang es, den Ansturm so lange aufzuhalten, bis eine christliche Entsatzarmee eintraf und die Osmanen in die Flucht schlug. Von Napoleon wurden die Malteserritter dann 1798 von der Insel vertrieben. Nach einem kurzzeitigen Asyl in Russland konnten sie ab 1834 in Rom ihre endgültige Heimstätte beziehen. Heutzutage ist der Orden weltweit karitativ tätig.

Der heutige Johanniterorden existiert seit 1852 als unabhängige, lutheranische Organisation und ist insbesondere durch die Johanniter-Unfallhilfe bekannt. *(ft)*

operationsunfähig. Das Landungskorps konnte nur mit knapper Not evakuiert werden. Zehn Jahre später nahm der Korsarenführer Dragut den Johanniterstützpunkt Tripolis ein. In den Jahren 1555 und 1558 operierte die osmanische Flotte im Tyrrhenischen Meer, unterstützt von Frankreich. Schließlich wurde 1565 die

I. Historische Entwicklungen

Festung Malta von den Osmanen belagert. Erst eine christliche Entsatzflotte bereitete der mehrmonatigen Einschließung ein desaströses Ende. Im Jahr 1570 konnte Uluj Ali die Herrschaft über Tunis etablieren. Die Osmanen nutzten die Uneinigkeit der christlichen Herrscher und eroberten noch im selben Jahr das venezianische Zypern. Zehn Monate hielt sich die letzte Festung Famagusta, bevor sie fiel. Ein Entsatzunternehmen der päpstlichen, spanischen und venezianischen Koalitionsflotte scheiterte kläglich.

Ein Ende nahm dieses konstante Ausgreifen der muslimischen Kräfte mit dem Seesieg der christlichen Liga am 7. Oktober 1571 bei Lepanto (Naupaktos). Dank der überlegenen Artillerie der zwischenzeitlich hastig aufgerüsteten Flotten, dank der disziplinierten spanischen Fußsoldaten im Enterkampf, möglicherweise aber auch infolge einer schlechten Tagesform der osmanischen Flotte wurde letztere eingeschlossen und regelrecht vernichtet. Von ihren 230 Schiffen entkamen nur die 30 des Korsaren Uluj Ali. Es war ein großer, vielbesungener Seesieg; vor allem war es ein moralischer Sieg der christlichen Flotten. Der Minderwertigkeitskomplex der christlichen Marinen war nun gebrochen, die langjährige Überlegenheit der muslimischen Kräfte zur See beendet.

Stabilität im Mittelmeer

Mit dem im gesamten Abendland gefeierten Sieg bei Lepanto war zunächst wenig gewonnen: Zypern blieb verloren, das vom Krieg erschöpfte Venedig scherte aus der Koalition vorzeitig aus, Tunis wurde von Spanien genommen und bald darauf wieder verloren. Trotzdem war nun die osmanische Expansion endgültig gestoppt. Schließlich erfolgte 1581 der Friedensschluss zwischen den Großmächten. Obwohl auch die bei Lepanto vernichtete osmanische Flotte rasch wieder erstand, blieb es im Großen und Ganzen beim erreichten beziehungsweise verteidigten Besitzstand. Kreta blieb noch für fast ein Jahrhundert venezianisch, die Inselfestung Malta befand sich bis zum Ende des 18. Jahrhunderts in den Händen des Malteserordens (wie sich die Johanniterritter seit ihrer Übersiedlung dorthin nannten). Der Krieg im

Der Mittelmeerraum in der Frühen Neuzeit

Napoleon in Palästina

Nach seinem sensationellen Feldzug in Italien 1796/97 brach Napoleon Bonaparte (1769–1821) im Mai 1798 mit einer Armee sowie mit ausgewählten Gelehrten aller Disziplinen nach Ägypten auf. Auf dem Weg nahm er am 11. Juni 1798 Malta für die Direktorialregierung in Besitz, am 30. Juni landete er in Alexandria. Die legendäre Schlacht bei den Pyramiden am 21. Juli führte zur Inbesitznahme Unterägyptens, an die sich in den folgenden Monaten die Installation der französischen Herrschaft über Oberägypten anschloss. Mit der Vernichtung der französischen Flotte bei Abukir in der Nacht auf den 2. August blieb die Unternehmung des jungen Generals vom Mutterland abgeschnitten. Zu Lande dagegen übte Napoleon über ein Jahr lang eine souveräne Herrschaft über Ägypten aus.

In der Schlacht bei Abukir am 25. Juli 1799 besiegten die Franzosen unter Napoleon Bonaparte die osmanische Armee. Gemälde (Ausschnitt) von Louis-François Lejeune (1775–1848), Öl auf Leinwand, Musée du Château de Versailles.

I. Historische Entwicklungen

Als Misserfolg erwies sich Napoleons Expedition nach »Syrien« (besser: nach Palästina, aber dieser Name war noch nicht gebräuchlich). Das Ziel des Generals war es, entweder über Konstantinopel den Heimweg nach Frankreich zu erkämpfen oder mit seinem Heer nach Indien zu ziehen – so wie sein Vorbild Alexander der Große. Entlang der Küste marschierte das französischen Heer nach Jaffa, wo Napoleon aufgrund der Versorgungsschwierigkeiten den Entschluss traf, die beim Sturm auf die Stadt eingebrachten ca. 4000 Kriegsgefangenen der osmanischen Armee ermorden zu lassen. Ende März begann die Belagerung des osmanischen Verwaltungssitzes Akko nördlich von Haifa. Sie blieb infolge der britischen Unterstützung für die Osmanen erfolglos. Währenddessen wurde ein weit überlegenes osmanisches Entsatzheer am 16. April 1799 am Berg Tabor in Galiläa zerschlagen. Trotzdem musste der Feldzug Ende Juni 1799 erfolglos abgebrochen werden. Zurück in Ägypten, wehrte Napoleon ein britisch-osmanisches Landungsunternehmen bei Abukir am 25. Juli ab. Dennoch zog er sich Ende August 1799 aus dem Land zurück, Ende August 1801 verließen die letzten französischen Truppen den Nahen Osten. Gleichzeitig avancierte Napoleon zur führenden politischen Figur in Frankreich. Wissenschaftlich und propagandistisch war der Orientfeldzug ein großer Erfolg: Die Forschungsergebnisse und gefundenen Kunstschätze lösten in Europa eine wahre Ägyptomanie aus, die auch auf die Alltagskultur ausstrahlte.

(mr)

Mittelmeer verschwand zwar nicht, doch seine Intensität nahm ab: weg von den großen Flotten, hin zu den Unternehmen der Korsaren.

Die Grenze zwischen den Machtblöcken war fließend, das zeigt sich an der Verlegung der Herrschaftssitze der Johanniterritter: vom Heiligen Land nach Zypern, dann nach Rhodos (1344–1522), und nach einem Zwischenspiel in Italien ab 1530 auf Malta. Erst Napoleon entzog im Jahr 1798 dem Orden die Insel. Seine Bedeutung als Bollwerk gegen die muslimischen Flotten war im Vergleich zu den Mitteln moderner Machtstaaten unerheblich geworden. Großbritannien nahm die Insel im Jahr 1800 in Besitz und erschloss sich damit (wie vordem Venedig) auf dem See- und Handelsweg ein Stützpunktnetz durchs Mittelmeer und über den Nahen Osten nach Indien. Erst im 19. Jahrhundert verlor das Osmanische Reich als »kranker Mann am Bosporus« (Zar Nikolaus I.) seine Bedeutung im Mittelmeer. Die aus seiner Erbmasse hervorgegangenen »jungen« Nationalstaaten Europas sowie die (ehemaligen) Kolonien Nordafrikas und die Mandatsgebiete des Nahen Ostens erwiesen sich als Konfliktzonen, die seit dem Ersten Weltkrieg bis in die Gegenwart ausstrahlen.

Martin Rink

Das Osmanische Reich stieg ab dem 14. Jahrhundert zur entscheidenden Macht in Kleinasien auf. Ab dem 16. Jahrhundert beherrschte es Nordafrika, die Krim sowie fast den gesamten Nahen Osten. Der Namensgeber der Dynastie war Osman I. (1281–1326), Herrscher über einen Nomadenstamm im nordwestlichen Anatolien. Osman begann 1299 eine Eroberungspolitik, die seine Nachfolger fortsetzten. Hatten sich die osmanischen Heere 1389 auf dem Amselfeld im Balkanraum etabliert und 1453 Konstantinipel erobert, führte ihre Expansion im Jahre 1529 bis vor die Tore Wiens. Die Furcht vor der Unbesiegbarkeit der türkischen Truppen schwand erst nach der zweiten Niederlage der Osmanen vor Wien im Jahre 1683.

Muslime, Christen und Juden in den Provinzen des Nahen Ostens waren eingebunden in ein kompliziertes, straff organisiertes Kontroll- und Verwaltungssystem. Der osmanische Staat ließ allerdings den christlichen und jüdischen Untertanen und deren Religionen durchaus Freiräume, wofür sie eine Kopfsteuer entrichten mussten. Regionale Herrschaftsstrukturen bestanden unter osmanischer Oberhoheit zum Teil weiter fort. Der beginnende Niedergang des Osmanischen Reichs ab dem 18. Jahrhundert ließ arabische Gegenkräfte erstarken und führte zu zahlreichen Konflikten. Sie fanden Unterstützung insbesondere bei den europäischen Kolonialmächten.

Die Abbildung zeigt Sultan Osman I. mit Befehlshabern in einer Farblithographie aus dem Jahr 1969.

Die Osmanenzeit im Nahen Osten

Der Begriff »Naher Osten« umfasst im weitesten Sinne die gesamten außereuropäischen Besitzungen des Osmanischen Reiches und den Iran. Dort wird er jedoch hauptsächlich für die arabischen Provinzen verwendet, wo die osmanische Herrschaft etwa 400 Jahre dauerte. Da die Osmanen genauso sunnitische Muslime waren wie die Mehrheit der Araber und die Rechtsprechung auf der Scharia basierte, würde man zunächst nicht annehmen, dass die osmanische Regierung in der Region als Fremdherrschaft interpretiert werden könnte. Tatsächlich ist jedoch genau dies in den arabischen Ländern heute überwiegend der Fall. Islamistische Gruppierungen unterstellen den Osmanen, nicht wahrhaft muslimisch gewesen zu sein und nicht nach Normen des Islams gehandelt zu haben. Arabische Nationalisten begreifen die Periode als »Türkenjoch«, geprägt von einer »Türkisierungspolitik« gegenüber den Arabern. In syrischen Schulbüchern etwa gelten die Türken auch heute noch als Zerstörer der »großen arabischen Zivilisation«.

Derartige Interpretationen von Geschichte sind wohl darauf zurückzuführen, dass sich die neu etablierten Staaten in der Region bei ihrer Identitätssuche und Nationsbildung von dem Reich der Osmanen abgrenzen wollten. Hinzu kam die antiosmanische Propaganda der europäischen Kolonialmächte, welche die Geschichtsschreibung in den arabischen Ländern beeinflusste. Freilich gibt es auch positive Erinnerungen und Erzählungen über die Osmanen als Beschützer der arabischen Völker vor den »imperialistischen« Ambitionen der Kolonialmächte und der »Zionisten«.

Die Eroberung durch die Osmanen

Das Osmanische Reich war bis in das 16. Jahrhundert hinein ein kleinasiatisch-europäisches Reich und hatte mit Adrianopel (Edirne) beziehungsweise Istanbul seine wichtigsten Zentren auf dem Balkan und in Anatolien. Der Nahe Osten stand unter der Herrschaft anderer islamischer Mächte wie der Mamluken

I. Historische Entwicklungen

im heutigen Ägypten und zahlreicher kleiner Fürstentümer. Nach der Eroberung Konstantinopels 1453 wuchs der osmanische Staat jedoch zu einem Großreich heran, und die Rivalität mit den im Nahen Osten herrschenden Dynastien lenkte das osmanische Interesse verstärkt auf diese Region. Eine wirkliche Gefahr entstand den Osmanen lediglich durch die türkischstämmige Safawidendynastie. Diese beherrschte zu Beginn des 16. Jahrhunderts weite Teile des Nahen Ostens, besonders den heutigen Iran. Während im Osmanischen Reich der sunnitische Glaube vorherrschte, setzte sich im iranischen Kernland die schiitische Glaubenslehre durch. Der safawidische Herrscher Schah Ismail I. (1484–1524) war zugleich eine charismatische und mystisch-religiöse Führerfigur. Er gewann viele Anhänger unter den Turkmenen aus den östlichen osmanischen Herrschaftsgebieten. Unruhen und prosafawidische Aufstände dieser »Kızılbaş« genannten Gruppierungen stürzten das Osmanische Reich schließlich in eine Existenzkrise.

Der osmanische Sultan Bayezid II. (1481–1512) hatte enorme Schwierigkeiten, die Lage unter Kontrolle zu bringen. Er wurde von seinem Sohn Selim I. abgesetzt. Selim der »Gestrenge« (1512-1520) begann eine massive Unterdrückungspolitik und ließ – nach traditioneller Sicht – bis zu 40 000 Anhänger der »Kızılbaş« hinrichten. Dann zog er gegen die Safawiden und errang im August 1514 einen entscheidenden Sieg gegen die Armeen von Schah Ismail in Çaldıran in Ostanatolien. Die politische Ausdehnung der wichtigsten schiitischen Macht auf Anatolien und auf arabische Gebiete wurde dadurch für die nächsten 400 Jahre gestoppt. Die schiitischen Gemeinden, von der osmanischen Regierung als Irrgläubige betrachtet, blieben allerdings unter der Osmanenherrschaft weiterhin bestehen. Bis heute gehört ein erheblicher Teil der Bevölkerung im Nahen Osten einschließlich der Türkei nicht ausschließlich dem sunnitischen Glauben, sondern einer Vielzahl anderer Glaubensrichtungen und -bekenntnisse (etwa Kopten, Schiiten, Aleviten; vgl. auch das Schaubild auf S. 231).

Das Osmanische Reich eroberte Ostanatolien und den Nordirak, aber die restlichen arabischen Gebiete von Syrien bis zu den heiligen Stätten Mekka und Medina standen weiterhin unter der Herrschaft der Mamluken. Das islamische Oberhaupt, der

Schiiten und Sunniten

Schia und Sunna sind die beiden größten Konfessionen im Islam. Die Schiiten stellen mit 110 Millionen Angehörigen rund 15 Prozent der Muslime. Sie haben ihren Ursprung in der Auseinandersetzung um die legitime Prophetennachfolge. Die Schiiten erkennen von den vier Nachfolgern Mohammeds lediglich den letzten Kalifen Ali, den Schwiegersohn Mohammeds, als rechtmäßig an. Zentraler Bestandteil des schiitischen Glaubens ist das Imamat. Ali wird als erster Imam angesehen, seine beiden Söhne als zweiter und dritter. Das Imamat wird in direkter männlicher Nachfolge der Prophetenfamilie vererbt. Nach schiitischer Lehre ist der zwölfte Imam nicht gestorben, sondern lebt vielmehr im Verborgenen fort und wird eines Tages als Messias erscheinen, um die Herrschaft der Tyrannen zu beenden und Gerechtigkeit walten zu lassen (andere schiitische Gruppen zählen nur fünf beziehungsweise sieben anerkannte Imame). Nach schiitischer Lehre muss die Leitung des islamischen Staatswesens in den Händen eines Mitglieds der Familie des Propheten Mohammed liegen, die als Trägerin eines besonderen, von Gott verliehenen Charismas angesehen wird.

Im sunnitischen Islam ist hingegen nicht die Herrscherpersönlichkeit das entscheidende Kriterium für Wohl und Wehe des Staates. Im Zentrum steht die rechte Befolgung und Anwendung religiöser Prinzipien sowie die Einhaltung der in der Gemeinde gepflogenen, anerkannten prophetischen Tradition, der Sunna, was übersetzt soviel wie »gewohnte Handlung« oder »eingeführter Brauch« bedeutet. Die Sunna gilt neben dem Koran als zweite religiöse Quelle des Islams. Heute sind 85 Prozent aller Muslime Sunniten. Lange Zeit prägten vier Rechtsschulen Lehre und Interpretation der prophetischen Tradition. Außerdem bestimmten sie verbindlich allgemeine Lebenseinstellungen, die sich stets auf die Sunna beziehen.

Seit dem 17. Jahrhundert sind die früheren Rechtsschulen auch im Islam umstritten. Einerseits forderten Gelehrte immer wieder die Rückkehr zum authentischen Wort des Propheten, andererseits wollten weltliche Herrscher stärkeren Einfluss auf Erziehung und Bildung nehmen. Mit der Herausbildung der Nationalstaaten im 20. Jahrhundert entwickelten sich eigene Rechts- und Bildungssysteme, die zwar oft die Lehrmeinung übernahmen, sie jedoch auch individuell fortentwickelten. *(ft)*

I. Historische Entwicklungen

Kalif, lebte im Zentrum des Mamlukenreiches, in Kairo. Selim I. begann im Jahre 1516 einen großen Feldzug gegen die Mamluken, eroberte zunächst Aleppo und dann Damaskus. Nach einem Sieg bei Gaza durchquerte er die Sinaiwüste, vernichtete im Januar 1517 die mamlukische Armee und eroberte Kairo. Mit der Unterwerfung der Mamluken gerieten die Gebiete bis einschließlich Mekka, Medina und Jemen unter osmanische Herrschaft. Selim I. brachte die islamischen Insignien, wie die Fahne und das Schwert des Propheten, nach Istanbul. Die Nachfolger Selims I. hatten infolgedessen auch den Titel des Kalifen, des obersten Gläubigen, inne. Damit übernahm er die Herrschaft über die heiligen Städte Mekka und Medina sowie den Schutz der Pilger. Die osmanische Herrschaft im Nahen Osten, die 1516 begann, endete erst mit dem Ersten Weltkrieg.

Verwaltung der arabischen Territorien

Während ein Teil der arabischen Gebiete unter direkte osmanische Zentralverwaltung gestellt wurde, blieben andernorts lokale Herrschaftsformen unter osmanischer Hoheit bestehen. Die wichtigsten Gouvernements (»Eyalet« genannt, später »Vilayet«) im nordöstlichen arabischen Gebiet waren Raqqa, Mossul, Bagdad und Basra (ab 1534 osmanisch). Die Eroberungen von 1516/17 wurden zunächst als »Arabische Provinz« organisiert. Nach 1520 unterteilte man die Arabische Provinz in mehrere Vilayets. Die wichtigsten in Syrien und Palästina waren Haleb (Aleppo), Trablus (Tripolis im heutigen Libanon), Şam (Damaskus) und Saida (Sidon), die aus einem Zentrum und mehreren weiteren Verwaltungsdistrikten bestanden. Im Laufe der folgenden Jahrhunderte erlebten diese Vilayets zahlreiche Grenzänderungen. Das größte Vilayet in der Region bildete Şam, zu welchem unter anderem auch Beirut, Gaza, Golan, Homs und Jerusalem (Al-Quds/Kudüs) gehörten. Der osmanische Gouverneur im Rang eines Paschas mit dem Sitz in Damaskus war auch für die Sicherheit der Mekkapilger verantwortlich. Jerusalem war zeitweise ein eigenes Vilayet und umfasste 1912 die Distrikte Jaffa, Gaza, Beerscheba und Hebron. Ägypten wurde seit 1520 als eigener Verwaltungsbezirk organisiert und hatte eine größere

Die Osmanenzeit im Nahen Osten

Das Reich des Kalifen

Kalif bedeutet »Vertreter des Gesandten Gottes«. Der Kalif ist weltlich-religiöser Herrscher in der muslimischen Welt, gelegentlich wird er auch als Imam bezeichnet. Er ist für die Durchsetzung der Gesetze, die Verteidigung und Vergrößerung des Herrschaftsgebietes, die Verteilung von Beute und Almosen sowie die Überwachung der Regierenden zuständig. Als Wächter des Glaubens ist er nur an die Scharia, die von Gott gesetzte Ordnung, gebunden.

Nach dem Tod des Propheten Mohammed im Jahre 632 war nicht geregelt, wer sein Nachfolger werden sollte. Mohammed selbst hatte keine direkten männlichen Nachfahren. Er war einerseits religiöses Oberhaupt gewesen und andererseits Herrscher über das Gebiet, in dem die Gläubigen lebten. Die muslimischen Gemeindeführer stellten für die Nachfolge erste Regeln auf: Der Nachfolger musste ein Araber aus dem Stamm Mohammeds sein, verantwortlich für die Einhaltung der Regeln des Islams. Die Verbreitung der Bewegung sollte er mit allen Mitteln, notfalls auch durch Krieg, vorantreiben. Die Mehrheit der muslimischen Führer wählte Abu Bakr, den Vater von Mohammeds Lieblingsfrau. Dieser nahm den Titel »chalifat rasul Allah« an. Ihm folgten drei weitere Kalifen, von denen der letzte per Wahl bestimmte, Ali, der Schwiegersohn Mohammeds, 661 ermordet wurde. Alis ältester Sohn schlug die Nachfolge aus. Von nun an ging der Titel durch Erbe über – oder durch Kriege an andere Stämme. Im Jahre 1055 endete die weltliche Herrschaft der Kalifen, während sie weiterhin die religiösen Oberhäupter blieben. 1517 fiel das Kalifat an die Osmanen. Die türkische Republik schaffte es 1924 endgültig ab. Immer wieder wird von manchen Muslimen über die Wiedereinführung des Kalifats nachgedacht.

(ft)

Selbstständigkeit als die oben beschriebenen. Die Stadt Mekka selbst stand unter der Verwaltung des Scherifen von Mekka, der aus der Familie des Propheten stammte. Die Region wurde allerdings von einem osmanischen Pascha verwaltet. Jemen geriet ab 1517/18 zumindest teilweise, die arabischen Gebiete in Nordafrika im Laufe des 16. Jahrhunderts ganz unter osmanische Herrschaft (Algerien 1516, Tunis 1535, Libyen 1551).

I. Historische Entwicklungen

Die Bevölkerung in den arabischen Provinzen bestand zum größten Teil aus Muslimen. Die Region war jedoch auch Heimat zahlreicher arabischsprachiger Christen und Juden (Kopten in Ägypten, Maroniten im Libanon, Jakobiten in Syrien und weitere kleinere Gruppierungen wie die Nestorianer oder die aus Spanien im Zuge der Reconquista vertriebenen Juden). Die Patriarchate – wie die Amtsbereiche von kirchlichen Oberhäuptern der orthodoxen Kirchen genannt werden – von Antiochia, Jerusalem und Alexandria standen nun unter osmanischer Herrschaft. Die Stadt Jerusalem selbst war mehrheitlich muslimisch mit einer kleineren Gemeinde von Christen und Juden. Beide Gruppen, nach islamischem Verständnis Angehörige der »Buchreligionen«, durften unter osmanischer Herrschaft als »Schutzbefohlene« *(dhimmi)* ihre Religion ausüben. Sie erhielten eine Art kirchliche Autonomie (das sogenannte Millet-System), welche die Regelung familien- und erbrechtlicher Angelegenheiten innerhalb ihrer eigenen Kirche erlaubte. Nennenswerte Konflikte zwischen den Muslimen und Nichtmuslimen blieben in der Osmanenzeit aus.

Die Ägyptenkrise, das Aufkommen der Wahhabiten und die Einflussnahme der Kolonialmächte

Das osmanische Verwaltungssystem war bis in das 17. Jahrhundert hinein relativ stabil. Mit der gescheiterten Belagerung Wiens 1683 erlebte das Reich eine erste große Niederlage gegen die vereinigten Armeen der »Heiligen Allianz« (Österreich, Polen, Venedig und Russland). Aufgrund der wachsenden Defizite im osmanischen Verwaltungssystem und der großen Inflation hatte die Zentralverwaltung im 18. Jahrhundert zunehmend Schwierigkeiten, in den Provinzen Steuern einzutreiben und Soldaten zu rekrutieren. Die Regierung begann mit den lokalen Machtinhabern zusammenzuarbeiten, was im Endeffekt zu einer weiteren Bereicherung und dem Machtgewinn dieser Magnaten führte. Zu Beginn des 19. Jahrhunderts versuchte die Zentralmacht erneut die Kontrolle über die Provinzen zu erlangen,

Die Osmanenzeit im Nahen Osten

Deutsche Landkarte des Osmanischen Reiches von 1795

was zahlreiche Aufstände der lokalen Herrscher provozierte. So wurde Ägypten unter Mehmed Ali Pascha, einem Gouverneur albanischer Abstammung, zu einer weitgehend selbstständigen Provinz. Im darauffolgenden Krieg besiegte ein ägyptisches Heer die osmanische Zentralarmee und marschierte bis in das anatolische Kernland. Zwischen 1832 und 1840 blieben unter anderem die Gouvernements Haleb (Aleppo) und Şam (Damaskus) unter ägyptischer Kontrolle. Nur mit Hilfe der Westmächte konnte der Sultan die ägyptische Frage lösen. Am Ende dieses Konfliktes gewann Ägypten einen halbautonomen Status unter osmanischer Herrschaft.

Eine weitere Bedrohung stellte die Entstehung der wahhabitischen Bewegung dar, die im 18. Jahrhundert einen radikalen Islam propagierte und sich auf der arabischen Halbinsel verbreitete. Der Clan der Sauds übernahm die militärische Führung der Wahhabiten in einem »Heiligen Krieg« gegen die osmanische

I. Historische Entwicklungen

Wahhabismus
Wahhabiten sind die Anhänger der Wahhabiya, einer dogmatischen Richtung des sunnitischen Islams. Ihre Verfechter beziehen sich auf Mohammed Ibn Abd al-Wahhab (1703–1792) und auf dessen Auslegung der ursprünglichen Lehre des Islams. Ihrem Selbstverständnis nach die einzigen Vertreter des »reinen« Islams, sehen die Wahhabiten dessen Verbreitung unter anderen Muslimen als legitimen Kampf (Dschihad) an. In Saudi-Arabien ist der Wahhabismus Staatsreligion. *(bc)*

Regierung, besetzte zu Beginn des 19. Jahrhunderts Mekka und Medina und versperrte »ungläubigen« Pilgern – Muslimen, die nicht der »reinen« Lehre des Wahhabismus folgten – den Weg in die Heiligen Städte. Der Gouverneur von Ägypten eroberte daraufhin 1811 diese Städte zurück und unterdrückte bis 1818 den wahhabitischen Aufstand. Die Wahhabiten, Vorbild heutiger radikalislamischer Bewegungen, etwa der Al-Qaida, wurden von den Briten weiter im Kampf gegen die osmanische Regierung unterstützt und standen während des Ersten Weltkriegs an der Seite Großbritanniens. Mit britischer Hilfe gelang den Saudis die Gründung Saudi-Arabiens.

Die Kolonialmächte versuchten im 19. Jahrhundert auch auf osmanischem Boden Fuß zu fassen. So besetzten die Franzosen 1830 die Stadt Algier und brachten das heutige Algerien bis 1847 unter französische Herrschaft. 1881 wurde Tunesien französisches Protektorat. Kuwait stand faktisch unter britischer Kontrolle. Ägypten wurde 1882 von den Briten besetzt, der Sudan 1899 britisch-ägyptisches Herrschaftsgebiet.

Sultan Abdülhamid II. und der Niedergang der osmanischen Herrschaft

Mehr als alle anderen Herrscher gilt Abdülhamid II. (1876–1909) in der heutigen arabischen Welt als Sultan, der seinen Kalifentitel benutzte, um eine islamische, von Zeitgenossen als panislamistisch verstandene Politik zu verfolgen. Abdülhamid hatte arabische Berater und enge Vertraute. Er lud arabische Stammesführer unter anderem aus dem ständigen Aufstandsgebiet Jemen nach Istanbul ein, um ihre Loyalität zu gewinnen. Gegen Ende des 19. Jahrhunderts versuchte Großbritannien einen arabischen Kalifen zu installieren; durch die Entfachung arabischen Nationalgefühls bedrohte es die osmanische Herrschaft in der Region. Dem wachsenden Einfluss Großbritanniens und Frankreichs im Nahen Osten begegnete Abdülhamid, indem er als Gegengewicht das deutsche Engagement im Osmanischen Reich förderte (etwa das Bagdadbahnprojekt). Zu Beginn des 20. Jahrhunderts ließ er zur Erleichterung der Pilgerfahrt und natürlich auch des Truppentransports eine Eisenbahnlinie von Syrien nach Mekka und Medina bauen (Hidschasbahn, benannt nach der Region um Mekka). Gegen die französischen Missionarsschulen, die vor allem in Syrien und im Libanon unter den christlichen Maroniten große Erfolge erzielten, weitete er das osmanische Schulsystem in den arabischen Provinzen aus. Tausende Juden, die seit den frühen 1880er-Jahren unter anderem von der russischen Regierung verfolgt wurden, flüchteten ins Osmanische Reich

Jungtürken

Bei den sogenannten Jungtürken (türk. *Jöntürkler*) handelte es sich um eine Gruppierung aufgeklärter Angehöriger der muslimischen Elite, der zahlreiche modernisierungswillige Lehrer und Beamte zuströmten. Die Jungtürken versuchten seit 1889, liberale Reformen durchzusetzen und dem Land eine konstitutionelle Staatsform zu geben. Ihre zunächst illegale Arbeit verstanden sie als Beitrag zur Rettung des im Niedergang befindlichen Osmanischen Reiches. Nach einem erfolgreichen Aufstand gegen den Sultan 1908 stellten die Jungtürken nach einem Militärputsch von 1913 bis 1918 eine Regierung unter Führung von Enver, Cemal und Talat Pascha, die mit diktatorischen Mitteln den Staatszerfall aufzuhalten versuchte, aber am Ende des Ersten Weltkriegs mit der Niederlage des Osmanischen Reiches abdankte. Viele Jungtürken betätigten sich nach 1923 in der Türkischen Republik Kemal Pascha Atatürks in einer neu entstandenen Republikanischen Volkspartei, bis heute eine der zentralen, der Sozialdemokratie nahestehenden politischen Kräfte im Land. *(bc)*

I. Historische Entwicklungen

und siedelten sich in Palästina an. Von Abdülhamid II. wird behauptet, er habe versucht zu verhindern, dass Juden in Palästina Land kauften, weil er das Entstehen Israels vorhergesehen habe. Deswegen ist die Erinnerung an ihn in der arabischen Welt, vor allem in Palästina, merklich positiv.

Abdülhamid II., wegen seines absolutistischen Regierungsstils heftig kritisiert, wurde von oppositionellen Konstitutionalisten, den sogenannten Jungtürken, 1908 gezwungen, die Verfassung von 1876 wieder einzuführen und schließlich 1909 abgesetzt. Im 1908 wieder eröffneten osmanischen Parlament in Istanbul saßen arabische Abgeordnete aus verschiedenen Regionen wie etwa aus Syrien, dem Irak, dem Hidschas, aus Jemen und Tripolitanien (im nordwestlichen Libyen). Die »Partei für Einheit und Fortschritt«, die das Reich regierte, versuchte eine säkulare Zentralisierungspolitik zu betreiben, welche jedoch in den konservativen Schichten der arabischen Welt auf Ablehnung stieß und sogar Aufstände provozierte. Der arabische Nationalismus erlebte einen Aufschwung, sodass die Kluft zwischen Jungtürken und Arabern wuchs. Die arabischen Abgeordneten blieben dem Osmanischen Reich bis zum Ende des Ersten Weltkrieges treu.

Das im kolonialen Wettlauf verspätete Italien griff im Jahre 1911 Libyen an. Jungtürkische Offiziere, darunter Enver Bey, später Pascha und Kriegsminister während des Ersten Weltkrieges, sowie der Gründer der Türkischen Republik Mustafa Kemal (Atatürk), konnten die italienische Besatzungsarmee stoppen. Nach dem Beginn des Balkankrieges 1912, in dem das Osmanische Reich fast seine gesamten europäischen Besitzungen verlor, brach jedoch der osmanische Widerstand zusammen. Libyen wurde italienische Kolonie. 1914 trat das Osmanische Reich aufseiten der Mittelmächte in den Ersten Weltkrieg ein. Die arabischen Provinzen des Reiches wurden zum Kriegsschauplatz zwischen den osmanischen und britisch-französischen Armeen. Der Befehlshaber der dortigen osmanischen Truppen, Cemal Pascha, ließ während des Krieges zahlreiche arabische Nationalisten hinrichten, die mit den Alliierten kollaborierten. So kam es etwa 1916 in Beirut zu einer Massenexekution auf dem »Place des Canons«, der heute zur Erinnerung an dieses Ereignis »Place des Martyrs« heißt. Das osmanische Heer versuchte zunächst die

Die Osmanenzeit im Nahen Osten

englische Armee in Ägypten zu schlagen, im Verlauf des Krieges rückten jedoch englische Truppen bis Palästina vor. 1918 befanden sich Syrien und der Irak in alliierter Hand. Die Niederlage der Mittelmächte markierte auch das Ende des Osmanischen Reiches. Dessen arabische Provinzen wurden nun zwischen Großbritannien und Frankreich aufgeteilt. Die aus den Trümmern entstandene Republik Türkei erbte vom Reich lediglich das Kalifat als wichtigste Verbindung zur islamisch-arabischen Welt. Die laizistische Republik – sie forderte eine strikte Trennung von Staat und Religion – schaffte diese Einrichtung 1924 ab und distanzierte sich damit von den arabischen Ländern.

Die kriegerischen Auseinandersetzungen des frühen 20. Jahrhunderts sollten nicht darüber hinwegtäuschen, dass die Osmanenzeit zuvor vom weitgehend friedlichen Zusammenleben von Muslimen, Christen und Juden gekennzeichnet war. Ähnlich wie im Vielvölkerreich Österreich-Ungarn gab es im osmanischen Staat zahlreiche Anknüpfungspunkte, die bei der Bewältigung der heutigen ethnisch-religiösen Konflikte im Nahen Osten als Vorbild dienen könnten. Im Rahmen der Modernisierungsbemühungen der osmanischen Regierung gelangten westliche Ideen einer konstitutionellen beziehungsweise parlamentarischen Verfassung, aber auch Errungenschaften wie die allgemeine Schulpflicht in die Region. Osmanische Einflüsse sind im Nahen Osten bis heute in vielen Bereichen nachweisbar, insbesondere im Verwaltungs- und Rechtssystem.

Mehmet Hacısalihoğlu

Türkische Soldaten in traditionellen osmanischen Uniformen paradieren vor dem Kriegerdenkmal in Gallipoli. Dort gedachten die Regierungen Australiens, Neuseelands, Großbritanniens und der Türkei am 25. April 2005 der Opfer der Schlacht um die Dardanellen auf der türkischen Halbinsel Gallipoli vor 90 Jahren. Die am 25. April 1915 unter britischem Kommando begonnene Operation scheiterte nach großen Verlusten auf beiden Seiten am erbitterten Widerstand der osmanischen Armee.

Das Osmanische Reich trat 1914 an der Seite der Mittelmächte in den Ersten Weltkrieg ein. Der Nahe Osten wurde zum Schlachtfeld und erlebte neben militärischen Kampfhandlungen das Erstarken des Nationalismus auf türkischer wie arabischer Seite. Übergriffe gegen die Zivilbevölkerung ereigneten sich in Palästina ebenso wie auf den meisten anderen Kriegsschauplätzen. Als Folge der militärischen Niederlage des Osmanischen Reiches endete dessen Herrschaft über die arabischen Siedlungsgebiete Palästinas. Der Zusammenbruch des Vielvölkerstaates war der Beginn der Neuordnung der Region durch die Siegermächte und der Ausgangspunkt neuer Konflikte im Nahen Osten.

Der osmanische Kriegsschauplatz im Ersten Weltkrieg

Die unter Reichskanzler Otto von Bismarck eher zurückhaltende Orientpolitik des Deutschen Reiches änderte sich unter der Regierung Kaiser Wilhelms II. Beim Streben nach einem deutschen »Platz an der Sonne« rückte das Osmanische Reich zunehmend in den Blickpunkt der eigenen Wirtschafts- und Außenpolitik. Neben wirtschaftlichen Interessen waren psychologische, politische und strategische Gründe ausschlaggebend für das deutsche Engagement. So ermöglichte die geostrategische Lage des Osmanischen Reiches, Druck auf Russland (Meerengen, Kaukasus) sowie auf Großbritannien (Persischer Golf, Suezkanal) auszuüben. Auch ließ sich hierüber der Anspruch auf den angestrebten Weltmachtstatus sowohl psychologisch nach Innen als auch politisch nach Außen demonstrieren. Dass diese Politik nicht nur strategische und wirtschaftliche Vorteile versprach, sondern schwerwiegende außenpolitische Risiken zur Folge hatte, verdeutlicht der sich über den Bau der Bagdadbahn verschärfende deutsch-britische Gegensatz. Begleitend zu den genannten Aktivitäten intensivierten die deutschen Militärs die schon zu Zeiten Bismarcks vorsichtig begonnene militärische Zusammenarbeit zur Modernisierung der osmanischen Armee. Der verstärkte Ausbau der deutschen Militärmission – 1913 dienten im Osmanischen Reich 70 kaiserliche Offiziere in führenden Funktionen – führte zu außenpolitischen Spannungen mit Russland.

Trotz der engen Beziehungen zu Deutschland trat das Osmanische Reich im August 1914 nicht sofort aufseiten der Mittelmächte in den Krieg ein, sondern prüfte zunächst die Möglichkeit eines Bündnisses mit den Ententestaaten. Da die Gespräche mit Frankreich und Russland ergebnislos verliefen, schlug die osmanische Regierung um Enver Pascha dem Deutschen Reich Ende Juli 1914 ein Verteidigungsbündnis vor. Das Osmanische Reich fürchtete, im Falle einer Neutralität nach Beendigung des Krieges von den Siegern aufgeteilt zu werden. Führende deutsche Politiker und Militärs schätzten trotz der eingeleiteten Reorganisation die Leistungsfähigkeit der osmanischen Streitkräfte als gering ein, im Gegenzug die militärische Belastung für die

I. Historische Entwicklungen

Die Bagdadbahn
Europäische Staaten hatten großes Interesse an der Errichtung eines Schienennetzes im Osmanischen Reich, das Ende des 19. Jahrhunderts dazu nicht aus eigener Kraft in der Lage war. Kaiser Wilhelm etwa wollte auf politischer und wirtschaftlicher Ebene vermehrt Einfluss in der Region gewinnen. Bereits 1888 hatte die »Deutsch-Anatolische-Eisenbahngesellschaft« mit dem Osmanischen Reich einen Vertrag über die Errichtung der Anatolischen Bahn geschlossen, die von Konstantinopel und Izmit bis nach Konya reichte.

Baubeginn für die Bagdadbahn war am 27. Juli 1903. Die Arbeiten, unter maßgeblicher Beteiligung deutscher Unternehmen, sollten zehn Jahre dauern, das Streckennetz 2400 Kilometer umfassen. Der Bau forderte zahlreiche Todesopfer, insbesondere armenischer Zwangsarbeiter. Über 35 000 Arbeiter waren zeitweise gleichzeitig beschäftigt.

Im Krieg nutzte das Deutsche Reich fertige Streckenabschnitte als Nachschubwege. Auch wurden hier systematisch Armenier aus ihrer Heimat in Richtung Syrien deportiert. 1918 waren rund 2000 Kilometer fertiggestellt. Durch die Ausrufung der Türkischen Republik verlief die Bahnstrecke nun durch drei Staaten. Am 15. Juli 1940 fuhr der erste Zug von Istanbul nach Bagdad. Jahre später wurde die Strecke noch bis Basra verlängert, sodass nunmehr Bosporus und Persischer Golf direkt verbunden waren. Heute sind nur noch Teile des Streckennetzes befahrbar. *(ft)*

deutsche Armee wegen der mangelhaften industriellen Basis der Osmanen jedoch unverhältnismäßig hoch. Dennoch schloss das Deutsche Reich am 2. August ein Verteidigungsbündnis mit dem Osmanischen Reich ab. Ausschlaggebend für diese von Wilhelm II. befürwortete Entscheidung war neben der geostrategischen Lage die Möglichkeit, über den religiösen Einfluss des osmanischen Sultans als Kalifen einen »Heiligen Krieg« (Dschihad) der Muslime in den russischen und britischen Besitzungen herbeizuführen. Nach wiederholten deutschen Aufforderungen trat das Osmanische Reich Ende Oktober 1914 infolge eines Flottenüberfalls auf russische Schwarzmeerhäfen aufseiten des Deutschen Kaiserreiches und Österreich-Ungarns in den Krieg ein.

Osmanisch-deutsche Zusammenarbeit während des Krieges

Da eine materielle Unterstützung des Osmanischen Reichs per Bahntransport erst nach dem Sieg über Serbien Ende 1915 möglich war, beschränkte sich die Militärhilfe zu Kriegsbeginn auf die Entsendung von Offizieren für höhere Führungsverwendungen. So wurde General Fritz Bronsart von Schellendorf Chef des Generalstabes des osmanischen Feldheeres, General Otto Liman von Sanders übernahm den Oberbefehl für die Verteidigung der Dardanellen und Generalfeldmarschall Colmar Freiherr von der Goltz führte die 6. Osmanische Armee im Irak. Weitere Offiziere wie Oberstleutnant Friedrich Kreß von Kressenstein dienten in Armee- und Divisionsstäben. Von Anfang an verlief die Zusammenarbeit zwischen osmanischen und deutschen Offizieren nicht spannungsfrei. Mangelnde Sprachkenntnisse sowie das völlige Unverständnis vieler deutscher Offiziere für die »orientalische« Mentalität erschwerten die Kooperation erheblich. Manche Deutsche waren nicht bereit, die örtlichen Gegebenheiten zu akzeptieren und versuchten in der osmanischen Armee preußischen Drill einzuführen. Überheblichkeit, Ignoranz und missionarischer Sendungseifer erreichten jedoch genau das Gegenteil. Nur wenige Offiziere wie Kreß von Kressenstein oder von der Goltz erzielten über die kulturellen Unterschiede hinweg mit den von ihnen geführten Verbänden zeitweilige Erfolge. Auch auf osmanischer Seite trat man den Deutschen übrigens des Öfteren mit Unverständnis und unverhohlener Arroganz entgegen.

Die Land- und Seekriegführung des Osmanischen Reiches war durch seine geostrategische Lage vorgegeben. Zur See galt es, einen Durchbruch durch die Meerengen der Dardanellen und des Bosporus zu verhindern, russische und britische Marineverbände im Schwarzen Meer und in der Ägäis zu binden und die kriegswichtigen Truppen- und Kohletransporte entlang der anatolischen Schwarzmeerküste zu sichern. Den Rückhalt der von Konteradmiral Wilhelm Souchon geführten osmanischen Flotte bildeten der Schlachtkreuzer »Jawus Sultan Selim« und der Kleine Kreuzer »Midilli«. Beide Schiffe waren Anfang August 1914 als »Goeben« bzw. »Breslau« unter Souchons Führung ihren Ver-

I. Historische Entwicklungen

folgern im Mittelmeer entkommen und mit Erlaubnis der osmanischen Regierung in die Dardanellen eingelaufen. Wenige Tage später vom Osmanischen Reich angekauft, umbenannt und mit ihren Besatzungen unter deutscher Führung in Dienst gestellt, bildeten sie während des Krieges den Kern der osmanischen Flotte.

In den folgenden Kriegsjahren stützten die beiden kaiserlichen Kreuzer durch ihre Präsenz die deutschfreundlichen Kräfte am Bosporus, führten erfolgreich Seekrieg im Schwarzen Meer und hatten maßgeblichen Anteil an der Verteidigung der Dardanellen. Als mit Abschluss eines Waffenstillstandsvertrags im Dezember 1917 die Kampftätigkeit der russischen Schwarzmeerflotte nachließ, nutzte der deutsche Flottenchef im Januar 1918 die gewonnene Operationsfreiheit zu einem Kreuzervorstoß gegen die britischen Bewachungskräfte vor den Dardanellen, um die hart kämpfenden Truppen in Palästina zu entlasten und mit einem Seesieg die nach vielen Niederlagen gedrückte Stimmung

Der osmanische Kriegsschauplatz im Ersten Weltkrieg

der Soldaten zu heben. Im Verlauf des Vorstoßes sank die »Breslau« nach mehreren Minentreffern. Die »Goeben« konnte trotz schwerer Beschädigungen zu ihrem Liegeplatz zurücklaufen, war aber auf Monate nur beschränkt einsetzbar. Lediglich die seit 1915 am Bosporus stationierten kaiserlichen U-Boote führten bis Kriegsende den uneingeschränkten U-Boot-Krieg weiter.

Die Landkriegführung der Jahre 1914 bis 1918 war im Orient ebenfalls durch die geografische Lage des Osmanischen Reichs bestimmt. An den Dardanellen wehrten die osmanischen Truppen 1915/16 einen alliierten Durchbruchsversuch ab, im Kaukasus tobte im Hochgebirge bis Kriegsende ein erbitterter Kampf gegen russische Verbände. Im mesopotamisch-persischen Raum sowie im Sinaigebiet und in Palästina kämpften die Osmanen mit deutscher Unterstützung gegen Briten sowie aufständische Araber.

Der von Februar 1915 bis Anfang Januar 1916 andauernde alliierte Angriff auf die Meerengen und die Halbinsel Gallipoli konnte durch osmanische Verbände unter Führung von Liman von Sanders unter schweren Verlusten auf beiden Seiten erfolgreich abgewehrt werden. Die Versenkung britischer Schlachtschiffe durch deutsche U-Boote trug zu dieser Abwehrleistung wesentlich bei.

Der Schwerpunkt der osmanischen Kriegführung lag zu Kriegsbeginn an der Kaukasusfront. Die Kaukasusoffensive Ende 1914 endete jedoch in einer Katastrophe. Die Truppen des Verbündeten wurden fast vollständig vernichtet. Eine russische Gegenoffensive konnte erst nach der Eroberung von Erzurum 1916 gestoppt werden. Danach erstarrte die Front bis zum Waffenstillstand im Stellungskrieg. Über die politische Zukunft der Kaukasusregion kam es zu schwerwiegenden Verstimmungen zwischen den Verbündeten, als zur Durchsetzung großtürkischen Vormachtstrebens osmanische Truppen im Kaukasus vorrückten und im September 1918 Baku eroberten. Vereinzelt kam es sogar zu Schusswechseln zwischen osmanischen und ebenfalls auf Baku vorstoßenden deutschen Verbänden. Während der Kämpfe im Kaukasus verübten osmanische Truppen wiederholt Massaker an Armeniern, bevor diese dann 1915 während einer umfassenden und systematischen Zwangsdeportation in die syrische Wüste zu Hunderttausenden umkamen. Um das deutschosmanische Bündnis nicht zu belasten, duldeten offizielle deut-

I. Historische Entwicklungen

sche Stellen stillschweigend das Vorgehen gegen die Armenier – hingegen protestierten sie heftig gegen die angedachte Deportation jüdischer Siedler aus Palästina.

Auf dem Kriegsschauplatz zwischen Euphrat und Tigris drängten britische Truppen die osmanischen von Kriegsbeginn an in die Defensive. Dies lag unter anderem darin begründet, dass die Bagdadbahn zu diesem Zeitpunkt noch nicht fertiggestellt war. Ganze Teilstücke existierten nur auf dem Papier, und der Tunnelbau im Taurusgebirge wurde erst kurz vor Kriegsende abgeschlossen. Trotz dieser logistischen Probleme und der Tatsache, dass der Irak für die osmanische Regierung nur ein Nebenkriegsschauplatz war, gelang es einzelnen Verbänden im April 1916 unter der Führung des Generalfeldmarschalls von der Goltz, die britischen Angreifer bei Kut-el-Amara zu vernichten und den britischen Vormarsch auf Bagdad zu stoppen. Dieser Erfolg währte aber nur kurz. Schon im März 1917 eroberten britische Truppen Bagdad. Der Fall der Stadt erschütterte das osmanische Prestige im Orient und bewog die deutsche Oberste Heeresleitung, die Rückeroberung Bagdads durch deutsche Einheiten unter General Erich von Falkenhayn zu unterstützen (Unternehmen Jilderim). Zur Lösung der logistischen Probleme wurde aus deutschen Marineeinheiten die Euphrat-Flussabteilung gebildet.

Als ein britischer Angriff aus der Gazastellung immer wahrscheinlicher erschien, wurden Ende 1917 4500 Mann des deut-

Osmanische Truppen in Jerusalem, 1898

schen Asienkorps nach Palästina in Marsch gesetzt. Somit unterblieb der Angriff auf Bagdad. Bis Kriegsende rückten die Briten weiter nach Norden vor. An der Sinai–Palästina-Front räumten die Osmanen nach zwei erfolglosen Angriffen auf den Suezkanal 1916 die Sinaihalbinsel und zogen sich auf die Linie Beerscheba–Gaza zurück. Nach mehreren abgeschlagenen Angriffen gelang den Briten im November 1917 der Durchbruch und im Dezember die Einnahme Jerusalems. Nördlich der Stadt kam es erneut zum Stellungskrieg. Im September 1918 durchbrachen die Engländer die mittlerweile mit dem deutschen Asienkorps verstärkte türkische Abwehrfront und eroberten in der Folge Damaskus. Im Verlauf des Rückzuges verübten sowohl arabische Freischärler als auch osmanische Truppen, darunter einzelne unter deutscher Führung stehende Verbände, Gewaltakte an der arabischen Zivilbevölkerung.

Kriegsende

Nach dem Kriegsende 1918 kehrten die deutschen Marine- und Heeresverbände teils unter abenteuerlichen Umständen nach Deutschland zurück. Mit ihrer Hilfe war es den schlecht ausgebildeten und ausgerüsteten osmanischen Soldaten gelungen, den Angriffen lange Zeit standzuhalten und eine Vielzahl alliierter Truppen zu binden. Die erfolgreiche Sperrung der Dardanellen hatte erhebliche strategische Auswirkungen auf den Kriegsverlauf, da Russland wirtschaftlich weitgehend von seinen Verbündeten abgeschnitten blieb und nicht seine volle militärische Stärke entwickeln konnte. Nicht zu vergessen ist auch, dass nicht nur deutsche Truppen auf dem osmanischen Kriegsschauplatz kämpften, sondern ebenso osmanische Verbände die Mittelmächte auf den europäischen Kriegsschauplätzen in Russland, Rumänien und Serbien unterstützten. Während die deutsch-osmanische Waffenbrüderschaft in Deutschland heute fast völlig vergessen ist, ist sie in der Türkei nicht nur bei den Soldaten, sondern auch in der türkischen Öffentlichkeit nach wie vor sehr positiv präsent.

Gerhard P. Groß

Nach dem Ersten Weltkrieg sahen sich die Araber im Nahen Osten um die durch die Westalliierten geweckte Hoffnung betrogen, nach dem Zusammenbruch des Osmanischen Reichs würde ein durch Großbritannien und Frankreich abgesicherter arabischer Gesamtstaat entstehen.

Eine arabische Nationalbewegung, welche die Fessel des Osmanischen Reiches abwerfen wollte, war schon zu Beginn des 20. Jahrhunderts entstanden. Erst im Ersten Weltkrieg ergab sich für deren Protagonisten die Chance, sich mit der Hilfe von Briten und Franzosen von der osmanischen Herrschaft zu befreien.

Großbritannien unterstützte den Aufstand gegen die Osmanen. Dank des britischen Geheimdienstoffiziers Thomas Edward Lawrence, besser bekannt als Lawrence von Arabien, kam es im Januar 1917 durch die Einnahme der Hafenstadt El-Wajh zu einer entscheidenen Wende auf dem arabischen Kriegsschauplatz zugunsten der Entente. Mit seinen Erinnerungen »Seven Pillars of Wisdom« (1926) hinterließ Lawrence ein wichtiges literarisches Zeugnis des Ersten Weltkriegs. Die »Befreiungsmission« der Entente entpuppte sich allerdings nur allzu rasch als die Aufteilung des Nahen Ostens in Einfluss- und Mandatsgebiete, die bis in die 1940er-Jahre andauern sollte. – Im Bild die Hollywoodstars Peter O'Toole (als Lawrence von Arabien, Mitte), Anthony Quinn (rechts) und Omar Sharif in der oscargekrönten Verfilmung »Lawrence von Arabien« von 1962.

▰▰▰ Der Nahe Osten und der Libanon nach dem Ersten Weltkrieg

Zu Beginn des 20. Jahrhunderts waren die arabischen Einwohner des Nahen Ostens und Nordafrikas in der Regel Untertanen des osmanischen Sultans, als Kalif für viele gleichzeitig ein religiöser Führer. Zwar entstanden in dieser Zeit Anfänge einer arabischen Nationalbewegung, die letztlich – ohne zentrale Führung – eher als Antwort auf den jungtürkischen Nationalismus zu sehen sind (vgl. den Beitrag von Mehmet Hacısalihoğlu). Die grundlegende Konfrontation des Ersten Weltkriegs zwischen der Entente und den Mittelmächten, zu denen auch das Osmanische Reich gehörte, eröffnete den arabischen Loslösungsbestrebungen die Möglichkeit, sich von den Ententemächten Großbritannien und Frankreich unterstützen zu lassen.

Tatsächlich rückten arabische Nationalinteressen erst in dem Moment in das Blickfeld der Entente, als der Sultan in seiner Eigenschaft als Kalif zum »Heiligen Krieg« (Dschihad) gegen die ungläubigen Feinde aufrief. London suchte jetzt nach einer arabisch-muslimischen Persönlichkeit, die dem osmanischen Aufruf zum Dschihad die Gefolgschaft entziehen sollte. Der britische Vorschlag, das Kalifat wieder »in arabische Hände« zu legen, wurde vom Scherifen Hussein von Mekka aus der Prophetenfamilie der Haschimiten (Bani Haschim) bereitwillig aufgenommen. Er wollte nicht nur arabischer Kalif werden, sondern zielte auch auf die immer noch vakante Position des Führers eines künftigen arabischen Einheitsstaates. Deshalb nahm er einen lebhaften Briefwechsel mit dem Hochkommissar des britischen Protektorats Ägypten, Henry McMahon, auf. McMahon entsandte seinerseits Emissäre, allen voran Thomas Edward Lawrence (Lawrence von Arabien), um die Araber unter Führung des Scherifen zum offenen Aufstand gegen die Osmanen zu bewegen. Als Gegenleistung für die nun tatsächlich einsetzende militärische Unterstützung sicherte die britische Regierung die Gewährung eines unabhängigen arabischen Staates nach dem Sieg über das Osmanische Reich zu. Nach dessen Kapitulation am 30. Oktober 1918 hatten die aufständischen Araber also allen Grund, von der Einlösung der britischen Versprechungen auszugehen. Sie konn-

I. Historische Entwicklungen

ten nicht wissen, dass sich London schon 1916 mit Paris über die Aufteilung der arabischen Provinzen des einstigen Großreiches geeinigt hatte.

Die französischen und britischen Diplomaten Charles F.G. Picot bzw. Sir Mark Sykes hatten dazu »blaue« Gebiete gekennzeichnet, die französischer Kontrolle zu unterstellen waren, und »rote« Territorien, die in die Einflusszone Großbritanniens übergehen sollten (Sykes-Picot-Abkommen). Aus gutem Grund hielten beide Mächte das Abkommen geheim, denn es bedeutete nichts weniger als den Bruch aller Zusagen gegenüber den Arabern. Bis zum Kriegsende war London natürlich an der Aufrechterhaltung der Fiktion von der britisch-arabischen Waffenbrüderschaft interessiert. Noch im Januar 1918 hatte die britische Regierung, gemeinsam mit der französischen, eine Deklaration über die »Befreiungsmission« verfasst, die den »von den Türken unterdrückten Völkern« die Souveränität nach dem »Sieg über den gemeinsamen Feind« verhieß. Die Deklaration kann auch als Reaktion auf den im gleichen Monat verkündeten 14-Punkte-Plan des US-Präsidenten Woodrow Wilson verstanden werden, der in London und Paris als Fehdehandschuh eines weiteren Mitbewerbers um die Neuordnung der Region mit ihren vermuteten reichen Erdölschätzen interpretiert wurde. Aber erst als nach der Oktoberrevolution die neuen Machthaber in Russland 1918 die Bestimmungen des Sykes-Picot-Abkommens publik machten, war die Fiktion der »Befreiungsmission« nicht länger aufrechtzuerhalten.

Arabische Staatsbildung im Schatten des Verrats

Im September 1918 war Faisal I., der Sohn des Scherifen Hussein, an der Spitze der mit der britischen Orientarmee unter General Edmund Allenby verbündeten arabischen Truppen in Damaskus einmarschiert. Da ihm das Sykes-Picot-Abkommen noch nicht bekannt war, schickte er sich umgehend an, die syrische Metropole auch zur Hauptstadt des nun zu errichtenden arabischen Reiches zu machen. Am 5. Oktober 1918 ernannte er einen

I. Historische Entwicklungen

Lawrence von Arabien, ca. 1915

»Direktorenrat«, quasi eine provisorische Regierung. Gemäß der Bestimmungen des Sykes-Picot-Abkommens, die Syrien Frankreich zugesprochen hatten, begann am 22. Oktober der britische Rückzug aus Syrien und der Ersatz durch französische Truppen, der am 1. November 1919 abgeschlossen war. Jetzt konnten Faisal und die arabische Nationalbewegung nicht länger die Augen vor der Tatsache verschließen, dass die britischen Verbündeten offensichtlich nicht gedachten, den während des Krieges eingegangenen Vertrag einzuhalten. Vielmehr deutete sich die Ersetzung der osmanischen Fremdherrschaft durch eine neue, europäisch-westliche an.

Nicht nur in Syrien, sondern auch in anderen arabischen Regionen – von Irak im Osten über Ägypten im Zentrum bis Marokko im Westen – erhoben sich daraufhin die Bewohner gegen die sich abzeichnende koloniale Unterdrückung. Britische, französische und spanische Truppen konnten die heftigen Aufstände in ihren jeweiligen Einflussgebieten zwar blutig niederschlagen, aber der Westen hatte seine »Unschuld« endgültig verloren.

In Syrien kam es neben dem militärischen Widerstand gegen die Besatzer auch zu Wahlen. Der aus ihnen hervorgegangene »Syrische Nationalkongress« erklärte am 8. März 1920 die Unabhängigkeit Syriens und Emir Faisal zum König. Die europäischen Kolonialmächte fürchteten einen Präzedenzfall und wollten die Syrer deshalb keinesfalls gewähren lassen. Unter dem Eindruck der revolutionären Nachkriegsunruhen in Europa und dem Nahen Osten, Lenins Machtübernahme in Russland sowie der amerikanischen Offerten an die arabische Nationalbewegung nahmen London und Paris zwar von direkter Kolonialherrschaft Abstand, ließen sich aber vom Völkerbund, den sie dominierten, am 20. April 1920 in San Remo »Mandate« über die begehrten Gebiete erteilen. Dadurch wurde die Fremdherrschaft mit dem Vorwand bemäntelt, die fraglichen Länder auf die Unabhängigkeit »vorzubereiten«. In leichter Abänderung des Sykes-Picot-Abkommens erfolgte daraufhin eine Dreiteilung Syriens in Palästina, Libanon und »Rest-Syrien«, wobei die beiden letztgenannten Regionen unter französisches, Palästina – ebenso wie der östliche Nachbar Irak – unter britisches Mandat fielen. In diesem Gefüge war für Faisal kein Platz mehr. Am 28. Juli 1920 unterlag er südlich von Damaskus französischen Truppen und floh ins italienische Exil.

Seine ehemaligen britischen Verbündeten fanden jedoch bald eine neue Verwendung für ihn, als sie ihn am 21. August 1921 zum König von Irak machten. Fast gleichzeitig bestätigten sie auch die Herrschaft seines Bruders Abdallah über Transjordanien. Ihr Vater, Scherif Hussein, musste hingegen 1924 vor Ibn Saud, dem Begründer des modernen Saudi-Arabiens, kapitulieren. Letztlich war die Bestallung Faisals symptomatisch für das europäische Mandatssystem. Anhaltender Widerstand der Einheimischen ließ Großbritannien und Frankreich in der Folgezeit zunehmend zu indirekter Herrschaft Zuflucht nehmen. So erreichten mehrere arabische Staaten die formale Unabhängigkeit schon vor dem Zweiten Weltkrieg, die faktische aber in der Regel erst lange danach. Zwischen den Kriegen bildeten sich zwei neue, nichtsdestoweniger grundlegende Sichtweisen oder vielmehr Paradigmen in der arabischen Welt heraus. Erstens avancierte der Westen in Gestalt seiner prominenten Kolonialmächte zum Hauptgegner, und zweitens fand der Kampf der arabischen Nationalbewegung – ungeachtet aller gegenteiligen Beteuerungen – nicht mehr in einem gesamt-, das heißt panarabischen Kontext, sondern im Rahmen der von eben jenen Kolonialmächten gezogenen nationalstaatlichen Grenzen statt.

Fallbeispiel Libanon

Die französische Politik hinsichtlich ihrer Mandate in der Levante, den Ländern des östlichen Mittelmeerraums, war derjenigen gegenüber dem geografisch näher gelegenen Maghreb mit der Siedlungskolonie Algerien untergeordnet. Neben der Kontrolle des öffentlichen Lebens und der Nutzung der wirtschaftlichen Kapazitäten des Mandatsgebiets waren die Kolonialbeamten

I. Historische Entwicklungen

von Paris instruiert worden, Konfessionen und Volksgruppen gegeneinander auszuspielen. Sonderbedingungen für Minderheiten wie die Drusen oder die Alawiten sollten eine Solidarisierung mit der arabischen respektive sunnitischen Mehrheitsbevölkerung verhindern. Die maronitischen Christen Libanons erhofften sich den größten Nutzen aus dieser Politik. Im Grunde genommen erwarteten sie eine Neuauflage des 1864 infolge von antichristlichen Pogromen angenommenen Statuts (Statute Organique), wonach der osmanische Sultan einen christlichen Gouverneur Libanons ernennt, der erhebliche Vollmachten besitzt. Das Statut wurde von den Großmächten, insbesondere Frankreich, garantiert, war aber mit dem Zusammenbruch des Osmanischen Reiches hinfällig geworden.

Die Franzosen entsprachen diesen Wünschen nur zum Teil. Im September 1920 schufen sie den Staat »Großlibanon«, der neben der ehemaligen osmanischen Provinz auch Tyros, Beirut, Sidon, Baalbek, die Bekaa-Ebene und Teile des Hermongebirges umfasste und einem französischen Hochkommissar unterstellt war. Die Ausdehnung veränderte unter anderem das konfessionelle Gefüge: Die Christen verloren die Bevölkerungsmehrheit. Nebenbei offenbarten die Franzosen damit ein erhebliches Maß an zynischem Pragmatismus, denn es ging ihnen mitnichten um die Förderung der »christlichen Glaubensbrüder«, sondern um die Grundlagen für eine erfolgreiche Politik des »Teile und Herrsche«. Prompt forderten arabische Patrioten muslimischen Glaubens ein Zurückstutzen Libanons auf die ursprüngliche Größe, später die gänzliche Auflösung, weil sie – zu Recht oder nicht – eine immer stärkere Zerstückelung des nach wie vor erhofften arabischen Einheitsstaates befürchteten. Vor diesem Hintergrund nimmt es weder wunder, dass ein großer syrischer Aufstand von 1925/26 auch auf Libanon übergriff, noch dass einflussreiche Fraktionen der politischen Klasse Syriens bis in die Gegenwart ein eigenständiges Existenzrecht Libanons in Abrede stellen.

Bereits 1922 hatte der Hochkommissar ein »Repräsentatives Ratskollegium« ernannt und mit der Ausarbeitung einer Verfassung betraut. Aufgrund der skizzierten innergesellschaftlichen Widersprüche dauerte es jedoch vier Jahre, bis 1926 die Verfassung vorlag und Grundlage für die Ausrufung der Republik Libanon werden konnte. Die französische Dominanz blieb allerdings bestehen. Der libanesische Staatsapparat war mit französischen »Ratgebern« durchsetzt, ohne deren Einwilligung keine Entscheidung gefällt werden konnte. Daneben existierte das Hochkommissariat mit seiner Befehlsgewalt über Militär und eigene Zivilverwaltung weiter. Der Dualismus schuf zahllose Missverständnisse und Kompetenzüberschneidungen, kurzum eine labile innenpolitische Lage. 1932 wurde die Verfassung aufgehoben, die meisten Machtbefugnisse gingen auf den libanesischen Präsidenten über. Danach begannen Verhandlungen mit Paris über die Modalitäten einer Beendigung des Mandats. Das 1936 vereinbarte Abkommen hielt nur bis 1939, ehe es – bedingt durch die Vorkriegssituation in Europa – von Frankreich aufgelöst wurde. Im November 1941 proklamierte der regionale Kommandeur der Truppen des »Freien Frankreich«, General George Catroux, die Souveränität Libanons. Als das 1943 zusammengetretene libanesische Parlament daraufhin einen zügigen Transfer der französischen Vollmachten an den libanesischen Staat forderte, verhafteten französische Truppen dessen Präsidenten sowie einige Minister und lösten das Parlament auf. Auf alliierten Druck hin mussten die Franzosen diese Entscheidung allerdings rückgängig machen.

Wegen der erneuten Übernahme der Amtsgeschäfte durch eine libanesische Regierung gilt 1943 auch als Geburtsjahr des ungeschriebenen »Nationalpakts«, der – auf der Grundlage einer Volkszählung aus dem Jahr 1932 – festlegte, dass der Staatspräsident ein Maronit, der Ministerpräsident ein Sunnit und der Parlamentssprecher ein Schiit sein solle. Die starke Stellung des Präsidenten widersprach in den folgenden Jahrzehnten zunehmend der konfessionellen Zusammensetzung des Landes; der Widerspruch mündete 1975 in den Bürgerkrieg.

Zwischen 1943 und dem Ende des Zweiten Weltkrieges kam es zu weiteren langwierigen französisch-libanesischen Verhandlungen. Die faktische Unabhängigkeit Libanons wurde erst 1946 mit dem Abzug der letzten französischen Truppen erreicht.

Henner Fürtig

Jüdische Siedler legten im ursprünglich überwiegend von Arabern bewohnten Palästina die Wurzeln für den Staat Israel. Die Bewegung des Zionismus, die einen jüdischen Nationalstaat in Palästina forderte, entstand Ende des 19. Jahrhunderts in der europäischen Diaspora. Seit Beginn des 20. Jahrhunderts kamen Hunderttausende jüdische Siedler in mehreren Einwanderungswellen insbesondere aus Osteuropa nach Palästina. Sie begannen – wie auf dem Bild zu sehen – unter schwierigsten Umständen mit der landwirtschaftlichen Erschließung und dem Aufbau neuer Wirtschafts- und Gesellschaftsstrukturen. Das Verhältnis zu den in Palästina ansässigen Arabern wurde mit der steigenden Zahl jüdischer Einwanderer zunehmend problematisch, bis es dann ab 1920 zu offenen Auseinandersetzungen zwischen beiden Gruppen kam.

Die jüdische Siedlungsbewegung bis zur Gründung des Staates Israel

Die Geschichte Palästinas wurde in der ersten Hälfte des 20. Jahrhunderts maßgeblich durch die zionistische Bewegung geprägt, insbesondere durch deren Ziel, ein jüdisches Gemeinwesen im »Land der Väter« zu schaffen. Der Zionismus war gegen Ende des 19. Jahrhunderts als ideologisches Konzept und politisches Programm zur Neubestimmung jüdischer Identität sowie als Antwort auf den modernen Antisemitismus und judenfeindliche Aufwallungen in Ost- und Westeuropa entstanden. An der Wiege des zionistischen Projekts standen die damaligen nationalen Emanzipationsbewegungen europäischer Völker, charakterisiert durch die Betonung der Nationalsprache und -kultur, die Besinnung auf die eigene Geschichte und das Streben nach nationaler Selbstbestimmung und Eigenstaatlichkeit. Hinzu traten bürgerlich-liberales und sozialistisches beziehungsweise sozialistisch-utopisches Gedankengut. Zugleich fußte der politische Zionismus auf spezifisch jüdischen Geistesbewegungen jener Zeit. Zu ihnen zählten der Messianismus, der die Schaffung eines religiösen Zentrums im »Heiligen Land« als Voraussetzung für das Erscheinen des Messias betrachtete, daneben die jüdische Aufklärung oder der Kulturzionismus, der in Palästina den Ausgangspunkt für die geistig-kulturelle Erneuerung des Judentums erblickte.

Die Sehnsucht nach Jerusalem, nach Zion als der Wiege jüdischen Glaubens und Volkstums, war ein die Jahrhunderte überdauerndes Band, das die seit 70 n. Chr., seit der Zerstörung des »Zweiten Tempels«, errichtet unter König Herodes, in alle Welt zerstreuten Juden einte. Diese Sehnsucht wurde in Gebeten, Gesängen und Legenden lebendig gehalten und von Generation zu Generation weitergegeben (vgl. den Beitrag von Bernhard Chiari). Dennoch gab es bis zur zweiten Hälfte des 19. Jahrhunderts keine namhafte politische Bewegung, die die Rückkehr der Juden nach Palästina anstrebte. Erst der Zionismus verwandelte die passive jüdisch-religiöse Bindung an das »Gelobte Land« in ein aktives und aktivierendes Element. Er initiierte die Einwanderung und Ansiedlung Hunderttausender Juden in Palästina und bewirkte die Wiederbelebung der hebräischen Sprache.

I. Historische Entwicklungen

Nach den antisemitischen Pogromen von 1881/82 verließen große Gruppen von Juden Russland. Mehrheitlich fanden sie eine neue Heimat in Westeuropa oder in den USA. Einige Tausend jedoch ließen sich in Palästina nieder und legten hier, gefördert von westeuropäischen jüdischen Philanthropen, die Fundamente für Siedlungen wie Rischon le Zion, Rosch Pina, Zichron Jakow und Gedera – heute blühende, bevölkerungsreiche Städte. Das ungewohnte Klima, Krankheiten und Misserfolge bei der landwirtschaftlichen Kolonisierungsarbeit brachten die ersten Siedlungsvorhaben jedoch wiederholt an den Rand des Scheiterns; nicht wenige Einwanderer verließen desillusioniert das Land.

Erst der Wiener Jurist, Schriftsteller und Journalist Theodor Herzl (1860-1904) vermochte es, den auf Palästina gerichteten geistigen Bestrebungen und den zaghaften Migrationsaktivitäten einen neuen Impuls sowie einen tragfähigen organisatorischen Rahmen zu verleihen. Seine 1896 veröffentlichte Schrift »Der Judenstaat« wurde zum Manifest des politischen Zionismus. Die 1897 durch Herzl initiierte Gründung der Zionistischen Weltorganisation (ZWO) in Basel leitete eine neue Phase jüdischen Emanzipationsstrebens und nationaler Selbstbesinnung ein.

Das Baseler Programm – bis 1948 Leitlinie zionistischer Wirksamkeit – verkündete als zentrales Anliegen »für das jüdische Volk die Schaffung einer öffentlich-rechtlich gesicherten Heimstätte in Palästina«. Verwirklicht werden sollte dieses Ziel durch die »Besiedlung Palästinas mit jüdischen Ackerbauern, Handwerkern und Gewerbetreibenden«, durch Organisierung der Juden in Landesverbänden, durch die »Stärkung des jüdischen Volksgefühls und Volksbewusstseins« sowie durch die Einleitung von Schritten, welche auf politische Unterstützung seitens der Großmächte jener Zeit zielten. Die ZWO verstand sich als Nationalversammlung, in der alle Teile des über den Erdball zerstreuten jüdischen Volkes vertreten sein sollten. Zur Finanzierung des Landkaufs und der Besiedlung Palästinas gründete sie 1899 die Jüdische Kolonisationsbank, 1901 den Jüdischen Nationalfonds, 1908 die Gesellschaft zur Entwicklung Palästinas und 1921 den Jüdischen Stiftungsfonds.

Zunächst allerdings schien die Vision Herzls in weiter Ferne zu liegen. Palästina befand sich unter osmanischer Herrschaft.

Die jüdische Siedlungsbewegung

Theodor Herzl: Visionär und Wegbereiter des Zionismus

Als Begründer des Zionismus gilt Dr. Theodor Herzl. Er wurde am 4. Mai 1860 in Budapest geboren, studierte Rechtswissenschaften in Wien und promovierte dort 1884. Seine Karriere als Journalist begann er 1891 bei der Wiener »Neuen Freien Presse«. Im Spätherbst 1894 berichtete Herzl für die Zeitung über die »Dreyfus-Affäre« in Frankreich, in der aus einem weitverbreiteten Antisemitismus heraus ein – später rehabilitierter – jüdischer Offizier wegen angeblicher Spionage zu Verbannung, Degradierung und Haft verurteilt wurde. Unter dem Eindruck antisemitischer Ausschreitungen in Frankreich schrieb Theodor Herzl 1896 das grundlegende Werk »Der Judenstaat«, worin er sich für einen eigenen jüdischen Staat aussprach. Herzl gehörte, nachdem er bereits erste Pläne für eine Massenauswanderung erarbeitet hatte, 1897 zu den Organisatoren des ersten zionistischen Weltkongresses, der das »Baseler Programm« verabschiedete. Genau 50 Jahre später, am 29. November 1947, wurde durch den Beschluss der UN-Vollversammlung die Gründung eines jüdischen Staates Realität. Die israelische Unabhängigkeitserklärung wurde am 14. Mai 1948 unter einem Porträt Theodor Herzls verlesen. Dieser war am 3. Juli 1904 im Alter von 44 Jahren verstorben. *(ft)*

Der Sultan betrachtete das zionistische Projekt höchst skeptisch, und auch die westeuropäischen Großmächte sowie Russland reagierten zurückhaltend auf die werbenden Worte Herzls. Die Mehrzahl der Juden in Europa und Übersee stand der zionistischen Idee ohnehin neutral gegenüber oder lehnte sie ab. Erst nach Verabschiedung der Balfour-Deklaration nahm die Zahl der jüdischen Befürworter des Nationalstaatsgedankens zu. Der britische Außenminister Arthur James Balfour sagte in dieser Erklärung noch während des Ersten Weltkriegs – am 2. November 1917 – die Unterstützung seiner Regierung für die »Errichtung einer nationalen Heimstätte für das jüdische Volk in Palästina« zu. Großbritannien, dessen Truppen im Dezember 1917 Jerusalem besetzt hatten, war – neben Frankreich – zur dominierenden europäischen Macht im Nahen Osten aufgestiegen. Es verhalf nunmehr den Zionisten zur internationalen Anerkennung ihrer Ansprüche auf Palästina. Die Erklärung Balfours fand Eingang in den Friedensvertrag der Siegermächte mit der Türkei; am 25. April 1920 wurde Großbritannien durch den Völkerbund mit dem Mandat über Palästina betraut.

Das politische Spektrum im Zionismus

Von Anbeginn war die ZWO keine homogene Bewegung. Sie umfasste unterschiedliche ideelle und organisatorische Strömungen. Deren Anhänger waren sich zwar in dem Bestreben einig, eine öffentlich-rechtlich gesicherte Heimstätte für das jüdische Volk in Palästina zu schaffen; sie differierten jedoch hinsichtlich ihrer Auffassungen über Methoden und Wege sowie in ihren Vorstellungen über den Charakter des künftigen Staates. Es bildeten sich vier Hauptrichtungen heraus, die bis in die Gegenwart das politische Antlitz der ZWO wie auch die israelische Parteienlandschaft prägen: Ein religiöser Flügel strebte ein Gemeinwesen an, das auf der Einhaltung jüdischer Gebote und Vorschriften basieren sollte. Eine Arbeiterfraktion suchte sozialdemokratisches und zionistisches Gedankengut zu verbinden; sie propagierte die Errichtung eines sozialistischen Judenstaates. Eine dritte, bürgerlich-liberale Fraktion lehnte sowohl die religiöse als auch die sozialistische Variante des Zionismus ab und trat für die Errichtung eines bürgerlichen jüdischen Gemeinwesens nach westeuropäischem Vorbild ein. Ein konservativ-militanter beziehungsweise extrem-nationalistischer Flügel schließlich visierte einen jüdischen Staat zu beiden Seiten des Jordans an und zeichnete sich dabei zunehmend durch eine antibritische und antiarabische Haltung aus.

Die unterschiedlichen Auffassungen in der ZWO spiegelten sich von Anbeginn im Parteienspektrum des Jischuv, der jüdischen Bevölkerungsgruppe in Palästina, wider. Außerhalb der nationalen Erneuerungsbewegung blieb die jüdische Orthodoxie. Sie lehnte den Zionismus ab, erwartete sie doch die Erlösung nicht durch die Schaffung eines jüdischen Staatswesens, sondern durch den Messias; erst nach dessen Erscheinen dürfe der

»Dritte Tempel« errichtet werden. Ihre Anhänger sprachen nach wie vor Jiddisch; die Benutzung des Hebräischen als profane Umgangssprache galt ihnen als Sakrileg. Ganze Stadtviertel in Jerusalem, Mea Schearim etwa, oder Bnei Brak bei Tel Aviv veranschaulichen bis heute die religiös-orthodoxe Komponente der israelischen Gesellschaft sowie deren Kultur und Lebensweise. Erst nach dem Zweiten Weltkrieg und angesichts der Vernichtung des europäischen Judentums fanden sich Teile der Ultraorthodoxie bereit, mit zionistischen Parteien zu kooperieren.

Einwanderung und Besiedlung

Mehrere Einwanderungswellen ließen den jüdischen Bevölkerungsanteil in Palästina stetig anwachsen. Handelte es sich bei den 1882 bereits im Lande lebenden rund 24 000 Juden vor allem noch um den »alten Jischuv«, das heißt die vorwiegend ultraorthodoxe Bevölkerung der vier heiligen Städte des Judentums (Jerusalem, Hebron, Safed und Tiberias), so formierte sich der »neue Jischuv« zunächst überwiegend aus den osteuropäischen Einwanderern. Inspiriert von zionistischen Idealen, kamen diese hauptsächlich mit der zweiten und dritten Alija (Einwanderungswelle) zwischen 1904 und 1914 beziehungsweise von 1919 bis 1923 ins Land. Die Neuankömmlinge schufen jüdische Selbstverwaltungsorgane, einen eigenen Wirtschaftssektor, politische Parteien, Gewerkschaften und andere Organisationen. Ab 1920 fanden Wahlen zur Delegiertenversammlung der jüdischen Einwohner Palästinas statt. Der von dieser gewählte Nationalrat (Waad Leumi) vertrat – gemeinsam mit der Jewish Agency, der Exekutive der Zionistischen Weltorganisation – die Interessen des jüdischen Gemeinwesens gegenüber den britischen Mandatsbehörden.

Insbesondere die Arbeiterzionisten – seit den 1930er-Jahren dominierende Kraft im Jischuv – waren der Auffassung, dass das jüdische Volk sich durch körperliche Arbeit und Urbarmachung des Bodens ein Recht auf Palästina erwerben müsse. Die Beschäftigung arabischer Lohnarbeiter lehnten sie strikt ab. Die jüdische »Eroberung des Bodens, der Arbeit und des Marktes« wurde zu einem zentralen Slogan der europäischen Migranten. So moti-

I. Historische Entwicklungen

Jüdische Siedler bei Erntearbeiten in den 1930er-Jahren

viert, schufen sie landwirtschaftliche Siedlungen, organisierten die jüdischen Arbeitnehmer in der Gewerkschaft Histadrut und riefen militärische Organisationen zum Schutz der neu angelegten Siedlungen ins Leben.

Geleitet von utopisch-sozialistischen Ideen und zionistischer Agrarromantik, gründeten osteuropäische Einwanderer ab 1909 auf dem durch den Jüdischen Nationalfonds erworbenen Boden Kollektivsiedlungen (Kibbuzim) und landwirtschaftliche Genossenschaften (Moschavim). Insbesondere in den Kibbuzim wurde das Zusammenleben der Mitglieder von sozialistischen Werten wie Gleichheit, Zusammenarbeit, soziale Gerechtigkeit, Solidarität und direkte Demokratie bestimmt. Privateigentum und Lohnarbeit waren verpönt. Die anstehenden Arbeiten verrichteten die Bewohner (Kibbuznikim) nach dem Rotationsprinzip. Die Ergebnisse beziehungsweise die Erlöse der kollektiven Tätigkeit wurden gleichberechtigt verteilt oder für gemeinschaftliche Anliegen einbehalten. Beschlüsse fasste nur die Vollversammlung. Die Mahlzeiten wurden gemeinsam im Speisesaal eingenommen; auch die Kindererziehung oblag ab frühestem Alter der Gemeinschaft.

Die Repräsentanten der zionistischen Bewegung sahen in den Kollektivsiedlungen eine produktive Möglichkeit, den Boden in Besitz zu nehmen, die Einwanderer wehrhaft in Palästina zu verwurzeln und den körperlich tätigen »neuen Menschen«, den Chaluz (Pionier), zu formen. Die Kibbuzim und Moschavim

Die jüdische Siedlungsbewegung

Der Moschav Nahalal, gegründet 1921, liegt westlich von Nazareth und ist der Heimatort des ehemaligen israelischen Verteidigungsministers Mosche Dajan.

veränderten nicht nur die demografischen und wirtschaftlichen Strukturen des Landes; sie nahmen auch bedeutenden Einfluss auf die institutionelle und soziale Ausgestaltung des entstehenden jüdischen Gemeinwesens. Obwohl die Kibbuzbevölkerung zahlenmäßig stets in der Minderheit war (1945 lebten dort nur 6,7 Prozent der jüdischen Bewohner Palästinas), kam aus ihren Reihen ein bedeutender Teil der politischen und militärischen Elite des Landes. So waren beispielsweise ein Drittel der Mitglieder des ersten israelischen Kabinetts, einschließlich des Premierministers, und ein Fünftel der 1949 gewählten Parlamentsabgeordneten ehemalige Kibbuznikim. Bis heute finden linke Parteien und friedensorientierte Organisationen Rückhalt in den Gemeinschaftssiedlungen.

War während des Ersten Weltkriegs die jüdische Bevölkerungsgruppe in Palästina noch von 85 000 auf 56 000 Personen (8 Prozent der Gesamtbevölkerung) geschrumpft, so nahmen mit Errichtung des britischen Mandats die Einwandererzahlen deutlich zu. Mit der vierten Alija von 1924 bis 1931 kamen etwa 80 000 Menschen aus Polen und der Sowjetunion nach Palästina. Im Unterschied zur sozialen Zusammensetzung der vorangegangenen Einwanderungswellen handelte es sich bei den Neuankömmlingen in der Mehrheit um Angehörige des Mittelstandes, die sich in den Städten niederließen und an der Entwicklung privatwirtschaftlicher Tätigkeit interessiert waren. Die 1909 gegründete Stadt Tel Aviv erlebte während der folgenden Jahrzehnte

I. Historische Entwicklungen

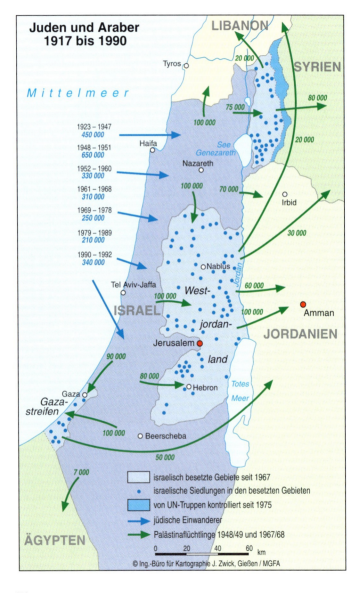

einen schnellen Aufschwung und wurde bald zur Metropole des Landes (vgl. den Beitrag von Marko Martin).

Die fünfte Alija brachte im Zeitraum zwischen 1932 und 1938 weitere 200 000 europäische Juden – unter ihnen 70 000 aus dem deutschsprachigen Raum – an die östliche Küste des Mittelmeeres. Die deutschen Juden, die »Jeckes«, leisteten aufgrund ihres Bildungsstandes und ihrer Berufserfahrung einen bedeutenden Beitrag zur Entwicklung des wirtschaftlichen und kulturellen Lebens sowie der Justiz, der Verwaltung und des Pressewesens. Meilensteine für die Herausbildung des jüdischen Nationalbewusstseins und einer neuen sozialen und kulturellen Identität waren die Verbreitung des modernen Hebräisch als Umgangs- und Schriftsprache, die Errichtung der Technischen Hochschule in Haifa (1912) und der Hebräischen Universität in Jerusalem (1925) sowie die Eröffnung des Nationaltheaters Habima in Tel Aviv (1931).

Nationaler Konflikt

Bereits früh mussten die zionistisch motivierten Einwanderer bemerken, dass sich ihre Ziele im Widerspruch zur arabisch-palästinensischen Nationalbewegung befanden. Deren Vertreter hatten die Befreiung vom osmanischen Joch begrüßt. Nach 1920 klagten sie – zunehmend militanter werdend – die auch ihnen von den Briten während des Ersten Weltkriegs versprochene nationale Selbstständigkeit und Eigenstaatlichkeit ein. Nachum Goldmann, Begründer des Jüdischen Weltkongresses (1936) und Präsident der Zionistischen Weltorganisation (1956 bis 1968), schrieb rückblickend: »Es war einer der großen historischen Denkfehler des Zionismus, dass er den arabischen Aspekt bei der Gründung des jüdischen Heimlandes in Palästina nicht ernsthaft genug zur Kenntnis genommen hat. Es gab zwar immer Sprecher und Denker der zionistischen Bewegung, die ihn unterstrichen haben [...] Leider blieben aber diese Überzeugungen mehr Theorie und Prinzip und wurden in die Praxis der zionistischen Wirklichkeit kaum übertragen.«

Durch die jüdische Zuwanderung sah sich die arabische Bevölkerung Palästinas in wachsendem Maße ihrer Existenzgrund-

I. Historische Entwicklungen

> **Orde C. Wingate und die arabischen Aufstände**
>
> Im April 1936 riefen die Araber im britischen Mandatsgebiet einen Generalstreik aus. Gewalttätige Konflikte kosteten bis 1939 5000 Araber, 400 Juden und 200 Briten das Leben. Aufseiten der Aufständischen kamen neben Palästinensern auch Kämpfer aus Syrien und dem Irak zum Einsatz. 1938 stellte die britische Armee mit den Special Night Squads (SNS) unter Führung von Hauptmann (später Generalmajor) Orde C. Wingate sogar spezielle Einheiten zur Bekämpfung der Revolte auf. Die Mandatsregierung nahm Verhaftungen vor, verhängte Todesstrafen und ließ die Häuser von Verdächtigen sprengen. Da die Aufständischen kaum angreifbare Ziele für die britische Armee boten, kamen seit März 1938 die SNS unter Wingate zum Einsatz, verstärkt durch jüdische Freiwillige zumeist aus der halblegalen Haganah. Mit Herannahen eines Krieges gegen Deutschland schränkte die britische Regierung ihre Unterstützung für die zionistische Bewegung ein. Der exzentrische und prozionistische Wingate fiel 1944 in Burma. Sein offensives *Counterinsurgency*-Konzept ging in Ausbildung und Einsatzdoktrin der Israel Defence Forces ein. *(mr)*

lagen beraubt und in ihren nationalen Ambitionen beeinträchtigt. Arabische Protestbewegungen und Aufstände in den Jahren 1920, 1921, 1929 sowie zwischen 1936 und 1939 richteten sich darum zunächst gegen die zionistischen Siedler, zunehmend jedoch auch gegen die britischen Mandatsbehörden. Eine Schlüsselposition in der palästinensischen Nationalbewegung jener Zeit erlangte Hadsch Mohammed Amin al-Husseini (1893-1974), der Mufti von Jerusalem. Er stand seit 1921 an der Spitze des Obersten Muslimischen Rates und hatte ab 1936 den Vorsitz des Obersten Arabischen Komitees inne. Während des Zweiten Weltkriegs paktierte er zeitweilig mit Hitlerdeutschland (vgl. den Beitrag von Rolf-Dieter Müller).

Aus Furcht vor einer weiteren Eskalation des Konflikts beschränkte Großbritannien, wohl wissend um die antisemitischen Verfolgungen in Deutschland, ab 1939 die Einwanderung von Juden nach Palästina auf ein Minimum. Argumentation und Quotierungen fanden in einem »Weißbuch« ihren Niederschlag.

Die jüdische Siedlungsbewegung

Die Antwort der jüdischen Gemeinschaft in Palästina formulierte David Ben Gurion – Führer der sozialdemokratischen Arbeiterpartei Mapai und Vorsitzender des Exekutivkomitees der Jewish Agency – unmittelbar nach Ausbruch des Zweiten Weltkrieges: »Wir werden gemeinsam mit England gegen Hitler kämpfen, als gäbe es kein Weißbuch, und wir werden das Weißbuch bekämpfen, als gäbe es keinen Krieg.«

In den Kriegsjahren gewannen die militärischen Organisationen der jüdischen Landesbewohner an Bedeutung: die der Sozialdemokratie und der Gewerkschaft Histadrut nahestehenden Selbstschutzeinheiten der Haganah, die auch bürgerlich-liberale und religiöse Zionisten erfassten; die 1941 gegründete Eliteeinheit Palmach (aus der Haganah hervorgegangen); des Weiteren die Untergrundorganisation Ezel der militant-nationalistischen Revisionistischen Partei. Die Führer der militärischen Organisationen verzichteten während des Krieges auf Anschläge gegen britische Einrichtungen, forcierten jedoch die illegale Einwanderung. Zum offenen Kampf gegen die Mandatsmacht rief die 1940 vom Ezel abgespaltene Organisation Lechi auf.

In den Jahren 1939 bis 1945 gelangten trotz britischer Weißbuchpolitik weitere 60 000 jüdische Immigranten – zumeist auf illegalem Wege – nach Palästina. Da Landkäufe unter der Regie der Mandatsbehörden in nur geringem Maße möglich waren, ließ sich die Mehrzahl der Zuwanderer in den Städten nieder.

Das Ende des 19. Jahrhunderts begonnene zionistische Siedlungsprojekt legte somit einerseits die demografischen, politischen, sozialen und wirtschaftlichen Fundamente für den 1948 ins Leben gerufenen israelischen Staat. Andererseits war – angesichts wiederholter Aufstände – unschwer vorauszusagen, dass die arabische Bevölkerung Palästinas nicht auf ihre Lebensgrundlagen und ihre nationalen Ziele verzichten würde. Die künftigen Konflikte in und um Palästina kündigten sich bereits in den drei Vorkriegsjahrzehnten an. Sie sollten bald in den ersten arabisch-israelischen Krieg münden.

Angelika Timm

Das im April 1942 veröffentlichte Foto einer Propaganda-Kompanie der Wehrmacht zeigt einen Angehörigen des Deutschen Afrikakorps mit Einheimischen in Nordafrika. Auch der Nahe Osten wurde während des Zweiten Weltkriegs zum Schauplatz militärischer Auseinandersetzungen, vor allem zwischen deutschen und britischen Kräften am Mittelmeer. Die nationalsozialistische Führung versuchte, die arabische Welt zur Unterstützung des deutschen Kampfes gegen Großbritannien zu mobilisieren. Adolf Hitler machte für diesen Fall vage Zusagen hinsichtlich einer arabischen Nachkriegsordnung, er konnte im Nahen Osten jedoch kein substanzielles militärisches Engagement erbringen. »Fremdvölkische« Freiwilligenverbände aus Muslimen kämpften immerhin bis zum Ende des Zweiten Weltkriegs in Wehrmacht und Waffen-SS.

Den Westalliierten ermöglichte der militärische Erfolg im Nahen Osten unter anderem die Kontrolle über das Mittelmeer. Dies war eine entscheidende Voraussetzung für die erfolgreiche Landung in Süditalien 1943 und damit für die Schaffung einer weiteren Front gegen das Deutsche Reich.

Der Nahe Osten und der Zweite Weltkrieg

Im Ersten Weltkrieg waren die Deutschen in der Lage gewesen, im Nahen Osten mit türkischer Hilfe einen Nebenkriegsschauplatz zu eröffnen, den sie aber am Ende nicht halten konnten. Großbritannien und Frankreich verstanden es, in der Zwischenkriegszeit ihren Einfluss auf die Region sogar noch auszubauen. Als Hitler im September 1939 den Zweiten Weltkrieg begann, wurde erkennbar, dass es Deutschland zu diesem Zeitpunkt als europäische Kontinentalmacht nicht verstand, im Hinblick auf den Nahen Osten ein klares Konzept zu entwickeln.

Die Koordinaten hatten sich inzwischen verschoben. Es war vor allem die Neutralität der Türkei, die deutschen Interventionen einen wirksamen Riegel vorschob. Hitler griff daher auf seine Allianz mit dem faschistischen Italien zurück, das eigene imperiale Ziele im Mittelmeerraum und im Nahen Osten verfolgte – ganz auf den Spuren des antiken Römischen Reiches. Italien verfügte allerdings nicht über die Fähigkeit, die britische Seeherrschaft im Mittelmeer zu zerbrechen. Bereits im Herbst 1940 scheiterte der Versuch, mit einer Zangenbewegung von den italienischen Kolonien in Nord- und Ostafrika aus die britische Schlüsselstellung in Ägypten zu erschüttern. Die Einnahme des Suezkanals hätte die britische Lebensader vom Mutterland nach Indien und Australien unterbrechen können. Doch die Briten schlugen schnell und hart zu. Nur der Einsatz eines deutschen Expeditionskorps in Libyen unter General Erwin Rommel konnte den völligen Zusammenbruch der italienischen Ambitionen verhindern.

Aus Hitlers Sicht hatte der Nahe Osten keine große Bedeutung. Der Diktator richtete seine ganze Aufmerksamkeit darauf, nach dem Sieg über Frankreich sein wichtigstes Kriegsziel zu erreichen: die Eroberung von »Lebensraum im Osten«. Während der Vorbereitungsphase verlagerte sich die Kriegführung in den Mittelmeerraum, wo es den Briten – gestützt auf ihre Basis im Nahen Osten – gelang, immer wieder Vorstöße zu unternehmen.

I. Historische Entwicklungen

Das Deutsche Afrikakorps

1940 begann der Afrikafeldzug mit einem Angriff der Italiener aus Libyen gegen die britischen Kräfte in Ägypten. Zur Unterstützung der rasch in die Defensive gedrängten Italiener entsandte Hitler 1941 das Deutsche Afrikakorps (DAK) nach Nordafrika. Dieses bestand zunächst nur aus zwei Divisionen, wurde aber bald zu einer Panzergruppe Afrika und später zur Heeresgruppe Afrika erweitert. Kommandiert wurde das DAK ab Februar 1941 von Generalleutnant Erwin Rommel, aufgrund seines taktischen Geschicks von den Briten auch »desert fox« (Wüstenfuchs) genannt. Zunächst konnte das DAK große Erfolge erzielen, die Briten nach Osten zurückdrängen und bis Ägypten vorstoßen. Doch das Wüstenklima mit Sandstürmen und sengender Sonne erschwerte den Kampf, und die langen und gefährdeten Nachschubwege über das Mittelmeer taten ihr Übriges. Wichtige Meilensteine des Afrikafeldzugs waren die Schlachten bei Tobruk und bei El-Alamein. Zwei Mal stoppten die Briten den Vormarsch. Die Wehrmachtverbände zogen sich letztlich ab Ende 1942 vollkommen abgekämpft bis nach Tunesien zurück. Dennoch wurden weitere italienische und deutsche Truppen nach Tunesien geschickt, nachdem alliierte Verbände in Marokko und Algerien gelandet waren. Der nun folgende Zweifrontenkrieg machte die Lage in Nordafrika schließlich so aussichtslos, dass die deutschen und italienischen Truppen am 13. Mai 1943 kapitulierten. Rund 300 000 Soldaten der Achsenmächte gerieten daraufhin in alliierte Gefangenschaft.

(ft)

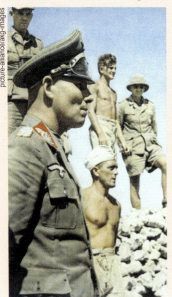

Erwin Rommel mit Soldaten in Nordafrika

Deutschland und die islamische Welt

Politisch konnte Deutschland auf gute Beziehungen zur islamischen Welt setzen. Die Araber nahmen die Deutschen als Gegner jener westlichen Großmächte wahr, die den Nahen Osten nach dem Ersten Weltkrieg unter sich aufgeteilt hatten. In Deutschland fand die arabische Freiheitsbewegung viel Sympathie, auch und gerade unter den Nationalsozialisten. Deren Rassenideologie und atheistische Grundeinstellung fiel den Arabern nicht sonderlich ins Auge, wohl aber die Judenfeindschaft. So galt Berlin als potenzieller Verbündeter gegen die britische Kolonialmacht und zugleich gegen die jüdischen Einwanderer, die sich mit Beginn des Zweiten Weltkriegs auf die britische Seite gestellt hatten. Eine jüdische Brigade kämpfte später im Rahmen der englischen Armee, ebenso eine arabische Legion, die in Jordanien als Polizeitruppe aufgestellt worden war.

Hitler strebte eigentlich nach einer Aufteilung der Welt unter Deutschen und Briten. Nach seinen Vorstellungen würde der Nahe Osten unter britischer Kontrolle bleiben können. Gaben die Briten nicht klein bei, konnte man notfalls über den Kaukasus auf den Nahen Osten einwirken. Der Diktator zögerte jedoch, die nahöstliche Karte auszuspielen. Insbesondere das Oberkommando der Kriegsmarine sah hier 1940/41 eine Erfolg versprechende Alternativstrategie. Gegen Hitlers Fixierung auf die Sowjetunion konnte es sich jedoch nicht durchsetzen.

Stattdessen ergriff Churchill die Initiative und setzte Ende 1940 rund 20 000 Soldaten ein, um Griechenland gegen eine italienische Invasion zu unterstützen. Sein mächtigstes Instrument bildete die britische Flotte, die im östlichen Mittelmeer den Nahen Osten abschirmte. Da die Türkei ihre neutrale Haltung bekräftigte, blieb den Deutschen der mögliche Landweg versperrt.

Allerdings bot sich ein Einfallstor über Libanon und Syrien. Nach dem Sieg über Frankreich im Juni 1940 hatte Hitler der neuen Regierung unter Marschall Henri Philippe Pétain, dem sogenannten Vichy-Regime, die Kontrolle über die französischen Kolonien und Mandatsgebiete belassen. Zu letzteren zählten auch Syrien und der Libanon, für welche Frankreich 1922 vom Völkerbund ein Mandat erteilt bekommen hatte. Zum Schutz der Herrschaft über Damaskus und Beirut standen französische Kräfte des Vichy-Regimes zur Verfügung, die der Aufsicht einer italienischen Kontrollkommission unterstanden.

Anfang 1941 eröffnete ein politischer Kurswechsel im Irak den Deutschen eine erste Chance zum Eingreifen. Die Regierung unter Rashid Ali al-Gailani bat um Unterstützung gegen die britischen Pressionen, wurde allerdings nach kurzer Zeit wieder gestürzt. Berlin hatte mit propagandistischen Aktionen seine Sympathie für die arabische Freiheitsbewegung erklärt, zögerte aber damit, die Unabhängigkeit der arabischen Staaten zu einem offiziellen deutschen Kriegsziel zu machen. Das geschah vor allem mit Rücksicht auf die Pétain-Regierung und den italienischen Verbündeten, die um ihre Kolonien fürchteten.

Der Großmufti von Jerusalem, Hadsch Mohammed Amin al-Husseini, wandte sich persönlich an Hitler und bat um Unterstützung für die arabische Sache. Der »Führer« hielt sich aber bedeckt. Am 1. April 1941 putschte sich al-Gailani in Bagdad wie-

Hitler und der Großmufti von Jerusalem, 1941

Der Nahe Osten und der Zweite Weltkrieg

> Hadsch Mohammed Amin al-Husseini (1893–1974)
> Al-Husseini diente im Ersten Weltkrieg als Offizier bei der osmanischen Armee und entwickelte sich ab 1920 zu einem engagierten Verteidiger der islamischen Sache. Er folgte der Familientradition und wurde zum Mufti von Jerusalem gewählt. Als Präsident des Obersten Arabischen Komitees forderte er eine Begrenzung der jüdischen Einwanderung in Palästina und unterstützte einen offenen Aufstand. Vor der Verhaftung durch die Briten im Juli 1937 floh al-Husseini in den Libanon. Von dort organisierte er Widerstandsaktionen in Palästina. Nach Kriegsbeginn setzte er sich im Oktober 1939 nach Bagdad ab. Hier unterstützte er 1941 den Widerstand gegen die britische Besatzung und floh weiter nach Teheran. Nach dem Einmarsch der Briten und Sowjets in den Iran gelangte al-Husseini nach Italien. Hitler empfing ihn am 28. November 1941 in Berlin und akzeptierte den Vorschlag, eine »Arabische Legion« für den »antizionistischen Befreiungskampf« im Nahen Osten aufzustellen. Als Reaktion auf den Partisanenkrieg Josip Broz Titos genehmigte Hitler im Februar 1943 die Formierung einer muslimischen Division der Waffen-SS auf dem Balkan. Noch im Jahre 1944 wurden zwei weitere aus Bosniern bestehende muslimische Verbände der Waffen-SS aufgestellt. Im Mai 1945 floh al-Husseini in die Schweiz. Aus politischen Gründen verzichtete man auf eine Anklage in den Nürnberger Kriegsverbrecherprozessen und ließ ihn im Mai 1946 mit falschem Pass nach Kairo ausfliegen. Im Oktober 1947 ging er in den Libanon. Sein ehemals großer Einfluss sank stetig. Heute gilt al-Husseini – von dessen Clan übrigens entfernte Verwandtschaftsbeziehungen zur Familie Jassir Arafats bestehen – bei radikalen Palästinensern und der Hamas wieder als Held. *(am)*

der an die Macht. Zwei Tage zuvor hatte Rommel seine Offensive in Libyen eröffnet. Hitler ließ nun das Schreiben des Großmuftis beantworten und sagte darin »im Rahmen des Möglichen« Hilfe zu, obwohl aus seiner Sicht ein Aufstand erst nach dem Sieg über die Sowjetunion wünschenswert war.

Dieses vage Versprechen setzte sofort Entwicklungen in Gang, bei denen die Deutschen am Ende ins Hintertreffen gerieten. Der Hauptgrund hierfür lag in Hitlers Fixierung auf einen Frontalangriff gegen die UdSSR, für den die Wehrmacht im April/Mai 1941 alle verfügbaren Kräfte zusammenzog. Die Briten hatten im März wieder einmal die Initiative ergriffen und einen Staatsstreich in Belgrad angezettelt. Sie stießen damit, gestützt auf ihre Basis in Nahost und ihre Positionen in Griechenland, in die Flanke des deutschen Ostaufmarsches. Hitler zweigte daraufhin Kräfte ab, um in einem Blitzfeldzug Jugoslawien und Griechenland zu erobern.

Den Briten gelang es aber, ihre Hauptkräfte auf die Insel Kreta zu retten. Die zeitweilige Präsenz starker deutscher Luftwaffenverbände im ägäischen Raum gefährdete im Verbund mit Vorstößen der italienischen Flotte die britische Vorherrschaft im östlichen Mittelmeer. In London war man besorgt um die Ölfelder im Iran, ebenso um die Pipelines nach Haifa in Palästina und nach Tripolis im Libanon, außerdem um den irakischen Hafen Basra, wo amerikanische Ausrüstungshilfe, insbesondere Flugzeuge, ausgeladen werden sollten.

So wurden in aller Eile Truppen aus Indien herangeführt. Al-Gailani erbat von den Achsenmächten militärische Hilfe, um eine Besetzung seines Landes zu verhindern. Bagdad hoffte auf eine schnelle Unterstützung durch deutsch-italienische Luftwaffenverbände. Doch die geheimen Verhandlungen zogen sich endlos hin. Immerhin erreichte man eine Zusage der französischen Regierung, über Syrien Waffenlieferungen an den Irak zu arrangieren.

Kriegsschauplatz Naher Osten

Die Briten, die einen Mehrfrontenkrieg befürchten mussten, eröffneten am 2. Mai 1941 die Kampfhandlungen im Nahen Osten. Zwei Tage zuvor waren die Kämpfe in Griechenland beendet worden. Gegen die irakische Nationalarmee mit ihren 50 000 Mann waren die Briten personell weit unterlegen; aber die motorisierten Spezialkräfte wurden von 200 Maschinen der Royal Air Force wirkungsvoll unterstützt. In Berlin hoffte man dennoch darauf, dass die Iraker Bagdad für längere Zeit verteidigen könnten. Hitler genehmigte die Entsendung einer mehr symbolischen Hilfe von 17 Kampfflugzeugen. Größere Kräfte entsandte er nach Sizilien und Nordafrika, um Rommels Sturm auf die britische Festung Tobruk zu unterstützen. Der ehemalige Gefreite des Ersten Weltkriegs setzte lieber auf eine begrenzte Landoffensive gegen Suez statt auf das unsichere Abenteuer Irak. Am Ende scheiterten beide Optionen.

Obwohl die Iraker sogar die Dämme des Euphrat sprengten, gelang es ihnen nicht, den britischen Vormarsch aufzuhalten. Nach drei Wochen war die Operation abgeschlossen. Die wenigen deutschen Flugzeuge traten praktisch nicht in Erscheinung. Ministerpräsident al-Gailani und der Großmufti begaben sich ins iranische Exil. Die Briten waren klug genug, der irakischen Armee am 31. Mai 1941 einen ehrenvollen Waffenstillstand anzubieten und ihr die Waffen zu belassen. Der Erfolg der Briten hatte weitreichende Auswirkungen im arabischen Raum, obwohl die Deutschen gerade erst unter schweren Verlusten Kreta erobert hatten. Die Insel hätte – drei Wochen vor Beginn des Russlandfeldzuges – ein Sprungbrett in den Nahen Osten und nach Ägypten sein können. Doch Hitler wollte dafür keine weiteren Kräfte freimachen.

So konnten die Briten, bei hinhaltendem Kampf gegen Rommel in Nordafrika, mit relativ geringem Einsatz ihre »Festung« Nahost absichern. Den wenigen deutschen Irak-Kräften, die nach Syrien ausgewichen waren, blieben sie auf den Fersen. In Berlin hatte man kein Vertrauen, dass sich die Vichy-Truppen im Mandatsgebiet Syrien verteidigen würden. Daher zog man die letzten deutschen Soldaten zurück. General Henri Fernand Dentz, der französische Hohe Kommissar in Syrien, bat um anderweitige deutsche Unterstützung und forderte gleichzeitig Verstärkungen aus dem französischen Mutterland sowie den nordafrikanischen Kolonien an.

Für das deutsche X. Fliegerkorps auf den griechischen Inseln lag Syrien aber an der Grenze seiner Reichweite. So blieb es bei vereinzelten Luftangriffen auf Haifa und auf Ziele an der syrischen Küste. Die Deutschen versuchten den Franzosen dadurch zu helfen, dass sie Transporte mit Verstärkungen quer durch Europa nach Saloniki gestatteten. Von dort sollten fünf Bataillone mit ihren schweren Waffen auf dem Seeweg nach Syrien transportiert werden. Während die Überführung französischer Flugzeuge gelang, scheiterten die Seetransporte an der britischen Blockade. Die neutrale Türkei verwehrte die Benutzung des Landwegs.

I. Historische Entwicklungen

Obwohl die Vichy-Franzosen unter diesen Umständen kaum eine Chance hatten, ihre Position im Nahen Osten zu verteidigen, dauerten die Kämpfe mehr als fünf Wochen. Inzwischen hatte die Wehrmacht ihre ersten großen Grenzschlachten im Osten gewonnen. Britische Truppen zusammen mit sogenannten freifranzösischen Einheiten des Generals Charles de Gaulle drangen von Palästina und dem Irak aus in drei Richtungen vor. Durch Gegenangriffe zögerten die Streitkräfte von General Dentz den britischen Erfolg lange hinaus. Mit den Resten seiner Truppen führte er Anfang Juli 1941 eine Schlacht um Beirut, während die Briten ununterbrochen Flugplätze und Häfen bombardierten oder von See aus beschossen.

Am 14. Juli trat eine Waffenruhe in Kraft. Dem Libanon und Syrien versprach man die Unabhängigkeit. Während sich das Vormarschtempo deutscher Armeen in Richtung Osten bald verlangsamte, erkannte man in Berlin, dass sich außereuropäische Feldzüge nicht improvisieren ließen. Der Plan eines Zangenangriffs auf die britische Nahost-Position wurde um ein Jahr verschoben. Während deutsche Truppen mühsam auf Moskau vorrückten, nutzte der britische Premierminister Winston S. Churchill die Atempause, und britische Truppen besetzten den südlichen Teil Irans, sowjetische den nördlichen. Nun konnten über Basra und Teheran amerikanische Hilfslieferungen die UdSSR erreichen und die wankende sowjetische Front stützen.

Am 18. November 1941, als die Wehrmacht bereits erschöpft vor Moskau festlag, eröffneten die Briten eine erfolgreiche Angriffsoperation, um Rommels deutsch-italienisches Afrikakorps zu zerschlagen. Zwei Wochen später startete Stalin seine Gegenoffensive mit dem Ziel, die Wehrmacht zurückzuwerfen. Nun wurde al-Husseini in Berlin empfangen. In der radikalen Gegnerschaft gegen die Juden fand man Einigkeit. Aber Hitler war nicht bereit, aus Rücksicht auf die Regierung Pétain eine Erklärung über ein freies Arabien abzugeben. Er akzeptierte lediglich den Vorschlag, eine Legion zur Befreiung der arabischen Länder aufzustellen. Als Deutsch-Arabische Lehrabteilung (DAL) gegründet, entstand daraus später das Deutsch-Arabische Infanteriebataillon 845. Es wurde zuletzt in Kroatien eingesetzt.

Im Sommer 1942 konnte Hitler nach längerer Vorbereitung den Zangenangriff auf den Nahen Osten beginnen. An der Ost-

Der Nahe Osten und der Zweite Weltkrieg

front, wo bereits islamische Sonderverbände aus kaukasischen und Turk-Völkern gebildet worden waren, konzentrierte er seine Offensivkräfte zu einem Vorstoß in den Kaukasus. Doch sie blieben an der Wolga und in den Bergen hängen. Rommel kämpfte sich erneut von Tripolis aus bis zur ägyptischen Grenze vor, musste sich aber vor El-Alamein erschöpft eingraben. In Athen bereitete sich ein »Einsatzkommando Ägypten« der SS darauf vor, die »Endlösung der Judenfrage« auch im Nahen Osten umzusetzen. Die Briten konnten, gestützt auf die nahöstliche Landbrücke, ihre Kräfte gegen Rommel konzentrieren. Sie holten über den Suezkanal enorme Verstärkungen heran und übten inzwischen die uneingeschränkte Luft- und Seeherrschaft im Mittelmeerraum aus.

In Ägypten warteten neben König Faruk I. auch einige nationalistische Armeeoffiziere darauf, mit deutscher Hilfe die britische Herrschaft abwerfen zu können. Zu ihnen gehörten die späteren ägyptischen Staatschefs Gamal Abd el-Nasser und Anwar as-Sadat. Sie wurden von den Briten verhaftet oder an entlegene Posten geschickt; der König musste eine Regierung ernennen, die bereit war, mit den Briten im Krieg zu kooperieren.

Die Alliierten begannen ihre Doppelzange im November 1942. In Stalingrad erlebte die Wehrmacht eine erste schwere Niederlage und musste den Rückzug aus dem Kaukasus antreten. Für Rommel, der im Rücken von den Amerikanern bedroht wurde, die in Algerien gelandet waren, bedeutete das den Rückmarsch nach Tunis. Hier unternahmen die Deutschen mit der Aufstellung einer Legion aus 6000 tunesischen Nationalisten unter der Führung von Habib Bourgiba, dem späteren Staatspräsidenten, einen letzten vergeblichen Versuch, den arabischen Freiheitskampf für sich zu nutzen. Militärisch blieben diese Bemühungen ohne Erfolg.

Insgesamt gesehen konnten die Westalliierten den Nahen Osten im Zweiten Weltkrieg als wichtige Drehscheibe und Versorgungsbasis nutzen. Nach der Niederlage der Achsenmächte entwickelte sich der antikoloniale Freiheitsdrang der arabischen Welt zu einer selbstständigen Kraft.

Rolf-Dieter Müller

Während einer Waffenschau anlässlich der 50-Jahr-Feier des Staates Israel 1998 spielt ein Junge auf dem Rohr einer Haubitze. Auch 2006 sind Waffen in der israelischen Öffentlichkeit stets präsent. Sah sich der jüdische Staat während der ersten Jahrzehnte seines Bestehens einer permanenten militärischen Bedrohung durch die arabischen Nachbarn ausgesetzt, so dominiert gegenwärtig die Angst vor Terrorakten. Im israelischen Alltag sind daher friedliche Normalität und das Bewusstsein, in einer Art von Belagerungszustand zu leben, eng miteinander verknüpft.

Den sich frühzeitig ankündigenden Konflikt mit der arabischen Umwelt haben die Gründungsväter des Staates Israel in seiner Tragweite zumeist nicht hinreichend erkannt. Bei ihren Planungen für einen jüdischen Staat fern der europäischen Diaspora ließen sie die zukünftigen Beziehungen zu den arabischen Völkern und die arabischen Einwohner Palästinas weitgehend außer Acht. Die historisch gewachsenen Widersprüche – im Kern die gegensätzlichen Zielvorstellungen der jüdischen und der arabischen nationalen Befreiungsbewegungen sowie die Frage nach dem Zusammenleben von Juden und Arabern auf dem kleinen Territorium Palästinas – konnten weder durch die direkt am Konflikt Beteiligten noch durch die europäischen Mandatsmächte friedensorientiert entschärft werden. Dies gelang auch später weder den im Nahen Osten präsenten Großmächten noch den Vereinten Nationen.

Die Gründung des Staates Israel: Historisches Geschehen und gesellschaftliche Weichenstellungen

Nach dem Zweiten Weltkrieg spitzten sich in Palästina die Widersprüche zu. Sowohl die zionistische als auch die arabische Nationalbewegung forderten vehement die Beendigung der britischen Herrschaft, und sie suchten zugleich konträre nationale Ziele durchzusetzen. Militante Auseinandersetzungen zwischen Juden und Arabern, aber auch Überfälle auf Einrichtungen der Mandatsbehörden waren an der Tagesordnung. Die britische Regierung sah sich schließlich nicht mehr in der Lage, das seit 1920 ausgeübte Mandat aufrechtzuerhalten. Sie bat die Vereinten Nationen um Vermittlung.

Die entstehende Nachkriegsordnung und insbesondere das Trauma der Schoah hatten weitgehende Auswirkungen auf Palästina. Angesichts der Ermordung von etwa sechs Millionen Juden in deutschen Vernichtungslagern und der Zerstörung Hunderter jüdischer Gemeinden in Europa verloren Bedenken gegen das zionistische Experiment, die es bis dahin unter Juden wie Nichtjuden gegeben hatte, an Bedeutung. Tausende jüdische Überlebende suchten eine neue Heimat an der östlichen Mittelmeerküste. Die britische Mandatsmacht verweigerte ihnen jedoch weiterhin die Einwanderung. Internationales Aufsehen erregte 1947 die Tragödie des Flüchtlingsschiffes »Exodus«, das Überlebende des Holocausts an Bord hatte. Diese sollten ausgerechnet zurück nach Deutschland verbracht werden.

Vom 28. April bis 15. Mai 1947 befasste sich eine außerordentliche UN-Vollversammlung mit dem Palästinaproblem. Angesichts der zahlreichen, in europäischen Flüchtlingslagern (Displaced Persons Camps) notdürftig untergebrachten jüdischen Überlebenden, angesichts auch des zunehmenden Drucks »illegaler« Flüchtlingsschiffe und der militant artikulierten Unabhängigkeitsbestrebungen sowohl der arabischen als auch der jüdischen Bewohner Palästinas setzte die UNO einen Sonderausschuss ein, der die Situation prüfen und Lösungsvorschläge erarbeiten sollte.

Nach ausführlichen Recherchen unterbreitete das durch elf Staaten gebildete UN-Palästina-Komitee einstimmig den Vor-

I. Historische Entwicklungen

Die Irrfahrt der »Exodus«

Am 11. Juli 1947 stachen in Sète in Frankreich 4515 Menschen auf einem honduranischen Schiff Richtung Palästina in See. Die britische Militäradministration versagte den Passagieren, wie vielen anderen Juden auch, die Einwanderung. Die »Exodus«, wie sie von den Passagieren nach dem 2. Buch Mose umbenannt worden war, wurde am 18. Juli 1947 vor Haifa aufgebracht und zurück nach Frankreich geschickt, wo sie am 29. Juli eintraf. Hier weigerten sich die jüdischen Emigranten trotz unerträglicher Verhältnisse an Bord, das Schiff zu verlassen, da sie ausgerechnet nach Deutschland verbracht werden sollten.

Um Zeit für Entscheidungen auf internationaler Ebene zu gewinnen, ankerte die »Exodus« fünf Tage vor Gibraltar, lief dann aber weiter gen Nordsee und erreichte am 8. September Hamburg. Die Passagiere wurden gewaltsam in ein mit Stacheldraht gesichertes Internierungslager für Displaced Persons bei Lübeck gebracht. US-Präsident Harry S. Truman intervenierte bei der britischen Regierung. Nun gelangten die Emigranten zum Teil auf abenteuerliche Weise nach Frankreich und bestiegen erneut ein Schiff nach Palästina. Der Schriftsteller Leon Uris hat die Geschehnisse auf der »Exodus« als Vorlage für seinen gleichnamigen Roman verwendet. Dieser erschien 1958, die Verfilmung folgte 1960. *(ft)*

---

schlag, das britische Mandat zu beenden. Während sieben Ausschussmitglieder für die Teilung Palästinas stimmten, sprachen sich die übrigen vier für einen binationalen Föderativstaat aus. Nach monatelanger Prüfung der Empfehlungen des Komitees votierte die UN-Vollversammlung am 29. November 1947 mit 33 Ja- und 13 Gegenstimmen bei zehn Enthaltungen für den Mehrheitsplan. Die entsprechende Resolution 181 (II) forderte Großbritannien auf, das Mandat zum nächstmöglichen Zeitpunkt zu beenden. Auf dem rund 25 000 Quadratkilometer umfassenden Territorium Palästinas sollten ein arabischer und ein jüdischer Staat errichtet werden. Das für die arabische Bevölkerungsgruppe vorgesehene Gebiet umfasste 11 100 Quadratkilometer, also 43 Prozent des Gesamtterritoriums. Zum Zeitpunkt des UN-Teilungsbeschlusses lebten hier 725 000 Araber und 10 000 Juden. Für den jüdischen Staat waren 14 100 Quadratkilometer, das heißt 56 Prozent Palästinas, mit einer Bevölkerung von 498 000 Juden und 407 000 Arabern vorgesehen. Jerusalem – ein Prozent der Fläche Palästinas mit zu jener Zeit 105 000 arabischen und 100 000 jüdischen Bewohnern – sollte aufgrund der religiösen Bedeutung für Juden, Christen und Muslime eine neutrale Zone werden. Geplant war zudem, das somit dreigeteilte Palästina zu einer Wirtschaftsunion zusammenzufassen.

Bevölkerungsverteilung und vorgesehene Grenzziehung bargen von vornherein ein bedeutendes Konfliktpotenzial in sich. Dennoch markierte die Kompromissformel der Vollversammlung der Vereinten Nationen eine historische Weichenstellung für die nahöstliche Nachkriegsentwicklung. Obwohl nur teilweise verwirklicht, gilt die UN-Resolution von 1947 bis heute als wichtigste völkerrechtliche Legitimation sowohl des Staates Israel als auch des Rechts der Palästinenser auf einen eigenen Nationalstaat.

Bereits unmittelbar nach dem Beschluss der Weltorganisation ereigneten sich schwere Kämpfe zwischen Einheiten arabischer Freischärler und jüdischen Militärorganisationen. Während sich die arabischen Guerillaaktionen zunächst gegen jüdische Siedlungen richteten und die Strategie der jüdischen Streitkräfte auf deren Verteidigung gerichtet war, konzentrierten sich die Auseinandersetzungen ab Frühjahr 1948 zunehmend auf die Kontrolle der von den Briten aufgegebenen Armeelager, Polizeiposten und Regierungsgebäude.

Am 1. April 1948 begann eine militärische Offensive der zionistischen Militärorganisation in Palästina, der Haganah. Ihr Ziel war es, alle dem jüdischen Staat zugedachten Gebiete, jedoch auch jüdische Siedlungen jenseits der durch die UN festgelegten Grenze zu sichern sowie die Verbindungswege zwischen den jüdischen Siedlungsgebieten und den Zugang nach Jerusalem zu kontrollieren. Insbesondere an der Straße von Tel Aviv nach Jerusalem kam es zu heftigen Gefechten, in deren Verlauf am 9. April 1948 Abteilungen der militanten rechtszionistischen Organisation Ezel im arabischen Dorf Deir Jassin ein Massaker anrichteten, dem über 250 Männer, Frauen und Kinder zum Opfer fielen. Nachrichten über derartige Geschehnisse verbreiteten sich mit Windeseile und verstärkten die Massenflucht der

I. Historische Entwicklungen

arabischen Bevölkerung; Vergeltungsaktionen palästinensischer Freischärler für Deir Jassin trugen zur weiteren Eskalation bei.

Staatsgründung

Am 14. Mai 1948 endete das britische Mandat über Palästina. Der Union Jack wurde an offiziellen Gebäuden eingeholt, und der letzte britische Hochkommissar verließ an Bord des Kreuzers »Euryalus« den Hafen von Haifa. Am Nachmittag desselben Tages trat in Tel Aviv der jüdische Volksrat zu einer öffentlichen Sitzung zusammen. Im Namen der zwei Tage zuvor gewählten Provisorischen Regierung verlas David Ben Gurion als erster Ministerpräsident die Unabhängigkeitserklärung des Staates Israel. Darin hieß es unter anderem: »Gleich allen anderen Völkern ist es das natürliche Recht des jüdischen Volkes, seine Geschicke unter eigener Hoheit selbst zu bestimmen. Demzufolge haben wir, die Mitglieder des Volksrates, als Vertreter der jüdischen Bevölkerung und der Zionistischen Organisation, heute, am letzten Tage des britischen Mandats über Palästina, uns hier eingefunden und verkünden hiermit kraft unseres natürlichen und historischen Rechtes und aufgrund des Beschlusses der UNO-Vollversammlung die Errichtung eines jüdischen Staates im Lande Israel – des Staates Israel.« Wenige Stunden später wurde Israel von den USA de facto und von der UdSSR de jure anerkannt.

Ben Gurion verliest die Unabhängigkeitserklärung Israels unter dem Bild von Herzl.

Die jüdische Bevölkerung Palästinas begrüßte vehement den UN-Beschluss vom 29. November 1947 und vor allem die Ausrufung des jüdischen Staates, beinhalteten beide Dokumente doch nicht nur die völkerrechtliche Absicherung der erstrebten Heimstätte, sondern auch entscheidende Schritte auf dem Weg zum Nationalstaat. Die Aussichten auf eine friedliche Entwicklung jedoch waren gering. Die arabische Welt hatte den Teilungsplan

– auch in der UNO – strikt abgelehnt; in mehreren arabischen Hauptstädten fanden Protestdemonstrationen statt, in deren Umfeld Einrichtungen der USA, Großbritanniens, Frankreichs und der UdSSR demoliert wurden.

Erster Nahostkrieg

Das Hohe Arabische Komitee, die oberste Repräsentanz der palästinensischen Nationalbewegung, lehnte den Teilungsplan der Vereinten Nationen ebenfalls ab. Mit dem Verzicht auf die Gründung des in der UN-Resolution 181 von 1947 vorgesehenen arabisch-palästinensischen Staates vergab es die historische Chance, parallel zur israelischen Staatsgründung das Recht der Palästinenser auf Selbstbestimmung und Eigenstaatlichkeit zu verwirklichen. Auch die britische Regierung zeigte sich an der Umsetzung des UN-Beschlusses wenig interessiert. Zwei Monate vor Beendigung des Mandats hatte sie einen Bündnisvertrag mit König Abdallah von Transjordanien geschlossen, durch den die arabische Intervention in Palästina Rückendeckung erhielt.

In der Nacht vom 14. zum 15. Mai 1948 marschierten die Armeen Ägyptens, Transjordaniens, Syriens, Iraks und Libanons in Palästina ein, um die Proklamation des jüdischen Staates rückgängig zu machen (vgl. den Beitrag von Andreas Mückusch). Für die jüdischen Bewohner Israels ging es in diesem ersten Nahostkrieg sowohl um das physische Überleben als auch um die Behauptung der politischen Unabhängigkeit und nationalen Souveränität. Am 28. Mai wurde Zahal, die Israelische Verteidigungsarmee, geschaffen; alle bewaffneten Kräfte unterstanden nunmehr einem Oberkommando. Nicht zuletzt dank umfangreicher Waffenlieferungen aus der Tschechoslowakei sowie finanzieller Unterstützung aus den USA und anderen Staaten konnte der jüdische Staat im Juli 1948 den Umklammerungsring sprengen und zur Gegenoffensive übergehen.

Der erste Nahostkrieg endete im Januar 1949 mit dem militärischen Sieg Israels. Unter Vermittlung der Vereinten Nationen kamen Waffenstillstandsverträge mit Ägypten (24. Februar 1949), Libanon (23. März 1949), Transjordanien (3. April 1949) und Syrien (20. Juli 1949) zustande; Irak zog seine Truppen ohne vertragliche Regelung ab. Die Chancen für die Ausrufung eines arabisch-palästinensischen Staates waren durch die Besetzung eines Teils der dafür vorgesehenen Gebiete durch Israel, die Eingliederung des Westjordangebiets und Ostjerusalems in das 1950 von König Abdallah ausgerufene Haschemitische Königreich Jordanien sowie die Unterstellung des Gazastreifens unter ägyptische Verwaltung für einen langen Zeitraum hinfällig geworden. In die kollektive Erinnerung der Palästinenser gingen der erste Nahostkrieg und seine Folgen als »nakba« (Katastrophe) ein.

Eine schwere Friedenshypothek bildete das Problem der arabischen Palästinaflüchtlinge. Der Exodus der Palästinenser hatte im Dezember 1947 mit dem Weggang eines großen Teils der begüterten städtischen Oberschicht begonnen, dem die Bewohner ganzer Stadtviertel und Dörfer folgten. Eine zweite Fluchtwelle wurde durch die Offensive der Haganah und die gegen die arabische Bevölkerung gerichteten Terrorakte von Ezel und der von dieser Untergrundorganisation abgespaltenen Gruppierung Lechi im April/Mai 1948 ausgelöst. Die meisten Menschen freilich flohen im Gefolge der unmittelbaren Kriegshandlungen. Arabische Einheiten ließen bei ihrem Vormarsch beziehungsweise Rückzug Ortschaften evakuieren; israelische Verbände zerstörten Dörfer, die sie nach der Eroberung nicht besetzt halten konnten. Umstritten ist bis heute, inwieweit arabische Politiker die Palästinenser direkt zur Flucht aufgefordert haben. Die Zahl der in den Zeltlagern der Nachbarstaaten zu Versorgenden stieg schnell an; bis Oktober 1948 registrierte das UN-Hilfswerk für Palästina bereits über 650 000 Flüchtlinge. Nur wenigen wurde es erlaubt, nach dem Waffenstillstand in ihre Heimat zurückzukehren. Heute wird die Zahl der palästinensischen Flüchtlinge und deren Nachkommen auf annähernd drei Millionen Menschen geschätzt.

Israelische Soldaten überwachen die Lebensmittelverteilung an palästinensische Flüchtlinge in Gaza-Stadt.

Gesellschaftliche Weichenstellungen

Die politische Konstellation bei der Staatsgründung und die sich daraus ergebenden Weichenstellungen und Kompromisse wirken bis in die Gegenwart hinein. Eng mit der Region verknüpft und diese nachhaltig prägend, unterscheidet sich der Staat Israel maßgeblich von seinen nahöstlichen Nachbarn. Politik, Gesellschaft, Wirtschaft und Kultur sind merklich durch die jüdische Geschichtserfahrung in Europa und im Orient geprägt. Wenngleich der UN-Teilungsbeschluss von 1947 nicht ausschließlich als Antwort auf den durch die Nationalsozialisten systematisch betriebenen und fabrikmäßig organisierten Massenmord an jüdischen Männern, Frauen und Kindern zu verstehen war, so bewirkte die Kenntnis der Schoah doch einen wesentlichen Impuls für die Gründung des jüdischen Staates – als Kompensation für die Opfer, als »Rettungsfloß« für die Überlebenden und als Kompromissformel für den jüdisch-arabischen Widerspruch (vgl. den Beitrag von Norbert Kampe). Vor diesem Hintergrund und im Kontext des beginnenden Kalten Krieges wurde dem Schicksal der angestammten arabischen Bewohner Palästinas durch die internationale Gemeinschaft 1947 und in der Folgezeit ein nur begrenzter Stellenwert zuerkannt.

Das Besondere an Israel entspringt gleichfalls seinem Selbstverständnis als dem eines jüdischen Staates. Diese Realität resultiert aus dem Gesellschaftsprogramm des Zionismus und ist den Bindungen an die jüdische Diaspora geschuldet. Laut Unabhängigkeitserklärung von 1948 und Rückkehrgesetz von 1950 steht Israel allen Juden der Welt zur Einwanderung offen. Die heutige ethnisch-kulturelle Struktur des Landes ist dementsprechend nicht nur ein Produkt des ersten Nahostkriegs und des natürlichen Bevölkerungswachstums, sondern vor allem das Ergebnis mehrerer historisch gestaffelter Einwanderungswellen. Während der ersten sechs Jahrzehnte seit der Staatsgründung gelangten über drei Millionen jüdische Zuwanderer ins Land. Während Ende 1949 auf dem Staatsterritorium eine Million Juden (86,4 % der Bevölkerung) und 160 000 Araber (13,6 %) lebten, weist die Statistik für Mai 2008 eine Gesamtbevölkerung von 7,282 Millionen aus – davon 5,499 Millionen Juden (75,5 %) und 1,461 Millionen arabische Muslime, Christen und Drusen (20,1 %). 322 000 Personen (4,4 %) schließlich werden vom Innenministerium als Bürger »ohne Religionszugehörigkeit« geführt, da sie zwar aufgrund des Rückkehrgesetzes die Staatsbürgerschaft erlangten, jedoch vom Oberrabbinat nicht als Juden anerkannt werden.

Mit der Staatswerdung und -entwicklung verband sich untrennbar das Schicksal der arabischen Bürger Israels. Im Palästina der Mandatszeit zahlenmäßig noch dominierend, sahen sie sich 1948/49 mit grundlegenden Veränderungen in ihrer sozialen, politischen und wirtschaftlichen Existenz konfrontiert. Nach Aufhebung der Militäradministration 1966 und insbesondere nach dem Junikrieg von 1967 bildete sich unter den arabischen Staatsbürgern eine Mehrfachidentität aus: National sehen sie sich als Araber und Angehörige des palästinensischen Volkes, die sich den Bewohnern der besetzten Gebiete solidarisch verbunden fühlen. Zugleich artikulieren sie sich – unter anderem im Parlament – als juristisch gleichberechtigte israelische Staatsbürger, denen die soziale und kulturelle Gleichstellung mit den jüdischen Einwohnern freilich nicht selten noch verweigert wird.

Das komplizierte Verhältnis von Staat und Religion hat von Anfang an die Entwicklung Israels signifikant geprägt. Die regierenden Parteien sahen sich – im Interesse des nationalen Konsenses und der Regierbarkeit des Landes – immer wieder zu Zugeständnissen gegenüber klerikalen jüdischen Parteien und religiösen Instanzen gezwungen. Diese Konstellation war letztlich auch der Hauptgrund dafür, dass bis heute kein Einvernehmen über eine gültige Verfassung erzielt werden konnte. Als verfassungsrechtliche Grundlagen gelten die knappen Formulierungen der Unabhängigkeitserklärung von 1948 sowie elf in den folgenden Jahrzehnten durch das Parlament erlassene Grundgesetze.

Vor dem Hintergrund des skizzierten historischen Kontexts zeichnen sich in der israelischen Gesellschaft zu Beginn des 21. Jahrhunderts mehrere Widerspruchsachsen beziehungsweise Bruchlinien ab, die nicht nur die gegenwärtige Situation prägen, sondern zweifellos auch die Zukunft des Landes existenziell mitbestimmen werden. Es handelt sich um Gegensätze auf national-kultureller und sozio-ethnischer Ebene – zwischen jüdischer Bevölkerungsmehrheit und arabisch-palästinensischer

Minderheit, zwischen Juden aus Europa und Amerika einerseits und Juden aus islamischen Staaten andererseits sowie zwischen Alteingesessenen und den seit Ende der 1980er-Jahre vornehmlich aus der Sowjetunion und deren Nachfolgestaaten eingewanderten russischsprachigen Immigranten. Ein weiteres großes Spannungsfeld stellen die unterschiedlichen Interessenlagen und Lebenshaltungen von säkularen Israelis und den Vertretern religiös-orthodoxer sowie ultraorthodoxer Tendenzen dar. Der »Kampf um den Staat« wird vor allem um zwei gegensätzliche Gesellschaftsmodelle geführt: die generelle Trennung von Staat und Religion oder die Verwandlung Israels in einen theokratischen Staat.

Seit 1967 wird die politische und geistige Verfasstheit des Landes durch die anhaltende Besetzung fremden Territoriums beziehungsweise die Herrschaft über eine größere Bevölkerungsgruppe, die nicht dem eigenen Staatsvolk angehört, und durch die daraus resultierende Spaltung der Gesellschaft in »Falken« und »Tauben« nachhaltig beeinflusst. Das Friedenslager ist zu territorialen Kompromissen und zur teilweisen Akzeptanz der nationalen Forderungen der Palästinenser bereit; dagegen beharren die »Falken«, insbesondere die Siedlerbewegung, auf israelischen Herrschaftsansprüchen in der Westbank, auf dem Golan und in Ostjerusalem; die nationalen Rechte der Palästinenser lehnen sie ab.

Die spezifischen Interessenlagen der israelischen Eliten und der anhaltende Spannungszustand in der Region hatten zu jedem Zeitpunkt Auswirkungen auf die innere Befindlichkeit der israelischen Gesellschaft. Insbesondere das Sicherheitsbedürfnis der jüdischen Bürger, geboren aus historischer Erfahrung, begleitet von Traumata und bestätigt durch die Realität des Nahostkonflikts, überlagerte immer wieder die innergesellschaftlichen Auseinandersetzungen um grundlegende Entwicklungsfragen. Wie individuelle und nationale Sicherheit – primär militärisch oder verstärkt politisch – dauerhaft gewährleistet werden kann, darauf gibt es weiterhin unterschiedliche, zum Teil gegensätzliche Antworten.

Angelika Timm

Ein israelischer Panzer während des Sechstagekrieges im Juni 1967 auf dem Weg an die Front. Zwischen 1948 und 1982 kam es zu fünf großen Kriegen zwischen Israel und seinen arabischen Nachbarn bzw. der Palestine Liberation Organization (PLO). Mehr als eine Million Palästinenser flohen vor der israelischen Armee in den Libanon, nach Syrien, Jordanien und Ägypten. Sie und ihre Nachfahren umfassen heute etwa drei Millionen Menschen, die unter erbärmlichen Bedingungen zumeist in Lagern leben. Die Frage der Rückkehr oder Entschädigung konnte bislang auch der israelisch-palästinensische Friedensprozess nicht klären.

Israel hatte im Sechstagekrieg mit Ostjerusalem, dem Gazastreifen, dem Westjordanland, dem Golan und der Sinaihalbinsel arabische Gebiete erobert, die mehr als dreimal so groß wie das israelische Kernland waren. Während der Sinai durch den 1979 mit Ägypten geschlossenen Friedensvertrag wieder geräumt wurde, annektierte Israel durch Knessetbeschluss 1980 Ostjerusalem und 1981 die strategisch wichtigen Golanhöhen. Im Gazastreifen und Westjordanland entstanden im Kontext des Osloprozesses ab 1994 die palästinensischen Autonomiegebiete. Diese sollen nach Abschluss eines endgültigen Vertrages einen selbstständigen Palästinenserstaat bilden.

■ Die Nahostkriege seit 1956 und der Friedensprozess

Die politische Entwicklung im Nahen Osten nach 1950 wurde bis 1973 durch drei große und eine Vielzahl kleinerer militärischer Auseinandersetzungen geprägt. Ab Ende der 1970er-Jahre erfolgte dann eine langsame Annäherung der verschiedenen Konfliktparteien. Ungelöst blieb jedoch das Problem der Palästinenser. Während zunächst die arabischen Staaten Ägypten, Syrien und Jordanien gegenüber Israel als deren Vertreter auftraten, wurden sie zwischen 1967 und 1974 zu einer eigenständigen Konfliktpartei, geführt durch die PLO. Nach Friedensverträgen mit Ägypten 1979 und Jordanien 1994 rückte der israelisch-palästinensische Konflikt zunehmend ins Zentrum der Suche nach tragfähigen Kompromissen. Viele Probleme auf dem Weg zu einem dauerhaften Frieden in Palästina sind Folgen der Nahostkriege: so auch die Interventionen der israelischen Armee im südlichen Libanon 1978, 1982 und zuletzt 2006.

Der Sinaifeldzug 1956

Nach der verheerenden militärischen Niederlage von 1949 waren die arabischen Staaten im Nahen Osten über Jahre hinweg politisch und militärisch gelähmt. »Die Juden ins Meer zu treiben«, blieb jedoch in der gesamten arabischen Welt unverändertes Ziel. Durch die Machtübernahme Gamal Abd el-Nassers in Ägypten, dem größten und einflussreichsten arabischen Land, änderte sich ab 1954 die Situation in der Region nachhaltig. Der charismatische Politiker wurde schnell zum Wortführer der arabischen Welt. Aufgrund einer Vielzahl von Grenzzwischenfällen verschärfte sich das Klima zwischen Israel und seinen Nachbarstaaten bis 1955 zunehmend. Im Sommer 1955 sperrte Ägypten dann die Straße von Tiran für israelische Schiffe und schnitt Israel so vom Seehandel durch das Rote Meer ab. Als Ägypten, Syrien und Jordanien ihre Streitkräfte unter ein gemeinsames Oberkommando stellten, reagierte Israel im Zusammenspiel mit Großbritannien und Frankreich am 29. Oktober 1956 mit einem

I. Historische Entwicklungen

Die Suezkrise 1956

Die Suezkrise brach aus, nachdem der ägyptische Präsident Nasser am 26. Juli 1956 die Suezkanal-Gesellschaft verstaatlicht hatte. Großbritannien und Frankreich als deren Hauptaktionäre sowie Israel verbündeten sich daraufhin, um Nasser zu zwingen, die einseitige Maßnahme der ägyptischen Regierung rückgängig zu machen. Die Motive für dieses Vorgehen waren sehr unterschiedlich: Großbritannien sah seine Energieversorgung gefährdet; Frankreich verübelte dem ägyptischen Präsidenten, dass dieser aufständische Muslime in Algerien mit Waffen versorgte; Israel sah die Gelegenheit gekommen, mit britischer und französischer Hilfe seine eigene Stellung im Nahen Osten zu stärken und insbesondere auch die Blockade der Straße von Tiran für israelische Schiffe zu beenden.

Nach der Besetzung des Gazastreifens und des Sinai bis zum Suezkanal durch israelische Truppen forderten Frankreich und Großbritannien sowohl Israel als auch Ägypten ultimativ zum Rückzug auf. Wie erwartet lehnte Ägypten diese Forderung ab, woraufhin ein britisch-französisches Expeditionskorps am 5. November 1956 mit der Besetzung der Kanalzone begann. Nachdem die Vereinigten Staaten und die Sowjetunion im Sicherheitsrat der Vereinten Nationen den Angriff verurteilt hatten, mussten sich Frankreich, Großbritannien und Israel bis zum März 1957 aus den besetzten Gebieten zurückziehen. Für die beiden westeuropäischen Mächte endete der militärische Vorstoß in einem politischen Debakel, nicht jedoch für Nasser: Seine Popularität stieg sowohl im Nahen Osten als auch in der Dritten Welt. *(ft)*

Präventivschlag gegen Ägypten. Innerhalb weniger Tage nahm die israelische Armee den Gazastreifen und große Teile der Sinaihalbinsel. Auf internationalen Druck zog sich Israel 1957 zwar wieder zurück, zur Sicherung der Grenze und zur Garantie des Durchfahrtsrechts israelischer Schiffe durch die Straße von Tiran wurden im Gazastreifen und im Ostsinai aber UNO-Truppen stationiert (UNEF I, vgl. den Beitrag von Thomas Breitwieser). Durch den Sinaifeldzug konnte sich Israel zeitweilig vom Druck der arabischen Nachbarn befreien und verschaffte sich weltweit Respekt. Die Machtposition Nassers, der zwar Israel unterlegen war, sich jedoch während der Suezkrise gegen Großbritannien und Frankreich behaupten konnte, blieb allerdings erhalten.

Präventivschlag: Der Junikrieg 1967

Die 1960er-Jahre brachten für den Nahen Osten eine Zeit der relativen Ruhe. Abgesehen von kleineren Scharmützeln zwischen palästinensischen Kämpfern und der israelischen Armee blieb es an den Grenzen zu den arabischen Staaten ruhig. Ausschlaggebend für die Zuspitzung der Lage, die schließlich in einem weiteren Krieg enden sollte, war ein israelisch-syrischer Luftkampf, bei dem im April 1967 sechs syrische MiG-21-Jäger abgeschossen worden waren. Syrien und Ägypten leiteten daraufhin, maßgeblich durch die Sowjetunion ermuntert, aggressive Maßnahmen gegenüber Israel ein. Ägypten forderte die UNEF-I-Truppen auf, den Sinai zu verlassen, und sperrte am 22. Mai erneut die Straße von Tiran für israelische Frachter. Allein dies war nach der Erfahrung von 1956 für Israel bereits ein Kriegsgrund. Der Abschluss diverser Verteidigungs- und Beistandsabkommen zwischen arabischen Staaten, die eindeutig gegen Israel gerichtet waren, spitzte die Sitation zu. Am 5. Juni 1967 führte die israelische Luftwaffe Präventivschläge gegen Ägypten, Jordanien und Syrien durch, die deren Luftwaffen fast vollständig zerstörten. In den nächsten Tagen rückten israelische Truppen an allen Fronten vor und konnten bis zur Einstellung der Feindseligkeiten am 10. Juni den Sinai inklusive Gazastreifen, das Westjordanland und die Golanhöhen besetzen. Die wichtigste Eroberung war jedoch die der Altstadt von Jerusalem mit der Klagemauer, der bedeutendsten religiösen Stätte des Judentums.

Mit diesem sogenannten Sechstagekrieg schuf sich Israel einen Sicherheitspuffer gegenüber allen benachbarten Staaten. Aus den neu besetzten Gebieten flohen weitere 300 000 Palästinenser in die Nachbarländer Ägypten, Jordanien und Libanon. Im Gegensatz zu 1956 lehnte Israel einen Rückzug aus den besetzten Gebieten ab und widersprach damit der Resolution 242 des UN-Sicherheitsrates. Ein Einlenken verband die israelische Führung mit der Forderung, die arabischen Staaten müssten die

I. Historische Entwicklungen

Die »Klagemauer«

Die Westmauer, besser bekannt als »Klagemauer«, befindet sich in der Altstadt Jerusalems am Fuße des Tempelberges. Sie ist nicht, wie oft angenommen wird, die Mauer des Tempels an sich, sondern westliches Fundament des 70 n. Chr. zerstörten jüdischen Tempelbezirks. Da der Tempelberg wegen der dort errichteten muslimischen Heiligtümer wie Felsendom und Al-Aksa-Moschee seit Jahrhunderten für Juden unzugänglich war, entwickelte sich die dem ursprünglichen Tempel nächstliegende Fundamentmauer zum heiligen Ort des Judentums.

Nach dem israelisch-arabischen Krieg 1948/49 gehörten Ostjerusalem und damit auch die Westmauer zu Jordanien und waren für Juden nicht frei zugänglich. Am 7. Juni 1967 eroberten israelische Fallschirmjäger den Ostteil der Stadt. In den folgenden Jahren wurde die vorhandene Bebauung vor der Mauer abgerissen. Der so entstandene Vorplatz dient heute als Ort des Gebets. *(am)*

AP Photo

Am 7. Juni 1967 um 10.05 Uhr gelangen die ersten israelischen Fallschirmjäger nach der Eroberung Ostjerusalems zur Klagemauer.

Anerkennung des Staates Israel und den Abschluss verbindlicher Friedensverträge zusichern. Beides war zu diesem Zeitpunkt jedoch undenkbar.

Der Oktoberkrieg von 1973

In den Jahren von 1967 bis 1970 bestimmten Grenzkämpfe zwischen der israelischen Armee und palästinensischen Guerillakämpfern sowie Artillerieduelle mit Ägypten am Suezkanal die Auseinandersetzungen in der Region. Erst der Tod Nassers

Die Nahostkriege seit 1956 und der Friedensprozess

I. Historische Entwicklungen

im September 1970 schien daran etwas zu ändern. Sein Nachfolger Anwar as-Sadat überraschte im Februar 1971 mit einem Friedensangebot, das er über den UN-Vermittler Gunnar Jarring an die israelische Regierung sandte. Demnach sollte nach dem Rückzug der israelischen Armee aus dem Sinai über eine Anerkennung Israels und einen Friedensvertrag verhandelt werden. Israel lehnte diese Offerte jedoch leichtfertig ab und ebnete so den Weg zu einer neuerlichen militärischen Konfrontation. Da Ägypten nicht auf diplomatischem Weg die Besetzung des Sinai beenden konnte, setzte Sadat gemeinsam mit dem syrischen Präsidenten Hafis al-Assad auf einen erneuten Krieg.

Überraschend griffen am 6. Oktober 1973 ägyptische Truppen am Suezkanal und syrische Truppen auf dem Golan die israelischen Stellungen an. In den ersten Tagen konnten die arabischen Armeen beachtliche Erfolge erringen. Israel stand am Rande einer Niederlage. Mitte Oktober ging die Armee nach massiver materieller Unterstützung durch die USA jedoch zum Gegenangriff über, überschritt ihrerseits den Suezkanal und schnitt die ägyptischen Sinaitruppen von der Versorgung ab. An der syrischen Front gelang es sogar, in Richtung Damaskus vorzustoßen. Am 22. Oktober forderte der UN-Sicherheitsrat eine

Jom Kippur, der höchste jüdische Feiertag
Nicht ohne Grund wählten Ägypten und Syrien 1973 Jom Kippur als Datum ihres Angriffs auf Israel. Dieser Tag ist der höchste jüdische Feiertag und der Tag der Versöhnung. Er dauert 24 Stunden, beginnt bei Sonnenuntergang vor dem 10. Tischri (d.h. September/Oktober) und endet beim nächsten Sonnenuntergang. An diesem Tag ruht in Israel das gesamte öffentliche Leben. Seit biblischer Zeit wird Jom Kippur als ein Fastentag beschrieben, an dem nicht gearbeitet werden durfte. Ebenfalls war es üblich, im Jerusalemer Tempel Opfer zu erbringen. Bis heute ist Jom Kippur der heiligste Tag im jüdischen Jahr, an dem die Gläubigen sich ihrer Schuld bewusst werden, sie bereuen und sich versöhnen. Trotz zahlreicher Fastengebote wird der Versöhnungstag nicht als trauriger Tag angesehen. Er wird zumeist in der Familie begangen. Viele Juden tragen an diesem Tag weiße Kleidung als Zeichen der Reinheit. *(ft)*

sofortige Feuerpause und den Rückzug aller Beteiligten auf die Ausgangsstellungen sowie die Umsetzung der Resolution 242 von 1967. Schließlich einigten sich die Konfliktparteien auf einen Waffenstillstand. Während auf dem Golan die Situation unverändert blieb, verständigten sich Israel und Ägypten auf einen quasi entmilitarisierten Streifen von 10 bzw. 30 Kilometer Breite beiderseits des Suezkanals. Der Oktoberkrieg (auch Jom-Kippur- oder Ramadan-Krieg genannt) zeigte, dass Israel dringend einen Ausgleich mit seinen Nachbarn brauchte und diesen mit Zugeständnissen bezahlen musste. Die völlige Überraschung Israels in den ersten Kriegstagen hatte das Vertrauen in die eigene Stärke nachhaltig beeinträchtigt.

Das Abkommen von Camp David

Mitte der 1970er-Jahre waren beide Lager in sich gespalten. Während die Mehrheit der arabischen Staaten weiterhin Friedensgespräche mit Israel ablehnte, griff der ägyptische Präsident Anwar as-Sadat seine Friedensofferte von 1971 wieder auf und begann Gespräche über weitere Truppenentflechtungen auf dem Sinai. In Israel hingegen herrschte Uneinigkeit darüber, inwieweit besetzte Gebiete für Sicherheitsgarantien eingetauscht werden sollten. Nachdem im Herbst 1977 sowohl Sadat als auch der neu gewählte israelische Ministerpräsident Menachem Begin die Bereitschaft zu Verhandlungen signalisiert hatten, kam es am 19. November 1977 zum ersten Besuch eines arabischen Staatschefs in Israel. Sadat bekräftigte bei einer Rede vor der Knesset – dem israelischen Parlament –, »dass wir [die Ägypter] es akzeptieren, mit Ihnen in dauerndem und gerechtem Frieden zusammen zu leben«.

Bei einem Treffen beider Regierungschefs im September 1978 auf dem Landsitz des US-Präsidenten Jimmy Carter in Camp David schlossen Israel und Ägypten schließlich zwei Rahmenabkommen ab, die als Vorstufe zu einem Friedensvertrag dienten. Das erste regelte den Aufbau einer palästinensischen Selbstverwaltungsbehörde im Gazastreifen und im Westjordanland sowie den schrittweisen Abzug der israelischen Armee aus diesen Territorien. Das zweite Rahmenabkommen sah die Räumung

I. Historische Entwicklungen

Der israelische Ministerpräsident Begin und der ägyptische Präsident Sadat besiegeln mit Handschlag das Friedensabkommen von Camp David, das maßgeblich von US-Präsident Carter (Mitte) vermittelt wurde.

des Sinai durch Israel und die Auflösung der dortigen jüdischen Siedlungen vor. Der Friedensvertrag, der den 30-jährigen Kriegszustand zwischen Israel und Ägypten beendete, wurde am 26. März 1979 in Washington unterzeichnet.

Die Weltöffentlichkeit reagierte zwiespältig auf den Vertrag. Die westlichen Staaten begrüßten ihn, der Ostblock lehnte ihn ab. Begin, Carter und Sadat wurde 1978 der Friedensnobelpreis zugesprochen. Während in Israel die Mehrheit der Bevölkerung den Friedensschluss befürwortete, gab es in der arabischen Welt massive Proteste. Viele arabische Staaten brachen die Beziehungen zu Ägypten ab, und die PLO sah nun auch in Ägypten einen Feind der Palästinenser. Sadat bezahlte seinen Mut zum Frieden mit dem Leben. Er wurde am 6. Oktober 1981 während einer Militärparade in Kairo von islamistischen Extremisten ermordet. Den eingeleiteten Friedensprozess hielt dies jedoch nicht auf. 1982 zogen die letzten israelischen Soldaten aus dem Sinai ab.

Der Libanonfeldzug 1982

Während sich die Beziehungen zwischen Israel und Ägypten zunehmend normalisierten, rückte die Nordgrenze Israels in den Blickpunkt. Nach der Vertreibung der PLO aus Jordanien (»Schwarzer September 1970«) lebten im Südlibanon mehr als 300 000 Palästinenser in Flüchtlingslagern, welche die Organisation Jassir Arafats als Ausgangspunkte für Angriffe gegen Nordisrael nutzte. 1978 marschierte Israel erstmals im Südlibanon ein, um die Basen der PLO zu zerschlagen; Israel übergab das Gebiet anschließend an eine UN-Truppe (UNIFIL, vgl. den Beitrag von Thomas Breitwieser). Nachdem sich 1981/82 Angriffe auf Israel aus dem Libanon gehäuft hatten, Luftangriffe jedoch keinen Erfolg brachten, entschied sich die israelische Regierung zu einer Bodenoperation gegen die PLO-Stellungen. Die Kampagne »Frieden für Galiläa« begann am 6. Juni 1982. Wenig später schlossen israelische Truppen die PLO-Kämpfer in Westbeirut ein. Erst im August stimmte PLO-Führer Arafat nach amerikanischer Vermittlung der Entwaffnung und dem Abzug seiner Kämpfer zu. Er selbst baute ein neues Hauptquartier in Tunis auf.

Nach Abflauen der Kämpfe kam es im September 1982 zu Massakern an palästinensischen Flüchtlingen durch christliche Milizen. Die israelische Armee hätte diese Ausschreitungen verhindern können, wurde aber auf Befehl von Verteidigungsminister Ariel Scharon zurückgehalten. Die Kampagne »Frieden für Galiläa« brach in Israel daraufhin den nationalen Konsens auf und wurde von großen Antikriegsdemonstrationen begleitet; Scharon wurde wenig später als Verteidigungsminister abgesetzt.

Der Libanonfeldzug war die erste massive militärische Konfrontation zwischen dem Staat Israel und einer palästinensischen Guerillaorganisation. Zwar konnte die PLO aus dem Libanon vertrieben werden, doch entstand aus zurückgebliebenen PLO-Kämpfern, muslimischen Milizen und gewaltbereiten Flüchtlingen eine neue Organisation, die den Kampf gegen Israel weiterführte: die Hisbollah (vgl. den Beitrag von Melanie Herwig und Rudolf J. Schlaffer). Erst 1985 zog sich Israel aus dem Libanon auf eine zehn Kilometer breite Sicherheitszone zurück, die dann im Jahr 2000 ganz geräumt wurde.

Frieden zwischen Israel und der PLO?

Nach dem Abzug der PLO-Milizen aus dem Libanon verlagerte sich der israelisch-palästinensische Konflikt endgültig in die seit 1967 besetzten Territorien Gazastreifen und Westjordanland. Seit

I. Historische Entwicklungen

der Invasion hatten die israelischen Regierungen einen regen Siedlungsbau in diesen Gebieten gefördert und Palästinenser enteignen oder vertreiben lassen. Deren wirtschaftliche Situation war katastrophal, politisch blieben sie weitgehend ohne Mitspracherecht. Ende 1987 begann in den besetzten Gebieten der Intifada-Aufstand, der erst im Frühjahr 1990 abebbte (vgl. den Beitrag von Christoph M. Scheuren-Brandes).

Die Intifada machte allen Konfliktbeteiligten die Dringlichkeit einer friedlichen Regelung der Palästinenser-Frage bewusst. Im Herbst 1991 kam es zur Nahost-Friedenskonferenz in Madrid. Erstmals sprachen palästinensische Vertreter von einer möglichen Zusammenarbeit mit Israel. Nach dem Regierungswechsel im Juli 1992 trieb die israelische Regierung unter Itzhak Rabin und Außenminister Schimon Peres die Annäherung weiter voran, indem sie die PLO als Verhandlungspartner und Vertretung der Palästinenser anerkannte. Die PLO ihrerseits akzeptierte das Existenzrecht Israels. Vor diesem Hintergrund begannen im Januar 1993 Geheimverhandlungen zwischen Israel und der PLO, an deren Ende die »Grundsatzerklärung« von Oslo (Oslo-Abkommen) stand, welche den Weg für eine schrittweise Autonomie der besetzten Gebiete bis 1999 vorbereiten sollte.

Am 13. September 1993 unterzeichneten der israelische Ministerpräsident Rabin und PLO-Chef Arafat in Washington eine »Grundsatzerklärung über die Übergangsregelung für die Autonomie« der besetzten Gebiete im Gazastreifen und Westjordanland. Diese Prinzipienerklärung enthielt zunächst einen Vier-Phasen-Plan, an dessen Ende die volle Autonomie der Palästinensergebiete stehen sollte. Politische Bedeutung erlangte die Vereinbarung dadurch, dass sich Israel und die PLO erstmals als gleichberechtigte Verhandlungspartner trafen und das Existenzrecht der jeweils anderen Seite anerkannten. Der erste Schritt war die Übertragung von Autonomierechten im Gazastreifen und um die Stadt Jericho an die Palestinian National Authority (PNA) bei gleichzeitigem Rückzug der israelischen Armee. Dieses Gaza-Jericho-Abkommen (Oslo I) konnte am 4. Mai 1994 unterzeichnet werden.

Im Vertrag von Taba (Oslo II) einigten sich Israel und die PNA im September 1995 dann auf die Einteilung des Westjordanlandes in drei Zonen (siehe Karte auf S. 159). Israel zog sich aus Zone A

Die Nahostkriege seit 1956 und der Friedensprozess

(sieben Städte und etwa 3,5 Prozent des Gebietes) komplett zurück. Zone B, wo der Großteil der Palästinenser lebte, wurde ebenfalls durch die PNA verwaltet, Israel behielt allerdings die polizeiliche Kontrolle. Der größte Teil des Westjordanlandes ge-

Itzhak Rabin

Itzhak Rabin, geboren am 1. März 1922, erhielt 1994 gemeinsam mit Schimon Peres und Jassir Arafat den Friedensnobelpreis. Wie kaum ein anderer steht er für die Hoffnungen auf einen friedlichen Ausgleich zwischen Juden und Palästinensern. Nach einer Militärkarriere im Zweiten Weltkrieg wurde Rabin in die israelische Armee übernommen. 1964 war er Generalstabschef und befehligte die Armee 1967 im Sechstagekrieg. 1968 vertrat Rabin Israel als Botschafter in den USA; 1974 wurde er zum israelischen Ministerpräsidenten berufen. Während der Ersten Intifada Verteidigungsminister, trat er 1992 zum

zweiten Mal das Amt des Ministerpräsidenten an, das er bis zu seiner Ermordung ausübte. Unter seine Ägide fallen zahlreiche Abkommen mit den Palästinensern, darunter die Verträge Oslo I und Oslo II. Unmittelbar vor seiner Ermordung am 4. November 1995 hatte Rabin in Tel Aviv an einer Veranstaltung unter dem Motto »Ja zum Frieden, Nein zur Gewalt« teilgenommen. Auf dem Weg zu seinem Fahrzeug wurde er von einem rechtsextremistischen israelischen Studenten erschossen. *(ft)*

I. Historische Entwicklungen

hörte zur Zone C, die nach wie vor von Israel verwaltet wurde. Gemäß Prinzipienerklärung bzw. Oslo I sollte der weitere Rückzug der israelischen Armee bis zur vollständigen Autonomie im Jahr 1999 erfolgen. Die dafür notwendigen Folgeverträge wurden zwar 1998 und 1999 in Form der sogenannten Wye-River-Memoranden abgeschlossen, die Umsetzung des Prinzips »Land gegen Frieden« scheiterte jedoch immer wieder an der geringen Kompromissbereitschaft beider Seiten. Obwohl die Vereinbarungen von Oslo I und Oslo II nicht oder nur teilweise umgesetzt wurden, ist ihre Bedeutung für den Friedensprozess zwischen Israelis und Palästinensern groß. Die aktuellen Friedenspläne basieren weiterhin auf diesen Abkommen.

Auf beiden Seiten blieb der Widerstand gegen die Friedensbemühungen enorm: In Israel weigerten sich rechte Politiker und Siedler, der Abtretung von Gebieten zuzustimmen, und auf palästinensischer Seite lehnten radikale Gruppen wie die Hamas (zur Hamas siehe Kasten auf S. 118) jede Form einer Koexistenz mit Israel ab. Palästinensische Attentate und israelische Gegenschläge erschwerten einen Fortgang des Friedensprozesses, der nach der Ermordung Rabins durch einen rechtsextremistischen israelischen Fanatiker gänzlich ins Stocken kam.

In den folgenden Jahren wurden mehrere Abkommen zwischen Israel und den Palästinensern geschlossen, die unter dem Motto »Land gegen Frieden« den teilweisen Rückzug Israels aus dem Gazastreifen und dem Westjordanland sowie den Aufbau einer palästinensischen Verwaltung behandelten. Zwar hatten am 20. Januar 1996 die ersten Wahlen in den Autonomiegebieten stattgefunden, aus denen Arafats Fatah-Bewegung als Sieger hervorgegangen war. Fehlende Kompromissbereitschaft auf beiden Seiten und erfolgreiche Versuche der Radikalen, den Friedensprozess zu stören, verhinderten jedoch den Abschluss eines endgültig bindenden Vertrages. Der provokative Besuch des israelischen Oppositionsführers Scharon auf dem Tempelberg am 28. September 2000 ließ die gespannte Situation dann erneut eskalieren. Maßgeblich durch die Hamas entfacht, begann eine neue Intifada (die sogenannte Al-Aksa-Intifada), die das gesamte Autonomiegebiet erfasste. Da die PNA nicht in der Lage war, die Gewalt zu beenden, marschierte die israelische Armee in die autonomen Gebiete ein und sperrte den Gazastreifen sowie das

Die Nahostkriege seit 1956 und der Friedensprozess

Westjordanland komplett ab. Damit waren die Errungenschaften des bisherigen Friedensprozesses auf einen Schlag zunichte gemacht. Ständige Terroranschläge und äußerst harte israelische Vergeltungsmaßnahmen verhinderten seitdem immer wieder eine politische Lösung.

Erst 2003 stimmten Israel und die palästinensische Führung getrennt voneinander einem neuen Friedensplan zu – der sogenannten Road Map. Das Papier war durch das Nahost-Quartett USA, Russland, EU und UNO entworfen worden und sah bei beiderseitigem Gewaltverzicht und Rückzug Israels aus den Autonomiegebieten die Gründung eines Palästinenserstaates bis 2005 vor. Zwar konnte der Zeitplan nicht eingehalten werden, jedoch kam durch die »Road Map«, besonders nach dem Tod Arafats im November 2004, wieder Bewegung in den Friedensprozess. Der damalige israelische Ministerpräsident Scharon und der neue palästinensische Präsident Machmud Abbas handelten im Januar 2005 eine Waffenruhe aus, woraufhin Israel im August 2005 einseitig sämtliche Siedlungen im Gazastreifen sowie vier Siedlungen im Westjordanland räumte. Damit hatte Israel wichtige Forderungen der »Road Map« erfüllt. Abbas sagte daraufhin die Entwaffnung der radikalislamischen Terrorgruppen zu, um so den Weg für weitere Verhandlungen freizumachen. Dies ist der palästinensischen Regierung allerdings bis heute nicht gelungen.

Seit dem Wahlsieg der radikalen Hamas bei den Parlamentswahlen in den Autonomiegebieten vom Januar 2006 hat sich das Klima wieder deutlich verschlechtert: Im Juli und August 2006 folgte der Sommerkrieg im Südlibanon; und der Putsch der Hamas im Juni 2007 im Gazastreifen hat die Lage seitdem verkompliziert. Damit eine Friedenslösung für Palästina erreicht werden kann und zwei gleichberechtigte Staaten nebeneinander existieren können, muss das Muster von Gewalt und Gegengewalt durchbrochen werden. Um dies zu erreichen, bedarf es eines weltweiten politischen Engagements, das alle arabischen Staaten einschließen muss.

Andreas Mückusch

Anhänger der Fatah posieren im Januar 2006 mit einem Bild ihres früheren Führers Jassir Arafat. Die 1959 gegründete Fatah gehörte 1964 zu den Gründungsparteien der Palästinensischen Befreiungsorganisation (PLO), der Arafat seit 1969 vorstand. Die arabische Gipfelkonferenz in Rabat erkannte 1974 die PLO als einzig legitime Vertreterin des palästinensischen Volkes an. Nach einer berühmten Rede Arafats vor der UN-Vollversammlung erhielt die PLO Beobachterstatus bei der UNO und richtete in zahlreichen europäischen Staaten Verbindungsbüros ein.

Arafat erreichte 1993 eine »Prinzipienerklärung über die vorübergehende Selbstverwaltung« für die Palästinensergebiete. Für ihr Bemühen um den Frieden wurden er, Schimon Peres und der israelische Ministerpräsident Itzhak Rabin 1994 mit dem Friedensnobelpreis ausgezeichnet. Nach 27 Jahren im Exil konnte Arafat in Gaza eine Regierung bilden, die Palästinensische Autonomiebehörde (Palestinian National Authority, PNA).

Im Jahre 2000 scheiterten Gespräche zwischen dem israelischen Ministerpräsidenten Ehud Barak, Arafat und dem amerikanischen Präsidenten Bill Clinton in Camp David, welche die Gründung eines selbstständigen palästinensischen Staates zum Inhalt gehabt hatten. Während der Al-Aksa-Intifada stellte Israel Arafat wiederholt unter Hausarrest. Arafat starb am 11. November 2004 in Paris. Beerdigt wurde er in Ramallah.

Die Palästinenser und die Rolle der PLO

Der Nahostkonflikt ist in der alltäglichen Berichterstattung untrennbar mit den Palästinensern und der Palestine Liberation Organization (PLO) verbunden. Die Konfliktlage scheint auf den ersten Blick überschaubar zu sein: Zwei Parteien verschiedenen Glaubens – Israel als Staat der Juden einerseits und die muslimischen Palästinenser andererseits – streiten um bestimmte geografische Gebiete, nämlich das Westjordanland (Westbank), den Gazastreifen und Ostjerusalem. Bei näherer Betrachtung wird indes die Komplexität der Auseinandersetzungen sichtbar, die sich nicht auf eine solch schlichte Formel verkürzen lässt. Wie sind »die« Palästinenser organisiert? Und welche Bedeutung kommt vor allem der PLO zu? Die Antworten auf diese Fragen helfen, den Konflikt im Nahen Osten überhaupt greifbar und damit verständlich zu machen.

Seinen Namen bekam Palästina von den Römern im Jahre 139 n. Chr., nach der Niederschlagung eines jüdischen Aufstands in der Provinz *Iudaea*. Fortan hieß die Provinz *Syria Palaestina*. Das Wort *palaestina* leitet sich vom griechischen *palaistine* ab, das sich wiederum an den Ausdruck »Philister« (arab. *filisṭīn*) anlehnt. Das Volk der Philister wird bereits in der Bibel als Bevölkerungsgruppe in dieser Region des Nahen Ostens erwähnt.

Die Idee der Nation als Grundlage der inneren und äußeren Einheit einer Bevölkerungsgruppe war bis zur Mitte des 19. Jahrhunderts in Palästina unbekannt. Das Leben in Palästina wurde für mehr als ein Jahrtausend von der arabisch-muslimischen Kultur geprägt, auch nachdem das Gebiet 1516 von den Osmanen erobert worden war. Die arabisch-muslimische Gemeinschaft verstand die Welt entweder als islamische Sphäre (Haus des Friedens, arab. *Dar al-Islam*) oder begriff sie als die der Ungläubigen und des Krieges (Gebiet des Krieges, arab. *Dar al-Harb*). Die Notwendigkeit der Kommunikation formte schließlich noch einen Zwischenraum, die Welt des Übereinkommens. Radikale Fundamentalisten nehmen diese strikte Einteilung bis heute vor.

Einen freien oder im modernen Sinn unabhängigen arabischen Staat »Palästina« gab es in der Geschichte nie. Bis 1917

I. Historische Entwicklungen

bildete Palästina mehrere Verwaltungsbezirke im Osmanischen Reich. Vor dem Ende des Ersten Weltkriegs wurden weite Teile von den Alliierten erobert, bevor später ganz Palästina britisches Mandatsgebiet wurde. Die ersten jüdischen Einwanderer kamen jedoch keineswegs in ein unbewohntes Land: Ende des 19. Jahrhunderts lebten hier mehr als 450 000 Menschen, fast 90 Prozent waren Muslime. Mit der massenhaften Einwanderung jüdischer Siedler entwickelten sich zunehmend Gegensätze zwischen den jüdischen Neuankömmlingen und den arabischen Einwohnern Palästinas (vgl. den Beitrag von Angelika Timm zur Siedlungsbewegung). Die Einwanderer strebten – der Idee des politischen Zionismus folgend – nach einem jüdischen Nationalstaat. Bereits zuvor hatten jedoch die arabischen Palästinenser mehr Eigenständigkeit innerhalb des zentralistisch regierten Osmanischen Reiches gefordert. Diese Bewegung, die bis dahin allerdings nie die Eigenstaatlichkeit zum Ziel hatte, suchte als einigende Basis die arabische Kultur, wie sie sich in Sprache, Literatur und Kunst ausdrückt.

Anders als bei nationalen Bewegungen in Europa spielte in Palästina auf jüdischer ebenso wie auf arabischer Seite die Religion immer eine entscheidende Rolle. Im Fall Palästinas waren es sowohl der sunnitische als auch der schiitische Islam einerseits und das Judentum andererseits (vgl. die Beiträge von Ralf Elger und Bernhard Chiari). Diese religiösen Komponenten haben im weiteren Verlauf der Geschichte den Konflikt immer wieder eskalieren lassen.

Die PLO: Vertretung der Palästinenser

Gemessen daran, dass der politische Konflikt im Nahen Osten schon nach dem Ersten Weltkrieg zu gewaltsamen Auseinandersetzungen führte, trat die PLO, die heute eine prägende Rolle in dem Konflikt innehat, erst recht spät auf die Bühne der Weltgeschichte: 1964 wurde sie anlässlich des Ersten Palästinensischen Nationalkongresses in Ostjerusalem gegründet. Fünf Jahre später sollte ein Mann zum Führer der PLO werden, der dem israelisch-palästinensischen Konflikt wie kein zweiter ein Gesicht gab: Jassir Arafat. Die PLO strebt die Vertretung aller Palästinenser an, auch derjenigen im arabischen und nichtmuslimischen Exil. Ein großes Problem, das die Organisation von Anfang hatte, war allerdings, dass sie einen Dachverband verschiedener Gruppen mit unterschiedlichen, zum Teil auch extremen Zielen darstellte, den islamistische Organisationen wie beispielsweise Hamas oder Islamischer Dschihad nie anerkannten.

Nach dem Ende des Sechstagekrieges 1967 und der hierdurch ausgelösten Welle palästinensischer Flüchtlinge erlangte die PLO jene Bedeutung, die sie bis in die Gegenwart behalten sollte. Das Vorhaben der arabischen Länder, Israel militärisch vernichtend zu schlagen und damit das Ende des Staates Isra-

Die Tragödie von München

Neun Tage lang dauerten die Olympischen Sommerspiele 1972 in München bereits an, als in der Nacht zum 5. September acht palästinensische Terroristen der Gruppe »Schwarzer September« (Ailul al-Aswad) in das olympische Dorf und das Quartier der israelischen Mannschaft eindrangen, zwei Sportler erschossen und neun weitere als Geiseln nahmen. Sie verfolgten damit das Ziel, über 200 in Israel inhaftierte Palästinenser sowie die deutschen Terroristen Ulrike Meinhof und Andreas Baader freizupressen. Nach stundenlangen ergebnislosen Verhandlungen forderten die Terroristen, nach Ägypten ausgeflogen zu werden. Mit zwei Hubschraubern wurden sie zum Flughafen Fürstenfeldbruck gebracht, wo die offiziellen deutschen Stellen einen Befreiungsversuch unternahmen. Die Aktion endete in einer Katastrophe, welche die gesamte Weltöffentlichkeit schockierte: Alle Geiseln,

fünf der acht Terroristen und ein deutscher Polizist starben. In Deutschland wurde kurz nach den Olympischen Spielen eine Antiterror-Spezialeinheit, die Grenzschutzgruppe 9 (GSG 9), geschaffen. *(ft)*

I. Historische Entwicklungen

Die Schlacht von Karame und der »Schwarze September«

Infolge des Sechstagekrieges im Juni 1967 wurden das Westjordanland und Ostjerusalem, die vorher zu Jordanien gehörten, durch Israel besetzt. Ebenso wie die jordanische Armee zogen sich auch palästinensische Milizen auf das Ostufer des Jordans zurück und trugen von dort aus Terrorangriffe gegen Israel vor. In einer Vergeltungsaktion zerstörte die israelische Armee am 21. März 1968 das Hauptquartier der damals noch relativ unbedeutenden Fatah in der jordanischen Grenzstadt Karame, musste dabei allerdings den Tod von 30 israelischen Soldaten in Kauf nehmen. Obwohl die Zahl der getöteten palästinensischen Kämpfer rund drei Mal so hoch ausfiel und er selbst nur knapp entkam, reklamierte Jassir Arafat die »Schlacht von Karame« als Sieg. Den Ausschlag für das Zurückweichen der israelischen Armee gaben freilich eingreifende jordanische Truppen.

Bald entwickelte sich in den palästinensischen Flüchtlingslagern Jordaniens eine Art Staat im Staat, dominiert von der PLO, die sich ab 1967 in zahlreiche Splitterorganisationen aufgespalten hatte. PLO-Milizen traten zunehmend durch Machtdemonstrationen gegenüber dem jordanischen Herrscherhaus in Erscheinung. Am 2. September 1970 führte die maoistische Splittergruppe Democratic Front for the Liberation of Palestine (DFLP) einen Anschlag auf König Hussein aus; kaum eine Woche darauf trat eine andere marxistische Palästinenserorganisation, die Popular Front for the Liberation of Palestine (PFLP), durch Flugzeugentführungen auf jordanischem Boden in Erscheinung. Mitte September beschloss der jordanische König das Palästinenserproblem in seinem Land gewaltsam zu lösen: Mit dem am 16. September verhängten Ausnahmezustand begann eine Offensive der jordanischen Armee, der bis zu 20 000 palästinensische Kämpfer zum Opfer fielen. Nach diesem »Schwarzen September« dauerten die Kämpfe noch bis zum Sommer 1971 an. Zudem wurden die Palästinenser in Jordanien in Flüchtlingslagern enger zusammengezogen und streng überwacht. Verbleibende Milizkräfte der PLO wichen daraufhin vor allem in den Libanon aus – in das einzige Land, in dem sie nicht (wie etwa in Syrien) unter fremder Kontrolle standen. Das ließ den dortigen Bürgerkrieg eskalieren und belastete in der Folge die Beziehungen zwischen Israel und Libanon. *(mr)*

Die Palästinenser und die Rolle der PLO

el zu erreichen, war mit dem israelischen Sieg gescheitert (vgl. den Beitrag von Andreas Mückusch). An die Stelle der offenen militärischen Konfrontation trat ein von der PLO geführter Guerillakrieg, der nicht nur innerhalb Israels Opfer forderte. Der Terroranschlag auf die israelische Olympiamannschaft in München (1972) und die Entführung der Lufthansamaschine »Landshut« (1977) nach Mogadischu brachten den gewaltsamen Kampf der Palästinenser gegen Israel selbst nach Deutschland.

Ebenso wie die Palästinenser insgesamt fand auch die PLO in den arabischen Nachbarstaaten Israels keine uneingeschränkte Unterstützung. Ihr ursprünglich in Jordanien gelegenes Hauptquartier musste sie mehrmals verlegen. Nach 1971 war der Libanon ihr Zufluchtsort. In dieser Zeit baute Arafat die bewaffneten Kräfte seiner Organisation zu einer Armee von 20 000 Mann aus, die im Südlibanon »stationiert« wurde. Gleichzeitig sorgte die PLO in den Flüchtlingslagern, wo in den von Israel 1967 besetzten Gebieten sowie in den arabischen Nachbarstaaten Hunderttausende Palästinenser lebten, mit Hilfe ausländischer Finanzmittel unter anderem für den Aufbau von Krankenhäusern und Schulen.

Der bis dato größte außenpolitische Erfolg der PLO war die Anerkennung als »Repräsentantin des palästinensischen Volkes« durch die Vereinten Nationen im Jahre 1974, verbunden mit Arafats Rede vor der UN-Vollversammlung. Politisch war dies möglich geworden, weil sich die PLO in der Auseinandersetzung mit Israel erstmals zu einer politischen Kompromisslösung bereit gefunden hatte. Damit war die Vernichtung des israelischen Staates als erklärtes Ziel zumindest offiziell vom Tisch. Innerhalb des palästinensischen Lagers sorgte aber gerade diese Wende der PLO zum Teil für heftigen Widerstand, der sich immer wieder in unkontrollierten Einzelaktionen radikaler Gruppen entlud.

Nach dem Einmarsch der israelischen Armee in den Libanon 1982 und den folgenden Kämpfen mit der PLO unterlag diese der militärischen Übermacht Israels und musste ihr Hauptquartier abermals verlegen, diesmal nach Tunis. Zudem waren erneut zahlreiche palästinensische Opfer zu beklagen: In den libanesischen Flüchtlingslagern Sabra und Schatila ermordeten christliche Milizen mit Billigung der israelischen Streitkräfte wahr-

I. Historische Entwicklungen

Fatah und Hamas

Die Fatah gehört zu den in der PLO zusammengeschlossenen Parteien. »Fatah« heißt ins Deutsche übertragen »Eroberung, Sieg, Triumph«. Der Name ist jedoch zugleich ein Kunstwort, das aus den Anfangsbuchstaben mehrerer arabischer Wörter gebildet wird; diese lauten übersetzt »Bewegung zur Befreiung Palästinas«. Erster Chef der Partei war Jassir Arafat. Zunächst verfügte die Organisation hauptsächlich über Stützpunkte in Jordanien. Nachdem sie sich dort zu einer Art Staat im Staat entwickelt hatte, wurde sie von König Hussein 1970 vertrieben. Die Fatah sammelte sich im Libanon, bis sie nach dem israelischen Einmarsch 1982 abermals zerschlagen wurde und sich in verschiedene Staaten flüchtete, darunter Tunesien, Algerien, Irak und Jemen.

Innerhalb der Fatah existieren mehrere Gruppen. Während des Friedensprozesses im Nahen Osten regte sich deren Widerstand gegen das Vorgehen von Parteichef Arafat, nannte doch Artikel 12 der Gründungscharta der Partei als oberstes Ziel die »komplette Befreiung Palästinas und die Vernichtung der ökonomischen, politischen, militärischen und kulturellen Existenz der Zionisten«. Die Tanzim-Miliz, aufgestellt in den 1990er-Jahren, spielte eine entscheidende Rolle während der Zweiten Intifada ab September 2000. Zu den radikalsten Kräften der Fatah gehören die Al-Aksa-Märtyrer-Brigaden, die wiederholt Selbstmordattentate gegen die israelische Zivilbevölkerung verübten. Nach dem Tod des PLO-Chefs benannte sich die Gruppe in »Jassir-Arafat-Märtyrer-Brigaden« um.

Hamas (arab.) bedeutet übersetzt »Eifer«, steht aber gleichzeitig auch als Abkürzung für »Bewegung des islamischen Widerstands«.

Die 1987 gegründete palästinensische Organisation gehört zu den einflussreichsten Gruppen und bildete sich aus der radikalen Muslimbruderschaft. Heute werden ihre Anhänger auf 80 000 geschätzt, wovon 3000 den inneren Kreis bilden.

AP Photo/Jerome Delay

Die Palästinenser und die Rolle der PLO

> Ideologisch verfolgt die Hamas die Vernichtung Israels. In ihrer Gründungscharta von 1988 lautet ein Ziel »die Fahne Allahs über jedem Zoll von Palästina aufzuziehen«. Zur Erreichung ihrer Ziele wählt die Hamas auch terroristische Mittel, obwohl nach zahlreichen Umfragen eine Mehrheit der Palästinenser für eine friedliche Koexistenz mit Israel ist. Immer wieder kam es zu Selbstmord- und Bombenattentaten ihres militärischen Arms, der sogenannten Qassam-Brigaden.
>
> Politisch wirkt die Hamas als Partei im palästinensischen Legislativrat und verfügt dort seit Januar 2006 über die absolute Mehrheit. Im Juni 2007 übernahm die Hamas gewaltsam die Macht im Gazastreifen. Seitdem ist die palästinensische Bewegung geteilt: Während die Fatah das Westjordanland beherrscht, kontrolliert die Hamas den Gazastreifen. *(ft)*

scheinlich bis zu 2000 Palästinenser. Die Massaker in Westbeirut schrieben eine psychologisch in hohem Maße nachwirkende Opfer- und Verlustgeschichte der PLO weiter fort, die den um Ausgleich bemühten Kräften den Boden entzog. Innerhalb der Organisation kam es zu erneuten Machtkämpfen, die Arafat für sich entscheiden konnte. Ab Mitte der 1980er-Jahre konzentrierte sich die Weltöffentlichkeit im Nahen Osten auf andere Konfliktfelder, insbesondere auf den Krieg zwischen Iran und Irak. In den Blick der Medien kehrten Palästinenser und Israelis mit der Ersten Intifada (arab. für »Abschüttelung«) zurück, einem von 1987 bis 1993 dauernden palästinensischen Volksaufstand. Diesem folgte nach anfänglicher Entspannung des Konflikts die Zweite Intifada, die sogenannte Al-Aksa-Intifada, ausgelöst durch einen Besuch Ariel Scharons auf dem Jerusalemer Tempelberg im September 2000 (vgl. den Beitrag von Andreas Mückusch). Die Al-Aksa-Intifada beeinflusst heute nicht unerheblich die Wahrnehmung des Nahostkonflikts. Beide Konfliktparteien wissen dabei gezielt Bilder einzusetzen: solche von Selbstmordattentaten einerseits und militärischen Aktionen der israelischen Armee gegen palästinensische Zivilbevölkerung andererseits.

Die Situation in der Spätphase der Präsidentschaft Arafats, als gleichzeitig Verhandlungen mit Israel geführt und von palästinensischer Seite blutige Terroranschläge verübt wurden,

I. Historische Entwicklungen

machte die Schwäche der PLO deutlich. Gewaltsame Aktionen ihrer Untergruppen sowie von nicht durch die PLO vertetenen Organisationen wie Hamas oder Al-Dschihad al-Islami konnte – oder wollte – die PLO zu keiner Zeit verhindern. Mit dem Tod Arafats im Jahr 2004 verlor sie ihr prominentestes Gesicht.

Erben Jassir Arafats: Ministerpräsident Ismail Hanija (Hamas, links) und Präsident Machmud Abbas während der ersten Sitzung des neuen palästinensischen Kabinetts in Ramallah am 18. März 2007. Die Regierungsvertreter im Gazastreifen waren per Videokonferenz zugeschaltet.

Die Palästinenser und die Rolle der PLO

Arafats Nachfolger Machmud Abbas trat als reformbereiter Politiker das Erbe eines Herrschers an, der sich jahrzehntelang gegen alle Widerstände und teils mit den Methoden eines absolutistischen Monarchen die Macht in der PLO gesichert hatte. Die Parlamentswahlen in den palästinensischen Gebieten und in Ostjerusalem brachten Ende Januar 2006 jedoch eine andere Bewegung an die Spitze der palästinensischen Gruppierung, nämlich die oft als radikalislamisch bezeichnete Hamas. Diese ist mit den Wahlen vom Januar nun sogar demokratisch legitimiert. Über den Umgang mit der Organisation ist sich die politische Welt zum gegenwärtigen Zeitpunkt noch nicht einig. Sicher ist nur, dass mit dem Wahlsieg der Hamas der Konflikt zwischen Palästinensern und Israel in eine neue Phase eingetreten ist, in der die Bedeutung der PLO möglicherweise zu schwinden beginnt. Die religiöse Komponente der Auseinandersetzungen dürfte hingegen an Bedeutung gewinnen. Jedenfalls werden sich die Entwicklungen im Machtkampf zwischen Fatah und Hamas unmittelbar auf den Fortgang des Friedensprozesses auswirken. Einem dauerhaften und belastbaren Frieden mit Israel muss zunächst eine innere Befriedung Palästinas und der PLO vorangehen.

Christoph M. Scheuren-Brandes

Jungen spielen am 24. Oktober 2003 auf dem Hof einer Kirche im Beiruter Stadtteil Chiyah Fußball. Im Hintergrund Hausruinen, Überreste des Bürgerkriegs an der ehemaligen sogenannten Grünen Linie, die die Stadt in einen christlichen und einen muslimischen Teil spaltete.

Der von 1976 bis 1990 geführte Krieg gehört zu den komplexesten Auseinandersetzungen im Nahen Osten. Hier kamen innerlibanesische ethnisch-konfessionelle Spannungen zum Ausbruch. Diese wurden durch den Palästinakonflikt angeheizt, insbesondere durch die Flucht von insgesamt fast 400 000 Palästinensern infolge der Kriege seit 1948. Als zentrale Akteure traten zudem die libanesischen Nachbarstaaten Israel und Syrien in Erscheinung; zeitweise waren die USA, Frankreich und Italien mit einer Friedenstruppe im libanesischen Bürgerkrieg engagiert.

Nachdem mehrmalige syrische ind israelische Besetzungen keine nachhaltige Beruhigung im Libanon brachten, führte der israelische Rückzug Mitte der 1980er-Jahre zur Anarchie. Erst die Initiative der Arabischen Liga konnte 1989/90 die nach den Bürgerkriegsunruhen übriggebliebenen Abgeordneten der libanesischen Nationalversammlung im saudi-arabischen Taif an einem Tisch versammeln. Seitdem ist die Parität zwischen Muslimen und Christen im Land einigermaßen ausgewogen, die Staatsmacht konnte sich wieder etablieren. Zu den eigentlichen Siegern des Krieges gehörte Syrien, das bis zur »Zedernrevolution« von 2005 den größten Teil des Libanon besetzt hielt.

Der Bürgerkrieg im Libanon 1975 bis 1990

Selbst im Vergleich zu anderen verwickelten Konfliktfeldern der Region bietet der Bürgerkrieg im Libanon von 1975 bis 1990 ein besonders unübersichtliches Bild. Hier überlagerten sich mehrere Konfliktebenen, die jede für sich genommen bereits von komplexer Gestalt sind. Vordergründig kamen im Bürgerkrieg die ethnisch-konfessionellen Spannungen des Libanons zum Ausbruch. Weiterhin trat der Nahostkonflikt zwischen Israel einerseits sowie den arabischen Staaten und Palästinensern andererseits hinzu. Die Nahostkriege schwemmten zahlreiche palästinensische Flüchtlinge ins Land, und auch die politischen Aktivisten und Milizionäre der PLO fanden im Libanon eine neue Heimstätte. Aus dieser Situation erwuchs im Frühjahr 1975 eine explosive Gesamtlage, in der das labile politische Gleichgewicht zwischen den verschiedenen Gruppierungen des Landes zusammenbrach.

Getragen, mitfinanziert und lange Jahre angeheizt wurde der Krieg auch durch die wiederholten Interventionen der Nachbarländer Syrien und Israel. Da der Libanon arabisch-palästinensischen Gruppierungen nicht nur als Zufluchtsort diente, sondern auch zum Ausgangspunkt für deren Guerilla- und Terroraktionen in das südliche Nachbarland wurde, sah sich Israel während des Bürgerkrieges zu drei massiven Interventionen und zahlreichen kleineren Militäraktionen veranlasst. Südlich der im Wesentlichen durch den Fluss Litani markierten »Roten Linie« beanspruchte Israel eine Sicherheitszone. Über die israelisch-libanesische Grenze hinweg führten die Konfliktparteien immer wieder Kommandoaktionen, Mörser- und Artillerieüberfälle durch; die israelische Luftwaffe flog wiederholt Angriffe auf Stellungen und Ausbildungslager gegnerischer Milizen ebenso wie der syrischen Armee.

Zusätzlich zum israelisch-arabischen Konflikt entwickelten sich die Auseinandersetzungen zwischen den arabischen Staaten selbst. Beispielsweise beanspruchte Syrien den Libanon als eigene Provinz. Innerarabische Spannungen entzündeten sich auch an unterschiedlichen Auffassungen zur Politik gegenüber Israel. So wurde der Libanon zum Austragungsort von Stell-

I. Historische Entwicklungen

vertreterkämpfen zwischen Syrien unter Hafis al-Assad (Präsident 1971–2000), dem Irak unter Saddam Hussein (Präsident 1979–2003) sowie dem Iran, der sich seit seiner islamischen Revolution von 1979 im Krieg mit dem Irak (1980–1988) sowie im Dauerkonflikt mit den USA befand. Neben der Unterstützung von »Befreiungsbewegungen« durch Syrien, den Irak, Iran und Libyen flossen erhebliche Geldströme auch aus den Ölstaaten am Persischen Golf. Ferner spielten die westlichen Mächte, vor allem die USA, aber unter anderem auch die Bundesrepublik Deutschland, eine beträchtliche Rolle als Waffenlieferanten. Während des zweiten Höhepunktes des Bürgerkrieges initiierten die USA das Eingreifen einer multinationalen Truppe. Mehr im Hintergrund hielt sich die Sowjetunion, doch bekundete auch sie ihr Interesse an den Ereignissen im Bürgerkrieg durch Waffenlieferungen – insbesondere an Syrien und an linksgerichtete Milizbewegungen. Schließlich war auch die Arabische Liga in den Konflikt involviert: als Plattform mehrheitlich scharf antiisraelischer Regierungen und auch als Friedensvermittler zwischen den Konfliktparteien. In den Jahren 1989/90 konnte mit dem Abkommen im saudi-arabischen Taif die Basis für ein vorläufiges Ende des Konflikts gelegt werden.

Infolge der Zahl der Akteure, ihrer Interessen, Motive und wechselnden Koalitionen kamen im Libanon sehr unterschiedliche Formen des Krieges zum Vorschein. Was in anderen Weltregionen erst seit den 1990er-Jahren unter den Begriff der sogenannten »Neuen Kriege« zur Kenntnis genommen wurde, fand hier bereits in voller Härte seinen Ausdruck: die Verflechtung von inneren und äußeren Akteuren; häufig wechselnde Bündnisse zwischen den Konfliktparteien; gleitende Übergänge zwischen militärischen Operationen im großen Maßstab, Guerillakrieg und terroristischen Aktionen; vielfältige Formen des organisierten Drogen- und Gewaltverbrechens sowie Massaker an der Bevölkerung. Auch die Kämpfer selbst konnten in sehr verschiedenartiger Gestalt auftreten: Aus Flüchtlingen wurden Guerilleros, Terroristen oder Angehörige einer regulären Miliz; Soldaten verwandelten sich in Milizionäre. Zu hohen Zeiten des Konfliktes gehörte wohl bis zu einem Sechstel der männlichen Bevölkerung kämpfenden Gruppierungen an; noch einmal so viele unterstützten diese direkt. Der Libanon entwickelte sich im Bürgerkrieg zum Prototyp einer florierenden Bürgerkriegsökonomie inmitten eines schwachen Staates. Zwar verschwanden dessen Institutionen nicht, sie wurden aber von den Konfliktparteien massiv in die Auseinandersetzungen mit einbezogen: So blieb zum Beispiel die libanesische Armee bestehen, was jedoch nicht ausschloss, dass sich ganze Verbände einer Bürgerkriegspartei anschlossen oder zur selbstständigen Miliz mutierten.

Konfliktlinien

Der als »Schweiz des Nahen Ostens« gepriesene Libanon verdankt seine ethnisch-konfessionelle Durchmischung dem namengebenden Gebirge, in das sich während der osmanischen Zeit vor allem maronitische Christen und Drusen zurückzogen. Teile des Küstenabschnitts, der Norden sowie die südliche Bekaa-Ebene waren größtenteils sunnitisch, der Süden und die nördliche Bekaa-Ebene hauptsächlich schiitisch besiedelt. Ethnisch-konfessionelle Verwerfungen führten bereits während der osmanischen Zeit zu Spannungen zwischen Drusen und Maroniten. Diese mündeten Mitte des 19. Jahrhunderts in Massaker an der christlichen Bevölkerung, was schließlich zum ersten Bürgerkrieg der Jahre 1858 bis 1861 führte. In der Folge unterstand die hauptsächlich von Christen bewohnte Bergregion nordöstlich von Beirut als autonome Provinz direkt der Hohen Pforte in Konstantinopel.

Der heutige Libanon verfügte seit jeher über gute Beziehungen zu den westeuropäischen Staaten. Vor allem Frankreich fühlte – und fühlt – sich den maronitischen Christen traditionell verbunden, was auch zur Folge hatte, dass Frankreich neben Syrien den Libanon zum Mandatsgebiet erhielt – nun erweitert um Gebiete mit nicht-christlicher Bevölkerungsmehrheit. Die Verfassung des 1943 in die Unabhängigkeit entlassenen Landes bestimmte Frankreich mit. Im »Nationalpakt« wurden die politisch-konfessionellen Paritäten im Verhältnis von 6 : 5 zwischen Christen und Muslimen festgelegt, wobei die Drusen als Muslime zählten. Das Amt des Staatspräsidenten (und auch des Verteidigungsministers) übt seitdem ein Christ aus; der Ministerpräsident wird durch einen sunnitischen, der Parlamentspräsident durch einen schiitischen Muslim gestellt. Die sunnitischen Eliten waren somit politisch als Juniorpartner, die schiitischen Bevölkerungsteile nur marginal vertreten.

Unterdessen entwickelten sich die demografischen Verhältnisse anders als die politischen Paritäten des Nationalpaktes: War beim Zensus von 1932 noch mindestens jeder zweite Libanese christlichen Glaubens und fast ein Drittel der Gesamtbevölkerung maronitischer Konfession, so sank der christliche Anteil bis 1975 auf 40 Prozent der Gesamtbevölkerung. Der muslimische Bevölkerungsanteil war demgegenüber angestiegen, besonders der schiitische. Von einem Fünftel der libanesischen Bevölkerung im Jahr 1932 wuchs dessen Anteil auf mehr als ein Viertel um 1975 (Gegenwärtig beträgt die schiitische Bevölkerung gut ein Drittel der Bevölkerung). Diese Verschiebung kontrastierte immer stärker mit der wirtschaftlichen Benachteiligung vor allem der schiitisch besiedelten Landesteile sowie der infolge der Landflucht anwachsenden schiitischen Armutsviertel im Süden Beiruts. Die demografische Entwicklung erklärt außerdem die wachsende Rolle der schiitischen Bewegungen während des Bürgerkrieges und in der Zeit danach.

Konfessionen im Libanon (in Prozent)

Konfession	1932	1975	2008
Christen gesamt	**51**	**40**	**40**
Maroniten	29	23	25
andere	22	17	15
Muslime gesamt	**42**	**53**	**53**
Sunniten	22	26	21
Schiiten	20	27	32
Drusen	7	7	7

(Quelle: Schiller 1979, Köhler 1980, Amt für Geoinformationswesen der Bundeswehr 2008)

Der Bürgerkrieg im Libanon 1975 bis 1990

Politische, nationale und religiöse Konfliktparteien

Eine von außen in Gang gesetzte demografische Umwälzung mit noch dramatischeren Folgen erreichte den Libanon mit den israelisch-arabischen Kriegen. Nach dem Krieg von 1948 und dann erneut nach dem Junikrieg von 1967 schwoll der Zustrom palästinensischer Flüchtlinge an. Zu den Anfang der 1970er-Jahre wohl zwei Millionen Libanesen trat mindestens eine Viertelmillion Flüchtlinge aus den palästinensischen Gebieten. Während vor allem Palästinensern christlicher Konfession und solchen mit höherem Ausbildungsstand die Integration gelang, wurde rund 100 000 Menschen Obdach in den unter UN-Verwaltung eingerichteten Lagern zugewiesen. Dass die ortsansässige Bevölkerung häufig anderen Religionen und Konfessionen angehörte als die Bewohner der Lager, erwies sich als zusätzlicher Konfliktstoff. Im Bürgerkrieg wurden die Flüchtlingslager wiederholt Schauplätze heftiger Kämpfe, Belagerungen und Massaker.

Sie waren aber auch Ausgangspunkt für Anschläge und Angriffe der verschiedenen Palästinensermilizen. Seit dem Sechstagekrieg traten diese zunehmend militant in Erscheinung. Mit dem zunächst geheim gehaltenen Abkommen von Kairo erlangte die PLO im November 1969 von der arabischen Vormacht Ägypten die Anerkennung ihres Aufenthalts im Libanon. Indessen wurden die nach Syrien oder in den Irak ausgewichenen Palästinensergruppen durch die dortigen Regierungen und Sicherheitskräfte gleichsam in Dienst genommen und für eigene Ziele eingespannt. Der Libanon hingegen bildete ein letztes Refugium für die relativ autonome Tätigkeit der palästinensischen Bewegungen: Auch nach dem Jom-Kippur-Krieg von 1973 wurde hier der israelisch-palästinensische Konflikt weiter offen ausgetragen, als eines von vielen Konfliktfeldern im libanesischen Bürgerkrieg.

Die ethnisch-konfessionellen Gemeinschaften blieben im großen Bürgerkrieg seit 1975 in sich zersplittert. Hier wirkten sich konkurrierende Machtansprüche diverser Familienclans und ihrer jeweiligen Gefolgschaften aus. Christlich-maronitische Führer (Zuama, Singular: Zaïm) und deren Gefolgschaften stritten um die Macht. Die Familienclans Chamoun, Frangieh und Gemayel stellten wiederkehrend einflussreiche Politiker, Milizführer und Protagonisten der Schattenwirtschaft: In der Reihe der Staatspräsidenten amtierten Camille Chamoun von 1952 bis 1958, Soleiman Frangieh von 1970 bis 1976 und die – beide ermordeten – Brüder Baschir und Amin Gemayel von 1982 bis 1988. Deren Großvater Pierre Gemayel hatte 1936 unter dem Eindruck des europäischen Faschismus die falangistische Partei gegründet, die radikal für die Bewahrung maronitischer Dominanz focht.

Der Führer der Marada-Miliz, Antoine »Tony« Frangieh, nahm bewaffneten Einfluss zugunsten der Wahl seines Vaters zum Präsidenten. Im September 1978 wurde er von Falangisten ermordet: Mit ihnen war Frangiehs Miliz wegen Zwistigkeiten um Schutzgelder, Einfuhr- und Wegezölle sowie der Haltung der Maroniten gegenüber Syrien aneinander geraten. Auch die drusische Bewegung um die Familie Dschumblatt geht auf einen seit dem 18. Jahrhundert einflussreichen Clan zurück. Zwar waren die drusischen Gruppierungen infolge ihrer Forderungen nach politischer Gleichberechtigung anfangs sozialistisch und (pan-)arabisch ausgerichtet, was also eigentlich einigend hätte wirken müssen. Doch konnte sich die Progressiv-Sozialistische Partei der Dschumblatts ebenso wenig wie ihre maronitischen Kontrahenten den ethnisch-konfessionellen Konflikten und Zerfallsprozessen entziehen, weswegen sie unabänderlich in den Strudel der allgemeinen Auseinandersetzungen geriet.

Auf sunnitischer Seite bot sich ein breit gefächertes Spektrum an Bewegungen: Sie reichten von islamischen Muslimbruderschaften (die aber eher von lokalem Einfluss blieben) über säkulare, meist sozialistische und kommunistische Gruppierungen bis hin zu Organisationen, die eng mit unterschiedlichen Schutzmächten verbunden waren, und schließlich panarabischen Bewegungen mit wechselnden und/oder diskret im Hintergrund verbleibenden Unterstützern. So traten neben der Syrischen Sozialen Nationalistischen Partei Gruppierungen auf, die sich jeweils an die miteinander verfeindeten Flügel der Baath-Partei Syriens und Iraks anlehnten. Panarabisch ausgerichtet war die Arabische Nationale Bewegung, die sich bis in die 1960er-Jahre am charismatischen ägyptischen Staatschef Gamal Abd el-Nasser ausgerichtet hatte, dann aber in zahlreiche Untergruppierungen zerfiel. In der Nationalen Bewegung fügten sich unter dem Drusenführer Kamal Dschumblatt (ab 1977 unter seinem Sohn Walid) an die 50 Gruppierungen locker zusammen, darunter auch die Vorgenannten.

Die palästinensische Bewegung unter der Dachorganisation PLO gliederte sich ebenfalls in verschiedene Splittergruppen auf, von denen sich die Fatah Jassir Arafats seit Anfang der 1970er-Jahre als einflussreichste Teilbewegung durchsetzte. Dieser standen Konkurrenzorganisationen mit radikalerer Ideologie gegenüber: so die marxistisch-leninistisch ausgerichteten PFLP (Popular Front for the Liberation of Palestine) und ihre maoistische Abspaltung DFLP (Democratic Front for the Liberation of Palestine); pro-syrisch ausgerichtet war die palästinensische Bewegung as-Saika. Zudem existierte die Palästinensische Befreiungsarmee, die unter syrischer (Yarmuk- und Hattin-Brigaden), ägyptischer (Jalut-Brigade) und irakischer (Kadeisiah-Brigade) Kontrolle im Bürgerkrieg eingesetzt wurde.

Freilich waren diese Bewegungen »sunnitisch« meist eher dem Namen nach: Ihr Kampf gegen den ethnisch-konfessionellen Gegner im Libanon und gegen Israel (oder ganz generell gegen die USA und den »Westen«) verband sich mit panarabischen und marxistischen Triebkräften. Insbesondere unter den Marxisten befanden sich auch viele Kämpfer christlicher Herkunft. Mit Beginn des Bürgerkrieges 1975 etablierte sich um den iranischstämmigen Imam Musa al-Sadr die schiitische Amal-Miliz, deren Führer drei Jahre später unter ungeklärten Umständen beim Besuch im libyschen Tripolis verschwand. Mit dem israelischen Einmarsch von 1982 erwuchs dieser Bewegung, massiv unterstützt vonseiten des iranischen Revolutionsregimes, mit der Hisbollah eine neue Konkurrenz. Damit trat zum traditionellen ethnisch-konfessionellen Ursprung des Konflikts eine radikal-islamische Dimension hinzu.

I. Historische Entwicklungen

Der Beginn des Bürgerkrieges

Der Bürgerkrieg wurde im April 1975 durch das sogenannte »Busmassaker« christlicher Milizen an Anhängern der PLO ausgelöst. Bereits zuvor, im Februar, hatten meist schiitische Fischer in Sidon gegen die Monopolpolitik des Präsidenten Chamoun protestiert, wobei sich palästinensische Milizionäre an den Ausschreitungen beteiligten. Mitte des Jahres begannen syrisch geförderte Kräfte sich im Land festzusetzen. Ende August brachen Kämpfe in Beirut aus, die nach kurzem Waffenstillstand im Oktober zu einer Schlacht um die Hotelviertel der Innenstadt eskalierten. Am 6. Dezember 1975, dem Schwarzen Sonntag, verübten christliche Milizen blutige Exzesse in Beirut. Von nun an trennte für eineinhalb Jahrzehnte die »Grüne Linie« die Konfliktparteien im vorwiegend christlichen Ostbeirut und mehrheitlich muslimisch bewohntem Westbeirut. Im Januar 1976 begann die Belagerung des im christlichen Ostteil der Stadt gelegenen palästinensischen Flüchtlingslagers Tel al-Zaatar, die sich bis Juli hin-

Die zerstörte Fassade eines Hauses an der sogenannten Grünen Linie, an der die Front zwischen den Konfliktparteien verlief, trägt bis heute die Spuren des Bürgerkrieges der Jahre 1975 bis 1990. Die Aufnahme vom Juli 2005 zeigt ein Wahlplakat mit dem im Februar diesen Jahres (mutmaßlich vom syrischen Geheimdienst) ermordeten libanesischen Geschäftsmann und Ministerpräsidenten Rafiq al-Hariri. Im Vordergrund ist sein Sohn Saad zu sehen, Erbe eines Milliardenvermögens und seit Juni 2005 mit seiner »Rafiq-Hariri-Märtyrer-Liste« Oppositionsführer im Libanon.

zog und von heftigen Kämpfen begleitet wurde. Das führte am 20. Januar umgehend zur Vergeltung durch sunnitische Milizen, die die christliche Bevölkerung in der Stadt Damur massakrierten. Im März griffen sunnitische Armeeverbände den Präsidentenpalast an.

Diese Auseinandersetzungen zogen im Juni 1976 eine syrische Intervention nach sich, die zum Ziel hatte, einen Sieg der politisch links eingefärbten sunnitischen und palästinensischen Milizen zu verhindern. Die Kräfte der sunnitisch-drusischen Nationalen Bewegung schlossen sich demgegenüber enger zusammen. Gleichzeitig deklarierte Israel eine Sicherheitszone südlich des Litani-Flusses. Das syrisch-christliche Zweckbündnis erlahmte, als sich Syrien infolge des Massakers christlicher Milizen im eingenommenen palästinensischen Flüchtlingslager Tel al-Zaatar im August 1976 massiver Kritik vonseiten der arabischen Staaten ausgesetzt sah. Gleichwohl stimmte die Arabische Liga im November einem Abkommen zu, das eine syrische Besatzung im Libanon vorsah. Bis zum Ende des Bürgerkrieges standen von nun an der Nordlibanon, das Bekaa-Tal sowie die Straße von Damaskus nach Beirut unter syrischer Kontrolle. Christliche Milizen kontrollierten das Gebiet nördlich, drusische Milizen das Schuf-Gebirge südostwärts von Beirut, während der Süden und die Stadt Tripolis unter Kontrolle palästinensischer und libanesisch-sunnitischer Kräfte stand. Trotz einer relativen Ruhephase infolge des Waffenstillstands von Oktober 1976 blieb die Zeit bis 1978 von Kämpfen zwischen den christlichen Milizen und syrischen Truppen gekennzeichnet. Währenddessen erfolgten Friedensgespräche in der Stadt Chtaura, und die US-Regierung vermittelte im September 1977 einen weiteren Waffenstillstand.

Im März 1978 griff Israel aktiv in den Konflikt ein. Die seit Mai 1977 amtierende Regierung unter Menachem Begin war nicht mehr länger gewillt, die fortgesetzten Feuerüberfälle und Terroranschläge auf Galiläa und die nördlichen Küstenstädte hinzunehmen. Nachdem am 11. März 1978 an der Küstenstraße ein Terroranschlag der Fatah 37 Israelis das Leben gekostet hatte, besetzte die israelische Armee in der „Operation Litani" den Libanon bis zu diesem Fluss. Aufgrund eines Beschlusses des UN-Sicherheitsrats zum (nur teilweisen) Rückzug gezwungen, installierte Israel eine Miliz unter der Führung des mit seinen

I. Historische Entwicklungen

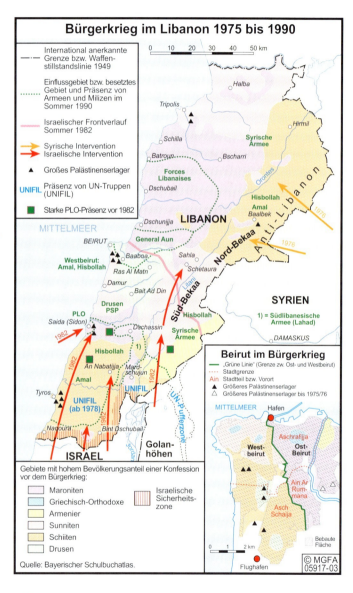

Leuten von der libanesischen Armee desertierten christlichen Majors Haddad. Auch dessen Südlibanesische Armee konnte palästinensische Übergriffe auf Israel nicht verhindern, verwickelte sich dafür aber auch in Gefechte mit den seit Ende März vor Ort befindlichen Blauhelmsoldaten der UNIFIL (vgl. den Beitrag von Thomas Breitwieser).

Währenddessen bekämpften sich im Zentrum des Libanons christliche Milizen und die Nationale Bewegung, dann die verschiedenen christlichen Faktionen untereinander. Infolge eines 1981 von den USA vermittelten Waffenstillstandes blieb die Situation bis 1982 stabil, aber nicht ruhig. Im Frühsommer 1981 wurden christliche Milizen beim Versuch, die Stadt Zahle einzunehmen, ihrerseits von syrischen Truppen eingeschlossen. Im Süden gingen die Kommandoaktionen, Terroranschläge und Feuerüberfälle palästinensischer Kämpfer auf Israel weiter. Zudem hatte sich Beirut zu einem Zentrum des Terrorismus entwickelt, gingen doch von hier Entführungen, Bomben- und Mordanschläge aus. Als am 3. Juni der israelische Botschafter in London nur knapp dem Attentat einer PLO-Gruppierung entkam, löste dies eine massive Vergeltungsaktion Israels aus.

Das Eingreifen Israels und die zweite Phase des Bürgerkriegs

Die israelische Operation »Frieden für Galiläa«, die am 6. Juni 1982 anlief, leitete eine zweite Phase des Bürgerkrieges ein. Zügig besetzte die israelische Armee den Süden des Libanon bis Beirut, wo sie den westlichen, von muslimischen Gruppierungen gehaltenen Teil der Stadt einschloss. Erst nach langer Belagerung erfolgte im August die Evakuierung syrischer Truppen sowie der PLO-Kämpfer aus dem Libanon. Arafat verlegte sein PLO-Hauptquartier nach Tunis, die meisten seiner Kämpfer gingen ins Ausland oder tauchten im Libanon unter. Unter dem Eindruck der israelischen Dominanz wurde Baschir Gemayel zum neuen Präsidenten des Libanon gewählt. Seine Ermordung am 14. September 1982 führte jedoch zur Eskalation der Lage: Mehr oder weniger unter den Augen der israelischen Armee verüb-

I. Historische Entwicklungen

Das Massaker von Sabra und Schatila und der Anschlag auf den US-Stützpunkt in Beirut 1983

Etwa 150 – hauptsächlich falangistische – Milizionäre drangen am Abend des 16. Septembers 1982 in die Flüchtlingslager Sabra und Schatila in Westbeirut ein, um dort vermutete militante Palästinenser zu entwaffnen. Sie verstümmelten, folterten, vergewaltigten und töteten vorwiegend Zivilisten, unter ihnen zahlreiche Frauen, Kinder und Alte. Bis zum Morgen des 18. Septembers fanden zwischen 800 und mehr als 3000 Menschen den Tod.

Am Morgen des 23. Oktobers 1983 erfolgte ein Anschlag auf den amerikanischen Stützpunkt in Beirut. Zwei mit Sprengstoff beladene Lastwagen detonierten vor Gebäuden, in denen Soldaten des US Marine Corps sowie französische Fallschirmjäger der UNIFIL stationiert waren. 241 amerikanische Soldaten, 58 Fallschirmjäger und sechs Zivilpersonen starben. Über die Verantwortung für den Anschlag wird bis heute spekuliert, obwohl verschiedene militante schiitische Gruppen sich dazu bekannten. Wenige Monate später wurden die internationalen Friedenstruppen aus dem Libanon abgezogen.

(mh)

Ansicht des bis heute bestehenden palästinensischen Flüchtlingslagers in Schatila, einem Stadtteil Beiruts: marode Gebäude vor dem Minarett einer Moschee. Aufnahme vom Juli 2007.

ten maronitische Milizen in den palästinensischen Flüchtlingslagern Sabra und Schatila Massaker an den dortigen Bewohnern. Diese Verbrechen sorgten für weltweite Empörung, die sich auch gegen Israel richtete. Der israelische Verteidigungsminister Ariel Scharon, ein glühender Befürworter der Operation, geriet auch innerhalb seines Landes in die Kritik und musste zurücktreten.

Ende September etablierte sich ein multinationaler Verband aus amerikanischen, französischen, italienischen und später auch britischen Soldaten in Beirut. Diese Truppe geriet im Frühjahr

1983 zunehmend ins Visier von Attentätern. Mit Israel wurde im Mai ein Übereinkommen über den Abzug der israelischen Armee erzielt. Im Schuf-Gebirge erstarkten infolge des israelischen Abzugs bald wieder drusisch-sunnitische Milizen, die sich in Gefechte mit den internationalen Einheiten verwickelten. Der Norden des Libanon blieb unter syrischer Kontrolle. Allmählich kehrten palästinensische Kämpfer in das Land zurück, doch hatten inzwischen schiitische Milizen die Lücken besetzt, die die Israelis bei ihrem Rückzug hinterlassen hatten: die Amal-Miliz, später auch die Hisbollah. Der Selbstmordanschlag auf die US-Botschaft am 18. April, der Doppelanschlag von Selbstmordattentätern auf das amerikanische und französische Hauptquartier mit über 300 bzw. 60 Toten ließ das Interesse in der westlichen Öffentlichkeit, aber auch im Kongress der USA an einem weiteren Engagement im Libanon deutlich sinken.

Die dritte Phase des Bürgerkriegs

Im Februar 1984 verließ die multinationale Truppe den Libanon. Währenddessen erfolgte der israelische Rückzug in Etappen. Im Januar 1985 räumte die israelische Armee auch den südlichen Libanon bis auf einen Sicherheitsstreifen entlang der Grenze, in dem sie bis Mai 2000 verblieb. Mit diesen Truppenbewegungen begann eine dritte Phase des Krieges. Nun verschärften sich Machtkämpfe zwischen muslimischen Milizen. Die PLO kämpfte gegen die Amal-Miliz, führte aber auch blutige interne Auseinandersetzungen. Die christlich dominierte libanesische Armee, die die Abschirmung Beiruts von der multinationalen Truppe übernommen hatte, wurde im Februar 1984 von der Amal mit Hilfe drusischer Kräfte aus der Hauptstadt vertrieben. Es folgte ein chaotisches Milizregime. Schließlich wandten sich die vormaligen drusischen Verbündeten gegen die Amal, ebenso die Hisbollah. Unterdessen erhielten die locker zu den »Forces Libanaises« vereinten christlichen Milizen den Konflikt mit drusischen Kräften aufrecht. Von nun an eskalierten auch die Kämpfe zwischen der Amal-Miliz und der PLO.

Im Mai 1985 attackierte die Amal palästinensische Flüchtlingslager und wiederholte diesen Angriff nach einem Waffenstillstand ab Oktober. Erst im Februar 1987 wurde die Belagerung aufgehoben. Gleichzeitig erfolgte ein Gegenangriff drusischer und sunnitischer Milizen auf die Amal. Sowohl die in Bedrängnis geratene Amal als auch der sunnitische Ministerpräsident Raschid Karami riefen nach syrischer Hilfe, um die aus dem Ruder geratenen Verhältnisse zu stabilisieren. Im März 1987 marschierte die syrische Armee erneut in Beirut ein. Damit war deren Vorherrschaft außerhalb der israelischen Sicherheitszone wieder etabliert. Gleichwohl dauerten die Kämpfe weiter an, in deren Verlauf die Amal-Miliz derart zerrieben wurde, dass ihr Führer Nabih Berri ihre Auflösung bekannt gab.

Die letzte Phase des Bürgerkriegs und der Friedensprozess

Nachdem Premierminister Karami am 1. Juni 1987 ermordet worden war, vergab Präsident Gemayel dessen Posten – entgegen den Bestimmungen des Nationalpaktes von 1943 – an den Maroniten General Michel Aoun. Muslimische Gruppen lehnten diese Maßnahme ab und ernannten Salim al-Hoss zum Premierminister. Ab Herbst 1988 konkurrierten damit zwei amtierende Regierungen. Die bis dahin zumindest nominell bestehenden Regierungsinstitutionen waren zerbrochen.

Aoun suchte das staatliche Gewaltmonopol durch eine Zwangsvereinigung der Milizen wieder herzustellen, beginnend mit den christlichen Gruppierungen. Dies rief blutige Kämpfe hervor. Mit irakischer Hilfe versuchte Aoun sodann, einen »Krieg der nationalen Befreiung« gegen die syrische Besatzungsarmee ins Werk zu setzen. Gleichwohl kontrollierte Syrien weiterhin den Norden und den Osten des Libanon. Nun verstärkte die Arabische Liga Anfang 1989 ihre Bestrebungen, eine Lösung herbeizuführen. Im Oktober 1989 wurde im saudi-arabischen Taif ein Abkommen geschlossen, zu dem die noch lebenden bzw. nicht geflohenen libanesischen Abgeordneten der letzten Parlamentswahl von 1972 geladen waren. Ein neuer Verfassungskompromiss schrieb die Gleichberechtigung zwischen Muslimen und Christen durch die Zuerkennung von jeweils 50 Prozent der

Der Bürgerkrieg im Libanon 1975 bis 1990

Parlamentssitze fest. Es blieb bei der konfessionellen Ämterverteilung zwischen Präsident, Ministerpräsident und Parlamentssprecher, wobei die exekutiven Befugnisse des Kabinetts (und somit des Ministerpräsidenten) aufgewertet wurden. Im August 1990 setzten Verfassungsänderungen das Taif-Abkommen um. Wegen des Golfkrieges gegen den Irak von 1990/91 rückte das Land etwas aus dem Blickfeld der Weltöffentlichkeit.

Auch nach dem Abkommen von Taif dauerten die Kämpfe im Libanon an. Allerdings konnte mit der Vertreibung Aouns, der sich zunehmend selbstherrlich gebärdet hatte, eine Phase des Staatsaufbaus eingeleitet werden. Dazu gehörte, dass ab Mai 1991 die Milizen aufgelöst wurden. Deren ehemalige Kämpfer bildeten den Personalkader für die neu formierte, konfessionsübergreifend zusammengesetzte libanesische Armee. Freilich blieb der Libanon für die folgenden eineinhalb Jahrzehnte faktisch ein syrisches Protektorat. Erst die »Zedernrevolution« von 2005 offenbarte ein gewachsenes gesamtlibanesisches Bewusstsein der Bevölkerung, was im Ergebnis zum Abzug der syrischen Truppen führte. Umso stärker war die Enttäuschung über die israelische Invasion im Juli und August 2006, die viele Libanesen als Angriff auf den Libanon insgesamt empfanden.

Der Sommerkrieg offenbarte die verbliebenen Probleme der Destabilisierung: Bezeichnenderweise waren die Hisbollah und die palästinensischen Gruppen von der Entwaffnung der Milizen ausgenommen worden. Während der palästinensisch-israelische Konflikt mit den Intifada-Aufständen von 1987 bis 1993 und ab 2000 seinen Schwerpunkt wieder nach Palästina verlagert hatte, übernahm im Libanon die Hisbollah die einstige Rolle der PLO. Von ihr geht bis heute eine Bedrohung der Nordgrenze Israels aus. Doch insgesamt ist es ihr gelungen, der Bevölkerung in den von ihr dominierten Gebieten das zu geben, wozu der libanesische Staat bis jetzt nur unvollkommen in der Lage war: relative Sicherheit und soziale Infrastruktur für die Bewohner.

Martin Rink

Anhänger der Hisbollah feierten am 14. August 2006 in den Straßen von Beirut das Ende der Kämpfe im Libanon. Viele Libanesen verstanden das durch die Vereinten Nationen vermittelte Ende des israelischen Militäreinsatzes als einen Sieg des Libanons und der Hisbolllah. Im letzten Jahrzehnt ist die Organisation zu einer der tragenden Säulen der libanesischen Gesellschaft geworden. 1982 im Widerstand gegen die israelische Besetzung des Südlibanons gegründet, übernahm die Hisbollah immer mehr Aufgaben des zerrütteten libanesischen Staates. Das Engagement für die »Schwachen und Entrechteten« bescherte ihr großen Zulauf von jungen Palästinensern und hohe Akzeptanz bei den muslimischen Libanesen. Auf dieser Basis agiert die Hisbollah als Befreiungsarmee gegen die »jüdische Bedrohung« aus dem Süden. Die Mittel der Hisbollah-Milizen sind dabei radikal und militant: Zu ihren Methoden gehören gewalttätige Demonstrationen und Überfälle ebenso wie Entführungen, Morde und Attentate.

Der politische Flügel der Hisbollah unter ihrem charismatischen Führer Nasrallah ist im libanesischen Parlament und in der Regierung vertreten. Für den Libanon ist die Hisbollah Fluch und Segen zugleich. Einerseits lindert ihr soziales Engagement – beispielsweise beim Wiederaufbau nach den israelischen Militäroperationen 2006 – die Not der Bevölkerung im Südlibanon. Andererseits haben die militanten Methoden des militärischen Arms der »Partei Allahs« das Land in die schwerste Krise seit dem Bürgerkrieg 1975 bis 1990 gestürzt.

Der libanesische Staat und die Hisbollah seit 1970

Die Libanesische Republik ist mit 10 452 Quadratkilometern nur etwa halb so groß und hat mit 3,9 Millionen ungefähr genauso viele Einwohner wie Rheinland-Pfalz. Sie grenzt im Süden an Israel, im Norden und Osten an Syrien und im Westen an das Mittelmeer. Der Libanon war ab dem Jahr 1516 eine osmanische Provinz. Ähnlich der Herrschaftssituation auf dem Balkan siedelten in der Region von jeher verschiedene ethnische und religiöse Gruppen, die unter osmanischer Hegemonie die meiste Zeit in friedlicher Koexistenz zusammenlebten, allerdings immer wieder unterbrochen von gewaltsamen Auseinandersetzungen.

Nach dem Zusammenbruch des Osmanischen Reiches in der Folge des Ersten Weltkrieges wurde der Libanon ab 1920 französisches Mandatsgebiet. Offiziell unabhängig seit dem 22. November 1943, nahm er an der Seite der Anti-Hitler-Koalition am Zweiten Weltkrieg teil. Im Februar 1945 war der Libanon einer der Mitbegründer der Vereinten Nationen. Die stabile wirtschaftliche Lage und die politische Neutralität ließen das Land in den 1950er- und 1960er-Jahren zu einem florierenden und multikulturellen Gemeinwesen werden – unterbrochen durch einen kurzen Bürgerkrieg 1958. Deshalb wurde es immer wieder als »Schweiz des Orients« und seine Hauptstadt Beirut als das »Paris des Nahen Ostens« bezeichnet.

Dies änderte sich grundlegend, nachdem im September 1970 der bewaffnete Arm der Palästinensischen Befreiungsorganisation (PLO) unter Führung von Jassir Arafat aus Jordanien vertrieben worden war und sich im südlichen Libanon niederließ. In den folgenden Jahren geriet das Land vor allem aufgrund der Feindschaft zwischen der Miliz der christlichen Phalange-Partei und der PLO in die Strudel eines Bürgerkrieges, der von 1975 bis 1990 andauerte. Unterschiedliche ausländische Geldgeber unterstützten immer neue Gruppierungen in ihrem Kampf um die Vorherrschaft im Land. Der Bürgerkrieg wurde zu einer interkonfessionellen Auseinandersetzung und verursachte eine Aufteilung des Territoriums in christliche und muslimische Siedlungsgebiete. Im Verlauf des Konfliktes intervenierten zuerst Syrien im Jahr 1976 und zwei Jahre später Israel. Von 1982 bis 1985 bekämpfte die Israelische Verteidigungsarmee (hebr. Zahal) die PLO auf dem Gebiet des Libanons (vgl. den Beitrag von Andreas Mückusch), bevor sie sich 1985 bis auf eine schmale Sicherheitszone an der Grenze zurückzog. Erst mit dem syrisch-libanesischen Vertrag von 1989 (Abkommen von Taif) begann die Nach(bürger)kriegszeit; eine Zeit des Friedens war damit jedoch noch nicht erreicht. Ab 1989 etablierte sich dann Syrien als Ordnungs- und Besatzungsmacht im Libanon. Diese Phase endete im April 2005 mit dem Abzug der syrischen Truppen aus dem Land. Nach der Entführung israelischer Soldaten intervenierte Zahal letztmalig im Juli und August 2006 im Libanon. Während Bodentruppen hauptsächlich im Süden gegen die Hisbollah zum Einsatz kamen, richteten Luftangriffe im gesamten Land schwere Schäden an.

Gesellschaftliche und politische Strukturen

Die Bevölkerung des Libanon ist seit jeher heterogen, vor allem in religiöser Hinsicht. Etwa 95 Prozent der Libanesen sind arabischer, rund vier Prozent armenischer und knapp ein Prozent sonstiger Abstammung. Hinzu kommen etliche kurdische und über 350 000 palästinensische Flüchtlinge. Die Bevölkerungsmehrheit spricht einen libanesischen Dialekt des Arabischen, Minderheiten sprechen Armenisch, Kurdisch und Aramäisch. Im Libanon gibt es ungefähr 18 Konfessionen. Die religiös gemischte Bevölkerung besteht nach Schätzungen (verlässliche Zahlen gibt es nicht) aus etwa 21 Prozent muslimischen Sunniten und 32 Prozent Schiiten, ca. 25 Prozent maronitischen, jeweils vier Prozent armenischen und griechisch-katholischen Christen sowie jeweils rund sieben Prozent griechisch-orthodoxen Christen und Drusen. Dazu kommt eine verschwindend kleine Gruppe von Juden.

Die Aufteilung der politischen Ämter im Libanon wurde 1943 in einem Nationalen Pakt zwischen maronitischen Christen und sunnitischen Muslimen beschlossen. Danach erhielten die Maroniten das Präsidentenamt, die Sunniten durften den Premierminister stellen, wohingegen sich die Schiiten mit dem wenig einflussreichen Posten des Parlamentssprechers zufrieden geben mussten. Alle weiteren der 128 Sitze im Parlament wurden im Verhältnis 6 : 5 zwischen Maroniten und Sunniten aufgeteilt. Die Grundlage dafür bildete eine bis heute einmalige Volkszählung von 1932. Seitdem blieben demografische Veränderungen unberücksichtigt. Dies wirkt sich vor allem zuungunsten der Schiiten aus, die heute die stärkste Religionsgruppe im Libanon stellen.

Die religiöse Vielfalt des Landes mit all ihren Problemen spiegelt sich auch in sozialen Belangen wider. Von jenen Geldern beispielsweise, welche die Regierung an Wohlfahrtseinrichtungen, Schulen und Krankenhäuser verteilte, profitierten die Schiiten kaum. Deshalb verarmten sie im Laufe der Jahre zusehends. In den 1960er-Jahren wanderten zahlreiche Schiiten aus dem Südlibanon und der Bekaa-Ebene in Richtung Beirut ab, wo sie ihre Benachteiligung noch deutlicher zu spüren bekamen. Eine erste Reaktion war die Gründung der »Bewegung der Entrechteten« 1974 durch Sayyid Musa al-Sadr, der den Schiiten mehr Teilhabe an der Macht versprach. Ein Jahr später entstand die »Amal« (Hoffnung), die sich vom bewaffneten Flügel der Bewegung zu einer politischen Partei mit radikalislamischem Charakter entwickelte. An ihrer Spitze stand der jetzige Parlamentspräsident Nabih Berri, dem man neben Korruption und Prinzipienlosigkeit im Bürgerkrieg Kollaboration mit den israelischen Invasoren unterstellte. Unter anderem aus Protest gegen dieses Verhalten entstand schließlich die Hisbollah.

Zwischen religiösem Dschihad und politischem Mandat

Die Hisbollah hat sich während ihrer schrittweisen Formierung seit 1982 vor allem dem Kampf gegen Israel verschrieben – bis zur »Herrschaft des Islam« über Jerusalem und der Vernichtung des jüdischen Staates. Sie sah ihren Auftrag in der Verteidigung des Libanons gegen die Vormachtstellung Israels, das als regionaler Repräsentant des weltweiten US-Imperialismus betrachtet wird. Auf Basis der Lehre des im Juni 1989 verstorbenen iranischen Revolutionsführers Ayatollah Chomeini soll im Libanon eine islamische Republik entstehen. Ideologisch, logistisch und finanziell wurde der Aufbau der Hisbollah durch den Iran und Syrien unterstützt.

In ihrem Kampf griff die Hisbollah seit 1983 zu immer drastischeren Mitteln, wie beispielsweise Selbstmordattentate gegen westliche Botschaften und militärische Einrichtungen, später Entführungen amerikanischer sowie europäischer Journalisten, Geschäftsleute und Entwicklungshelfer. Obwohl dieses Vorgehen das westliche Bild einer terroristischen Vereinigung noch vertiefte, erzielte die Hisbollah sehr bald erste Erfolge. Im Februar 1984 zog die multinationale Friedenstruppe ab, im Mai 2000 verließen die Soldaten Israels den Libanon. Damit wäre die Mission des »Befreiungskampfes« erfüllt gewesen, hielte man nicht an dem Zwist um ein kleines Landstück im Dreiländereck Libanon, Israel und Syrien fest, die sogenannten Schebaa-Farmen. Diese lagen ursprünglich auf syrischem Territorium und wurden im Sechstagekrieg 1967 von Israel annektiert. Syrien gibt vor, das Gebiet inzwischen an den Libanon abgetreten zu haben.

Karitative Organisation und muslimische Kämpfer

Mit der Gründung der Hisbollah ging ein Prozess der – mittlerweile offiziell so genannten – »Libanonisierung« einher. Hierunter versteht man einen anhaltenden Bürgerkrieg mit innerem Zerfall und ethnischer Kantonisierung eines äußerlich fortbestehenden Staates. Die Hisbollah konnte sich dabei schon bald von dem Ruf befreien, nur ein politisches Instrument Teherans zu sein. Nach der erfolgreichen Teilnahme an den Parlamentswahlen 1992 (sie gewann zwölf der 128 Sitze) verpflichtete sie sich, das von ihr bis dato infrage gestellte politische System anzuerkennen. Die Hisbollah löste sich von ihrem Ziel, einen islamischen Staat zu errichten, und hat sich so zu einer Partei entwickelt, auf deren Liste auch nicht-schiitische Politiker kandidieren können. Die Organisation wird seither im Libanon einerseits bewundert und respektiert, andererseits aber auch als schlagkräftiger Arm anderer Mächte gefürchtet. Ideologisch versteht es die Hisbollah meisterlich, globalen Islamismus, die Verteidigung der Entrech-

Der libanesische Staat und die Hisbollah seit 1970

Die Hisbollah

Die islamistische Hisbollah (arab. *hizb allah*, »die Partei Gottes«) wurde 1982 durch den Zusammenschluss verschiedener schiitischer Gruppen gegründet. Oberste Ziele der Hisbollah sind ein islamischer Gottesstaat im Libanon und die Vernichtung Israels. Als oberste geistliche Autorität wird der iranische Revolutionsführer Seyyed Ali Chameini angesehen. Die Anführer der Hisbollah sind religiöse Gelehrte. An ihrer Spitze steht Sayyid Hassan Nasrallah (geb. 1960). Zahlreiche Länder, darunter die Vereinigten Staaten, sehen die Hisbollah als terroristische Organisation an. Der Europäische Rat hingegen unterstützt zwar Maßnahmen zu ihrer Entwaffnung, qualifiziert jedoch nur einzelne Mitglieder als Terroristen.

Seit 1992 ist die Hisbollah im libanesischen Parlament vertreten und stellt unter anderem den Energieminister. Die Hochburgen der Organisation liegen im Süden des Landes. Nach dem Ende des Bürgerkriegs und dem Rückzug der israelischen Streitkräfte im Jahre 2000 lehnte sie entgegen einer UN-Resolution die Entwaffnung ihrer Milizen ab und griff seitdem wiederholt militärische Ziele im Norden Israels an. Infolge einer bewaffneten Konfrontation zwischen Soldaten der israelischen Armee und Kämpfern der Hisbollah, bei der mehrere Beteiligte getötet und zwei Israelis entführt wurden, kam es im Juli 2006 zum Ausbruch des Kriegs zwischen Israel und dem Libanon. *(ft)*

teten und Unterdrückten sowie nationale Fragen zu vermischen. Sie verfügt über Kaderpersonal, eine ausgereifte Führungsstruktur, gut ausgebildete Führungskräfte und rekrutiert darüber hinaus Informatiker und Ingenieure für ihren breit formulierten »Heiligen Krieg« (Dschihad), der meist im Sinne von »Anstrengung zum Wiederaufbau« kommuniziert wird. Nicht alle Anhänger teilen das Ziel, den bewaffneten Kampf gegen westliche Kulturen und Werte fortzusetzen. Daraus folgten innerhalb der Partei Richtungsstreitigkeiten darüber, ob man sich auf nationale Aufgaben im Libanon beschränken oder mit allen Mitteln das besetzte Jerusalem befreien solle. Nach außen demonstriert die Hisbollah allerdings stets Einigkeit und Stärke.

Sayyid Hassan Nasrallah, seit 1992 Generalsekretär der Hisbollah, gilt als unbestechlich, beständig und authentisch – für libanesische Politiker bemerkenswerte Eigenschaften. Er baute die Partei schrittweise zu einem wesentlichen Machtfaktor im Land aus; zu seinen Anhängern gehören vor allem Schiiten, jedoch auch nicht wenige Christen und Sunniten. Nasrallah betonte öffentlich stets auch die Verbundenheit mit den »palästinensischen Brüdern«. Deren Unterstützung im Kampf gegen Israel zählt zu den festen ideologischen Grundsätzen der Partei.

Die Popularität der Hisbollah in der libanesischen Bevölkerung ist groß. Zum einen verzichtet die Organisation, im Gegensatz zu terroristischen Warlord-Gangs, auf illegale Steuern und Schutzgelder; sie eignet sich weder unrechtmäßig Grundstücke Vertriebener an, noch beteiligt sie sich an Casinogeschäften oder am Drogenhandel. Zum anderen schuf der Iran ein karitatives und infrastrukturelles Netzwerk, auf dessen Basis die Hisbollah sich sozial betätigt und so vor allem für die ärmere Bevölkerung das leistet, was der Staat nicht übernehmen kann. Zahlreiche Wohlfahrtsverbände bieten humanitäre und soziale Dienste an, von der Essens- und Obdachlosenversorgung bis hin zur Vermittlung von Wohnungen, Arbeit und Stipendien. Daneben betreibt die Hisbollah Schulen, Waisen- und Krankenhäuser sowie eine Frauenorganisation. Nach der weitgehenden Zerstörung der Infrastruktur durch israelische Militäroperationen schuf sie Mitte der 1980er-Jahre eine Wiederaufbauhilfe, wobei hochqualifiziertes Personal für Brunnengrabungen, Straßen- und Brückenbauten, die Trinkwasserversorgung oder das Organisieren der täglichen Müllabfuhr zur Verfügung steht. Finanziert wird dies vermutlich auch heute noch weitgehend durch den Iran, aber auch – jenseits des libanesischen Korruptionssumpfes – durch eigene Investitionen sowie die religiös vorgeschriebenen Abgaben der Schiiten: Almosen sowie eine »Chums« genannte Abgabe von einem Fünftel des jährlichen Einkommens, das nicht für den eigenen Lebensunterhalt konsumiert wird.

Mit ihrem Widerstand gegen die israelische Armee konnte die Hisbollah erneut ihre Popularität innerhalb breiter Bevölkerungsschichten steigern. Selbst der Sommerkrieg 2006 (vgl. den Beitrag von Tarik Ndifi) konnte die Libanesen nicht gegen die Hisbollah aufbringen, sondern erfüllte – trotz herber Verluste – die meisten von ihnen mit Stolz auf die militärischen Erfolge dieser Partei. Darüber hinaus verschaffte sie ihrem Führer Nasrallah den Status eines libanesischen Helden und stilisierte ihn zum Vorbild in der arabischen Öffentlichkeit. Er war es auch, der jedem Geschädigten finanzielle Hilfe zusicherte und einmal mehr den Wiederaufbau versprach. Wie schon nach dem Ende des Bürgerkriegs 1990 durfte die Hisbollah auch nach dem Krieg gegen Israel im Jahre 2006 ihre Waffen und damit ihre militärischen Fähigkeiten behalten. Deswegen sieht sie sich heute noch, vor allem auch angesichts der schwachen libanesischen Armee, in der Rolle eines Beschützers vor Israel. Darüber hinaus ist die Organisation regionalpolitisch nach wie vor ein Mittel für Teheran, um in der Nahostpolitik eine wichtige Rolle zu übernehmen. Syrien wiederum nützt die Hisbollah hauptsächlich im Streit um die von Israel besetzten Golanhöhen.

Die abschließende Einordnung der Hisbollah in die vielschichtigen muslimischen und nationalistischen Kategorien des Nahen Ostens bleibt schwierig. Von der US-amerikanischen Administration George W. Bushs als »A-Team des Terrorismus« bezeichnet, von der EU wegen ihres bewaffneten Kampfes kritisiert, wird sie inzwischen auch als demokratisch legitimierte Partei anerkannt. Selbst wenn in aktuellen deutschen Zeitungsberichten häufig der Ausdruck »terroristisch« in Verbindung mit der Hisbollah auftaucht, so ist diese doch weit mehr als eine militärische Gruppierung – nämlich eine Organisation mit vielen Gesichtern. Ihr politisches Gewicht in der unruhigen Nahost-Region wiegt schwer: Im Libanon kann sich kaum etwas an ihr vorbeibewegen. Und vor allem für die Wahrnehmung in weiten Teilen der libanesischen Öffentlichkeit gilt: Des einen Terrorist ist des anderen Freiheitsheld.

Melanie Herwig, Rudolf J. Schlaffer

Das durch die Vereinten Nationen vermittelte Ende des israelischen Militäreinsatzes – im Bild Aufräumarbeiten in Beirut nach einem israelischen Luftangriff am 7. August 2006 – verstanden viele Libanesen als einen Sieg des Libanons und der Hisbollah.

Der Rückzug der israelischen Streitkräfte offenbarte, dass sich auch nach der mehrwöchigen Operation wenig an den Machtverhältnissen im Libanon geändert hat. Die Hisbollah, auf vielfältige Weise unterstützt aus dem muslimischen Ausland, ging nicht wesentlich geschwächt aus den Kämpfen hervor. Innerhalb der konfessionell gemischten libanesischen Bevölkerung bewirkte der israelische Militäreinsatz nicht ihre Isolierung, sondern hatte vielmehr einen Solidarisierungseffekt zur Folge, vor allem aufgrund der umfassenden Zerstörungen der libanesischen Infrastruktur durch die israelischen Bombardements.

Der Sommerkrieg 2006 im Libanon und seine Folgen

Der Libanon war im Sommer 2006 Schauplatz von Auseinandersetzungen zwischen dem Staat Israel auf der einen und der schiitischen Miliz Hisbollah (Partei Gottes) auf der anderen Seite (vgl. den Beitrag von Melanie Herwig und Rudolf J. Schlaffer). Auslöser der Kampfhandlungen im Juli und August 2006 war ein Überfall der Hisbollah auf eine israelische Grenzpatrouille, bei dem am 12. Juli zwei israelische Soldaten entführt und drei weitere getötet wurden.

Der Vorfall an sich stellt – über die Jahre betrachtet – kein außergewöhnliches Ereignis dar. Nachdem sich die Israelischen Verteidigungskräfte (Zahal) im Mai 2000 nach 18 Jahren Besatzung aus der sogenannten Sicherheitszone im Südlibanon zurückgezogen haben, waren schon vor Kriegsausbruch bei Angriffen der Hisbollah 21 Personen, darunter sechs Zivilisten, ein französischer UN-Soldat und 14 israelische Soldaten, ums Leben gekommen.

Bislang hatten sich alle Vergeltungsaktionen im unmittelbaren zeitlichen und regionalen Zusammenhang abgespielt. Auf den Beschuss eines israelischen Grenzpostens folgte unweigerlich der Beschuss einer Stellung der Hisbollah oder eines von deren Nachschublagern. Der militärische Konflikt hatte sich zumindest seit Mai 2000 innerhalb relativ klar definierter Bahnen bewegt. Eine erhöhte Aktivität der Hisbollah war nur kurz vor anstehenden UN-Debatten über die Verlängerung des UNIFIL-Mandats (United Nations Interim Force in Lebanon) zu beobachten. Die Entführung israelischer Soldaten war ein Schritt hin zu einer weiteren Eskalation der ohnehin angespannten Situation, der in der israelischen Öffentlichkeit als neue Bedrohungsform wahrgenommen wurde.

Dennoch hatte niemand eine derart heftige Reaktion des israelischen Staates erwartet. Israel ging mit erheblichen militärischen Mitteln gegen die Hisbollah im Süden des Libanons vor und begründete umfassende Zerstörungen der libanesischen Infrastruktur im gesamten Land damit, dass es den Staat Libanon als Gesamtverantwortlichen für die Lage im Grenzgebiet betrachte, zumal Angehörige der Hisbollah in der Regierung vertreten seien. Selbst der seit 1992 amtierende Hisbollah-Chef Sayyid Hassan Nasrallah gestand ein, die Entführung der beiden Soldaten hätte niemals stattgefunden, wäre das Ausmaß der Gegenreaktion vorher absehbar gewesen. Der damalige libanesische Ministerpräsident Fuad Siniora zog es vor, trotz des Todes von etwa 40 eigenen Soldaten und Polizisten sowie von mehr als 1000 libanesischen Zivilisten durch die israelischen Bombardements keine aktive Gegenwehr zu leisten.

Konfliktebenen

Das proklamierte Ziel der Hisbollah lautet, die von Israel besetzten libanesischen Territorien mit allen Mitteln zu befreien und parallel dazu einen Staat nach islamischem oder vielmehr schiitischem Vorbild zu errichten. Als besetzte Gebiete werden von der Miliz die völkerrechtlich Syrien zugesprochenen Schebaa-Farmen im Westteil der Golanhöhen bezeichnet (zum rechtlichen Status vgl. S. 142 f.). Die Ziele der Hisbollah werden unterschiedlich bewertet. Die Organisation selbst versteht sich zwar als Vorkämpfer einer gesamtislamischen Sache, ist aber, nüchtern betrachtet, bisher relativ isoliert in der islamischen Welt. Selbst die Arabische Liga, der einflussreichste Zusammenschluss islamischer Staaten, hat Israel bereits im Jahre 2002 normalisierte Beziehungen im Gegenzug für einen israelischen Rückzug auf die Grenzen vom 4. Juni 1967, also den Grenzverlauf vor dem Sechstagekrieg, angeboten. Dies käme einer Anerkennung des Staates Israel sehr nahe. Die Vereinten Nationen, die Europäische Union und auch Deutschland haben die Hisbollah nach wie vor nicht als Terrororganisation eingestuft. Daraus ergibt sich, dass jede multinationale Handlung gegen die Gruppierung nicht in den Bereich des Antiterrorkampfes fällt. Israel hingegen hat die Hisbollah auf die Liste der Terrorgruppierungen gesetzt und findet dabei die Unterstützung der USA.

Wichtiger für die Bewertung der Auseinandersetzung sind neben den politischen Zielen – für Israel die Verteidigung des Staatsterritoriums, für die Hisbollah die Beendigung der israelischen Besatzung – vor allem die religiösen Grundüberzeugun-

Der Sommerkrieg 2006 im Libanon

gen, die sich teils zu ausgeprägten Ideologien verfestigt haben. Der israelische Staat wurde zwar auf Basis einer gemeinsamen Religion, des Judentums, gegründet. Konstituierendes Element war aber vor allem die säkulare nationale Idee eines in der Diaspora zerstreuten jüdischen Volkes, das im »Land der Väter« zusammengeführt werden sollte. In den Streitkräften leisten nahezu ausschließlich Soldaten jüdischen Glaubens Dienst. Das verbindende Element der Religion, in erster Linie aber der ihnen anerzogene, spezifische israelische Patriotismus stärken sie darin, den Kampf ebenso geschlossen zu führen wie die Hisbollah. Deren Kampfverbände wiederum haben nur Muslime – fast ausschließlich schiitischer Konfession – in ihren Reihen. Der islamische Glaube beinhaltet die Überzeugung, dass jedem Muslim, der während des »Heiligen Krieges« umkommt (und als solchen versteht die Hisbollah ihren Kampf), der Eintritt ins Paradies sicher ist. Gefallene werden dementsprechend im Familien- und Kameradenkreis als Märtyrer gefeiert und hoch geehrt.

Neben der Auseinandersetzung zwischen Israel und der Hisbollah spielen im Libanon weitere Konfliktfelder eine Rolle, die zum Teil miteinander in Wechselbeziehung stehen. Aufgrund der Vielzahl der regionalen Auseinandersetzungen ist eine auf den Südlibanon beschränkte Bewertung der Sicherheitslage nahezu unmöglich. Dies betrifft beispielsweise die Haltung der Bevölkerung. Der Libanon ist ein multikonfessioneller Staat, der bis auf kleine Minderheiten wie Armenier, Tscherkessen, Kurden oder Europäer ganz überwiegend von Arabern bevölkert ist. Die schiitische Hisbollah wiederum hat nur einen Teil der arabischen Bevölkerung religiös-ideologisch hinter sich. Sie stellt sich dennoch als Vorkämpfer für alle Libanesen dar. Während der Kampfhandlungen seit Juli 2006 kam es zu Spannungen zwischen den verschiedenen Konfessionen. Ein Großteil der Zerstörungen zu Beginn des Krieges traf schiitische Wohngebiete. Flüchtlingsströme zogen jedoch auch durch sunnitische und christliche Stadtviertel, die bisher weitgehend unbehelligt vom Krieg geblieben, nun aber in die Zielauswahl der israelischen Streitkräfte geraten waren. Die Verknappung von Lebensmitteln und Wohnraum führte zunächst zum Verdruss gegenüber der Hisbollah und damit auch gegenüber der schiitischen Bevölkerung. Spätestens mit den israelischen Bombardements christlicher und sunniti-

I. Historische Entwicklungen

Asymmetrische Gewalt im Nahen Osten

Mit dem Begriff der asymmetrischen Gewalt (oder »asymmetrischen Kriegführung«) werden Konflikte bezeichnet, bei denen sich nichtebenbürtige Gegner gegenüberstehen. Meist bezieht sich das auf die Strategie der schwächeren Seite, keine regulären Streitkräfte einzusetzen, sondern den Gegner mit irregulären Kräften an seinen Schwachstellen zu treffen. Als asymmetrischer Ansatz kann aber auch der gezielte Einsatz technologisch weit überlegener Kampfmittel gelten. Anders als im klassisch-europäischen Verständnis von Kriegführung sind hier die Grenzen der Auseinandersetzungen fließend: zwischen innen- und außenpolitischem Konflikt, zwischen Krieg, Bürgerkrieg, Aufstand und Gewaltverbrechen. Wer als »Aufständischer« oder »Terrorist« etikettiert wird, versteht sich selbst als Freiheitskämpfer; wer als Selbstmordattentäter Menschen in den Tod reißt, tut dies nach eigenem Verständnis nicht als (Selbst-)Mörder, sondern als Märtyrer in einem ideologisch legitimierten Kampf.

Wenn die weltweiten Konflikte seit den 1990er-Jahren durch das Verschwimmen der herkömmlichen Grenzen zwischen »Krieg« und »Frieden« gekennzeichnet sind, dann ist der Nahe Osten eine Art Laboratorium dieser Art der Kriegführung. Zahlreiche Beispiele für diese Gemengelage bot der Bürgerkrieg im Libanon von 1975 bis 1990: Neben regulären Armeen (Syrien, Israel) oder Friedenstruppen (UNIFIL, USA oder Frankreich) traten hier ethnisch-konfessionell geprägte Milizen, kriminelle Banden und Familienclans in Erscheinung.

Allerdings war der Nahe Osten schon vorher ein Experimentierfeld asymmetrischer Konfliktformen. So rekrutierte der schiitische Geistliche Scheich Muhammad Izz al-Din al Qassam seit 1911 Gefolgsleute für gewaltsame Aktionen gegen jüdische Siedler und die britische Mandatsmacht (nach ihm benannt sind die Qassam-Raketen der Hisbollah). Zwischen 1936 und 1939 eskalierten die Anschläge arabischer Extremisten zur großen Revolte. Bis zur Gründung des Staates Israel musste sich die britische Mandatsmacht dann auch mit Terrorakten der jüdischen Untergrundbewegung Irgun (Ezel) unter der Führung des späteren Ministerpräsidenten Menachem Begin auseinandersetzen. Palästinensische Guerillabewegungen beriefen sich nach der Staatsgründung Israels bei ihren Aktionen zunächst auf ein arabischnationales Ideengut (so die Fatah); andere Gruppierungen stellten ihren Kampf unter nationale und sozialistische (as Saika), marxistisch-leninistische (PFLP) oder maoistische (DFLP) Vorzeichen. Die palästinensische Zwangsmigration in die Nachbarländer führte ab 1967 zu einer Internationalisierung des Konflikts. Nach der Niederlage der arabischen Staaten im »konventionellen« Sechstagekrieg verstärkte sich der asymmetrische Ansatz in der Konfliktführung. Parallel dazu erfolgte ein Umschwung vom paramilitärischen Guerillakampf (mit dem Ziel der physischen Schädigung der gegnerischen Truppen) hin zu terroristischen Aktionen (mit dem Ziel der Verbreitung von Schrecken – lat. *terror* – beim Gegner und dessen Bevölkerung).

In dieser Hinsicht sind die Terroraktionen der 1970er-Jahre ein fester Bestandteil des israelisch-palästinensischen Konfliktes: So die Attentatsversuche und Flugzeugentführungen, die 1970 zum »Schwarzen September« führten; so der Anschlag auf die israelische Nationalmannschaft bei den Olympischen Spielen 1972 in München. Mit Anfang der 1980er-Jahre traten der arabische Nationalismus und der Marxismus als Legitimationshintergrund gegenüber radikalislamischen Strömungen zunehmend in den Hintergrund. Vor allem islamistische Gruppierungen verfolgten ihre Ziele seit dem Anschlag auf US-amerikanische und französische Soldaten in Beirut von 1983 mit dem Mittel des Selbstmordattentats. Zudem verdichteten sich internationale Kooperationen zu transnationalen Terrornetzwerken. So hatte um 1981 mindestens jeder zehnte deutsche Terrorist eine Ausbildung in einem palästinensischen Lager erhalten. Die 1988/89 entstandene Al-Qaida schließlich ist der Prototyp des transnationalen Terrorismus.

In asymmetrischen Konflikten beeinflussen die Medien nachhaltig die Kriegführung. Die elektronischen Bildmedien Fernsehen und Internet bieten die Möglichkeit, die Anliegen der Konfliktparteien vor der Weltöffentlichkeit darzulegen: Sei es, um eine Intervention von (vorgeblich) verbündeten Kräften zu erheischen; sei es, um durch demonstrative Gewalt, wie Terrorakte oder Geiselnahmen, die Gegenseite, Verbündete oder die Weltöffentlichkeit unter Druck zu setzen.

(mr)

I. Historische Entwicklungen

scher Wohngebiete weit außerhalb der eigentlichen Hisbollah-Hochburgen setzte jedoch ein Stimmungsumschwung ein. Der israelischen Militärführung gelang es nicht, den Libanon nachhaltig zu ihren eigenen Gunsten zu polarisieren, sondern sie trug im Gegenteil zu einem Anwachsen des libanesischen Nationalgefühls und zu einer allgemeinen Solidarisierung gegen die israelische Armee bei. Vorrangiges innerlibanesisches Ziel sowohl der Hisbollah als auch der Zivilbevölkerung ist seit Ende des Krieges der Wiederaufbau des Landes. Der Hisbollah bot sich hierbei die Gelegenheit, als unbürokratische Hilfsorganisation aufzutreten, die tatsächlich an Effektivität und Leistungsvermögen die libanesische Regierung und die Vereinten Nationen bei Weitem übertrifft. Innenpolitisch konnte sich der Libanon jedoch nie völlig erholen. Wenige Monate nach Ende des Sommerkriegs nahm die Gewalt in verschiedenen palästinensischen Flüchtlingslagern – vor allem in Nahr al-Bared – zu, sodass die libanesische Armee sich schließlich im September zum finalen Eingreifen entschloss und trotz einer ursprünglich zugestandenen Selbstverwaltung die Lagerkontrolle übernahm. Bei Kämpfen um das Lager Nahr al-Bared kamen insgesamt schätzungsweise 400 Menschen ums Leben. Wegen innenpolitischer Differenzen traten im November 2006 zahlreiche Minister zurück, womit die Regierung verfassungsgemäß nicht mehr beschlussfähig war.

Im Mai 2008 eskalierte die Gewalt erneut, diesmal allerdings zwischen der Hisbollah als Oppositionspartei und der libanesischen Regierung. Dazu geführt hatte die Entscheidung der Regierung, das Telefonnetz sowie Überwachungskameras der Hisbollah zu demontieren und den Sicherheitschef des Beiruter Flughafens zu entlassen. Seitens der Hisbollah folgte eine »Kriegserklärung« an den libanesischen Staat. Der Organisation kam zugute, dass landesweite Streiks für höhere Löhne in Gange und so bereits Massen mobilisiert waren.

Der folgende bewaffnete Einsatz der libanesischen Streitkräfte gegen die eigene Bevölkerung – erstmals seit dem Ende des Bürgerkrieges vor 18 Jahren – verhalf der Regierung unter Ministerpräsident Fuad Siniora zu einer halbwegs gesichtswahrenden Lösung des Konfliktes. Als einzige nationale Institution trat die Armee konfessionsübergreifend als eine Art neutraler Schiedsrichter in Erscheinung. Am 25. Mai 2008 konnte nach

Der Sommerkrieg 2006 im Libanon

sechsmonatiger Vakanz und nach diplomatischer Initiative der Arabischen Liga der präsidiale Konflikt beendet werden. Der Verfassung folgend wurde ein Christ, der bisherige Armeechef General Michel Suleiman, zum neuen Staatsoberhaupt gewählt. Eine Allparteienregierung billigte der Hisbollah ein Vetorecht bei Kabinettsbeschlüssen zu. Die sicherheitspolitische Lage hat sich seither landesweit oberflächlich beruhigen können, bleibt jedoch angespannt.

Eines der wesentlichen, auslösenden Ereignisse für den Beginn des Sommerkrieges von 2006, die Entführung von zwei israelischen Soldaten durch die Hisbollah, fand im Juli 2008 seinen Abschluss: Die sterblichen Überreste der beiden Soldaten, die mutmaßlich bereits vor oder während der Verschleppung zu Tode kamen, wurden an Israel übergeben. Im Gegenzug kamen der seit fast drei Jahrzehnten inhaftierte und wegen Mordes verurteilte Samir Kuntar sowie vier weitere Hisbollah-Anhänger frei. Daneben wurden fast 200 Leichen getöteter Libanesen und Palästinenser übergeben.

Die Demilitarisierung der Region schreitet hingegen nur langsam voran. Die im Jahre 2004 vom UN-Sicherheitsrat verabschiedete Resolution 1559, welche unter anderem die Auflösung

Anhänger der Hisbollah begrüßen am 17. Juli 2008 in Südbeirut den aus israelischer Haft freigelassenen Samir Kuntar und seine Kameraden.

aller Milizen im Libanon forderte, wurde bisher nicht umgesetzt. Die Hisbollah – wesentlicher Adressat der Resolution – hat bislang weder ihre Waffen abgegeben, noch denkt sie auch nur an Selbstauflösung. Vielmehr hat sie sich neue Legalität zu geben versucht, indem sie sich zu einer Widerstandsorganisation ausrief mit dem Ziel, die Schebaa-Farmen zu befreien. Dieses Ziel und die Organisation insgesamt werden von Syrien nach wie vor unterstützt. Syrien verfügt mit der Hisbollah über ein Instrument, seinen Erzfeind Israel zu bedrohen, ohne dabei selber militärische Präsenz zu zeigen; formal sind beide Staaten seit 1967 im Kriegszustand. Deshalb ist auch mit einer Aufgabe der syrischen Position vorerst nicht zu rechnen – und damit verbunden auch nicht mit einem Ende der syrischen Waffenlieferungen. Im Gegenteil, der syrische Präsident Baschar al-Assad hat darauf hingewiesen, dass eine Entwaffnung der Hisbollah nur unter Berücksichtigung der Gesamtsituation in der Region – namentlich der israelischen Siedlungspolitik und der Besetzung der Golanhöhen – infrage käme.

Der Iran als weiterer wesentlicher Akteur in der Region schließlich steht ideologisch als starker Partner hinter der Hisbollah, versorgt sie ebenso mit Rüstungsgütern und kann auf diese Weise, genau wie Syrien ohne direkte Präsenz, den stets propagierten Kampf gegen Israel führen.

Mittelfristige Perspektiven

Kann der fortgeführte Einsatz der UN-Soldaten – sei es zu Lande oder zur See – die Lage zwischen den Konfliktparteien maßgeblich beeinflussen? Den seit 1978 im Südlibanon stationierten UNIFIL-Truppen ist es bisher nicht gelungen, umfassend deeskalierend zu wirken. Ebenso hat die Patrouillentätigkeit des UNIFIL-Seeverbandes von 2006 bis 2008 zu keinem einzigen aufgebrachten Schiff geführt, das nachweislich Waffen für die Hisbollah geladen hatte. Die Sicherheit der Blauhelmtruppe selbst war ununterbrochen gefährdet, was durch mehr als 200 getötete Soldaten seit Mandatsbeginn nur allzu deutlich wird. Dabei ist allerdings zu berücksichtigen, dass UNIFIL vor der Resolution 1701 (2006) lediglich ein »schwaches Mandat« hatte, das einzig auf eine Beobachter-, nicht aber auf eine Kampfmission zugeschnitten war.

Da weder Syrien noch dem Iran an einer kriegerischen Eskalation mit den Vereinten Nationen gelegen ist, dürften UNIFIL-Truppen kaum durch ein Eingreifen syrischer oder iranischer Militärkräfte bedroht sein. Selbst die entschlossene Entwaffnung der Hisbollah durch reguläre libanesische Kräfte würde voraussichtlich nicht zu einem Eingreifen der beiden Staaten führen. Davon – ebenso wie von einer freiwilligen Selbstentwaffnung der Hisbollah – kann allerdings zur Zeit nicht ausgegangen werden.

Israel behält es sich vor, auch weiterhin Führungspersönlichkeiten der Hisbollah gezielt zu töten und Schlüsselstellungen zu bombardieren. Mit entsprechenden Militäroperationen, die meist zivile »Kollateralschäden« einschließen, ist im gesamten Libanon zu rechnen.

Zwei Entwicklungen könnten die Lage entschärfen. Die libanesische Regierung lehnt es unverändert ab, die Hisbollah gewaltsam zu entwaffnen. In diesem Zusammenhang erscheint es erstens denkbar, die Hisbollah-Milizen in die libanesischen Streitkräfte zu integrieren. Ein anderer Schritt mit großer Wirkung wäre die Rückgabe der Schebaa-Farmen durch Israel. Damit wäre der Hisbollah ein wesentliches Propagandaziel genommen.

Insgesamt stellt sich allerdings die Frage, ob eine begrenzte Konfliktlösung gelingen kann, ohne die äußerst komplexe Gesamtlage der Region zu betrachten. Dies macht die Einbeziehung der offenen Palästinenser-Frage, die Zukunft der annektierten Golanhöhen, eine Regelung der Wasserversorgung der Region und des ungeklärten libanesisch-syrischen Grenzverlaufs ebenso notwendig wie die Anerkennung des Staates Israel.

Mit Stand Oktober 2008 bleibt immerhin festzuhalten, dass seit der Waffenruhe vom 11. August 2006 keine direkten Kampfhandlungen mehr zwischen Israel und der Hisbollah stattgefunden haben. Dies wird aller Voraussicht nach auch so bleiben – zumindest solange jede Seite den Status quo nicht als Schwächung der eigenen Position ansieht.

Tarik Ndifi

Seit 2002 baut Israel an einer fast 760 Kilometer langen und rund 180 Millionen Euro teuren Grenzsperranlage, die das israelische Kernland vom Westjordanland (Westbank) trennen und den unkontrollierten Übergang von Personen verhindern soll. Die umstrittene Grenzbefestigung, die zum Teil mitten durch palästinensisches Siedlungsgebiet verläuft, besteht zum überwiegenden Teil aus einem gesicherten Metallzaun mit Bewegungsmeldern und Wachtürmen, einem Graben, einem geharkten Sandstreifen zum Erkennen von Fußabdrücken sowie aus asphaltierten Patrouillenwegen. Zu beiden Seiten des Zauns erstreckt sich eine 70 Meter breite Sperrzone. Auf etwa 25 Kilometern wurde anstatt der beschriebenen Sperranlagen aus Platzgründen eine bis zu acht Meter hohe Mauer errichtet. Extremistische palästinensische Gruppen haben die schwer gesicherte Grenze in der Vergangenheit wiederholt durch den Bau von Tunneln überwunden, durch die Waffen und Gerät für den Einsatz in Israel transportiert werden.

Die israelische Sperrmauer – im Bild ein Abschnitt bei Bethlehem – symbolisiert das Ausmaß der zwischen Juden und Arabern seit Jahrzehnten bestehenden Spannungen. Für die Entstehung eines selbstständigen Palästinenserstaates, der zur dauerhaften Stabilisierung der Region wesentlich beitragen könnte, fehlen hingegen bislang grundlegende Voraussetzungen.

▰▰▰ Die Grundlagen des Nahostkonflikts

Der Begriff »Nahostkonflikt« ist unscharf. Seinen Kern bildet der Anspruch zweier Nationalbewegungen des 20. Jahrhunderts auf Staatsgründung in Palästina. Im Zusammenhang mit dem Konflikt wird als »Naher Osten« der Raum zwischen dem Libanon im Norden und der Sinaihalbinsel im Süden, dem Mittelmeer im Westen und dem Jordanfluss im Osten verstanden. In ihrem nationalen Anspruch stehen sich der Zionismus, die jüdische Nationalbewegung, und der palästinensische Nationalismus gegenüber. Eine Ausdehnung auf den gesamten Nahen Osten erhielt dieser im Wesentlichen bilaterale Konflikt dadurch, dass sich mit der Staatsgründung Israels im Mai 1948 die Regierungen arabischer Staaten in der Region, insbesondere die unmittelbaren Nachbarn Israels, in den Konflikt um Palästina einmischten. Von Anfang an aber hatte der Nahostkonflikt auch eine internationale Dimension: Mit der Feststellung des britischen Außenministers Lord Arthur James Balfour vom 2. November 1917 gegenüber Lord Lionel Walter Rothschild, dem Präsidenten der Zionistischen Föderation in Großbritannien, dass die britische Regierung die Schaffung einer nationalen Heimstätte in Palästina für das jüdische Volk unterstütze, war Großbritannien Konfliktpartei. Nach dem Ende des Zweiten Weltkrieges hat der Nahostkonflikt auf vielfältige Weise bis in die Gegenwart in die internationale Politik hineingewirkt.

Die Auseinandersetzungen hatten nahezu von Anfang an kriegerisch-militärische Ausmaße. Unumwunden stellt dies der israelische Wissenschaftler und Publizist Tom Segev in seinem Buch »Es war einmal ein Palästina« (dt. Übers. 1999) fest: »Der arabische Aufstand war zwar Ende der dreißiger Jahre gewaltsam unterdrückt worden, aber hatte den Briten klar vor Augen geführt, dass ein Kompromiss zwischen Arabern und Juden unmöglich war. Nur ein Krieg konnte die Machtfrage entscheiden: Wer als Sieger hervorging, würde das Land beherrschen oder zumindest soviel davon, wie er erobern konnte [...] Seit die zionistische Bewegung mit der Absicht nach Palästina gekommen war, einen unabhängigen Staat mit einer jüdischen Mehrheit zu gründen, war ein Krieg unvermeidlich. Dabei deutete alles auf einen langen Krieg hin, der ohne klaren Sieg enden würde« (S. 538). Diese Feststellung ist bis in die Gegenwart zutreffend: Auf die Unabhängigkeitserklärung Israels reagierten die Araber mit einem Überfall auf den jüdischen Staat; Jordanien okkupierte jenen Rest von Palästina, worauf nach der Entscheidung der Vereinten Nationen vom November 1947 eigentlich ein palästinensischer Staat hätte entstehen sollen. Ein solcher neben dem Staat Israel aber ist bis heute nicht entstanden. Und der Krieg im Libanon im Juli und August 2006 ist der bislang letzte im Zusammenhang mit der Frage, wie sich ein Zusammenleben von Juden und Palästinensern auf dem Boden Palästinas organisieren lässt.

Die nationale Frage

Die nationalen Ansprüche der zionistischen Juden und der Palästinenser sind über die Jahrzehnte weder in sich einheitlich noch gleichermaßen nachhaltig gewesen. Die zionistische Bewegung (vgl. die Beiträge von Angelika Timm) gibt ein in sich vielfältig differenziertes Bild ab. Waren säkulare und sozialistische Kräfte bis weit in die Zeit nach der Staatsgründung dominant, so gab es von Anfang an Gruppierungen, die die religiöse Komponente der Rückkehr nach Zion, das heißt den Bezug auf das Alte Testament, in den Vordergrund stellten. Neben pragmatische Kräfte, die den Beschluss der Teilung Palästinas vom November 1947 akzeptierten, traten maximalistische Ambitionen, die den zionistischen Anspruch auf Palästina in einer Staatsgründung auf der Gesamtheit des Bodens Palästinas »zwischen Mittelmeer und Jordan« zu verwirklichen trachteten. Vor allem nach 1967, also nach der Eroberung der gesamten Westbank und Ostjerusalems mit dem für die Juden heiligen Ort der »Klagemauer«, haben diese ihre Vorstellungen im Rahmen der Siedlerbewegung zu verwirklichen gesucht. 1977 stellte mit Menachem Begin erstmals der rechtsorientierte Likud-Block den Ministerpräsidenten, der Siedlungsaktivitäten forcierte. Nach nahezu 40 Jahren kontinuierlicher jüdischer Siedlungsaktivität auf der Westbank ist schwer vorstellbar, wie es zur Gründung eines palästinensischen Staates noch kommen kann. Jerusalem wurde bereits 1980 per Gesetz zur »ewigen und unteilbaren Hauptstadt Israels« er-

Die Grundlagen des Nahostkonflikts

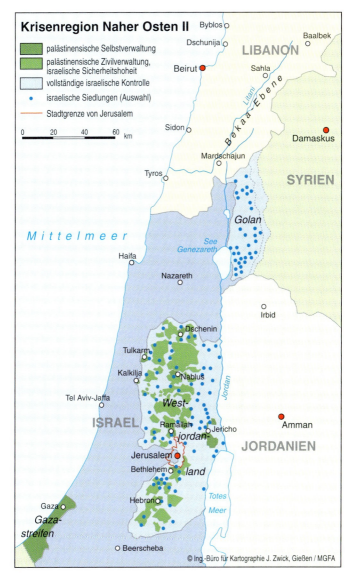

II. Strukturen und Lebenswelten

Palästinensische Flüchtlinge
Neben den besetzten Gebieten und dem Status Jerusalems ist die Frage der Rückkehr der palästinensischen Flüchtlinge und ihrer Nachfahren einer der Hauptstreitpunkte in den Friedensverhandlungen zwischen dem Staat Israel und den Palästinensern. Nach Angaben der UNO flohen bis August 1948 etwa 650 000 Palästinenser aus ihren Wohnorten, nach dem Sechstagekrieg 1967 weitere 300 000. Sie und ihre Nachkommen leben heute in Jordanien, Libanon und anderen arabischen Staaten. Sie gelten offiziell als Flüchtlinge und werden von den Hilfswerken der UNO betreut.

Während Israel bisher kategorisch die Rückkehr der Flüchtlinge ablehnt, benutzen arabische Staaten diese als Druckmittel für ihre Zustimmung zur endgültigen Regelung aller Grenzfragen. Aus israelischer Sicht besteht die Befürchtung, dass die Rückführung palästinensischer Flüchtlinge die Bevölkerungsverhältnisse verändern könnte. Aktuell sind von den sieben Millionen Einwohnern Israels 1,4 Millionen arabische Muslime, Christen und Drusen.

Israel weist darauf hin, dass seit dem Jahr 1948 bis heute insgesamt 900 000 Juden aus arabischen Staaten nach Israel emigriert sind, die ebenfalls Vermögen und Sachwerte verloren hätten; dementsprechend hat Israel die Palästinenser im Ausland lange Zeit als Auswanderer und nicht als Flüchtlinge definiert. Für die Araber hingegen ist deren moralisch-juristisches Rückkehrrecht eine grundlegende Voraussetzung für eine Aussöhnung mit Israel. *(ft)*

klärt; Ostjerusalem wurde annektiert. Damit sollte ausgeschlossen werden, dass Ostjerusalem von palästinensischer Seite zur Hauptstadt eines zu gründenden palästinensischen Staates ausgerufen werden könne.

Auch der palästinensische nationale Anspruch wurde durch das 20. Jahrhundert in unterschiedlicher und unterschiedlich nachdrücklicher Weise artikuliert. Nach der Staatsgründung Israels besetzten jordanische Truppen den den Palästinensern als Staat zugedachten Teil Palästinas. Damit schien ein eigenständiger palästinensischer nationaler Anspruch hinfällig geworden zu sein. Im Übrigen bedienten sich die unterschiedlichen arabischen Regime zwischen dem Mittelmeer und dem Persischen

Die Grundlagen des Nahostkonflikts

Golf der palästinensischen Sache, um ihre eigenen Interessen zu verwirklichen – sei es die Vorherrschaft im arabischen Raum, sei es die Legitimation gegenüber ihrer eigenen Bevölkerung. Das galt auch noch für den ägyptischen nationalen »Führer« Gamal Abd el-Nasser, als er 1964 in Kairo die Palästinensische Befreiungsorganisation (Palestine Liberation Organization, PLO) gründete. Erst dieser gelang es, ab Ende der 1960er-Jahre unter Jassir Arafat, der palästinensischen Frage innerhalb des Nahostkonflikts ein eigenes Profil zu geben. Dies war das Ergebnis eines langen bewaffneten Kampfes, der auch auf terroristische Weise ausgetragen wurde. Auf der Gipfelkonferenz der Arabischen Liga in Rabat im Oktober 1974 wurde die PLO als einzige legitime Vertreterin des palästinensischen Volkes anerkannt (vgl. den Beitrag von Christoph M. Scheuren-Brandes).

Auch die PLO hat es nicht vermocht, die palästinensische Frage im Sinne einer Zwei-Staaten-Regelung zu lösen. Trotz des Friedensprozesses (seit 1991) ging die israelische Besiedelung der Westbank in den 1990er-Jahren weiter. Der Ausbruch des bewaffneten palästinensischen Widerstandes im Herbst 2000, der auch mit terroristischen Angriffen militanter Palästinenser auf israelisches Staatsgebiet geleistet wurde, führte zu israelischen Vergeltungsmaßnahmen, die mit größter Härte durchgeführt wurden. Dabei gab es auch unter der an bewaffneter Konfliktaustragung nicht beteiligten Bevölkerung erhebliche Opfer. Die wirtschaftliche Lage auf der Westbank und im Gazastreifen verschlechterte sich dramatisch. Dies sowie weit verbreitete Korruption unter der säkularen, hauptsächlich von der Fatah-Organisation gestellten Verwaltung ließ islamistische Kräfte stärker werden, die sich seit 1987 unter der Abkürzung ihres arabischen Namens »Hamas« (»Bewegung des islamischen Widerstandes«) organisiert hatten. Damit ist die Frage der Reichweite des palästinensischen Nationalismus wieder aufgeworfen: Geht es noch um die Errichtung eines palästinensischen Nationalstaats an der Seite Israels? Oder wird nicht in islamistischer Lesart das Existenzrecht Israels grundsätzlich zugunsten der Wiedergewinnung des gesamten palästinensischen Bodens, insbesondere auch Jerusalems, im Zusammenhang mit der Schaffung eines »islamischen Staates« infrage gestellt?

II. Strukturen und Lebenswelten

Die internationale Dimension

Der Nahostkonflikt hat von Beginn an wesentlich auch eine internationale Dimension gehabt. Von der Rolle Großbritanniens in Bezug auf die zionistische Bewegung war bereits eingangs die Rede. Großbritannien »übergab« das palästinensisch-zionistische Problem 1947 an die Vereinten Nationen, die Palästina in einen jüdischen und einen arabischen Staat zu teilen beschlossen. Letzterer kam angesichts der Besetzung durch jordanische Truppen nicht zustande. Spätestens seit der Hinwendung der nationalistischen ägyptischen Führung unter Nasser zur Sowjetunion achteten die USA argwöhnisch darauf, dass die Entwicklungen im Rahmen des arabisch-israelischen Verhältnisses die globale Machtbalance nicht zerstörten. Das Jahrzehnt nach dem Zusammenbruch der Sowjetunion im Jahre 1990 sah die Vereinigten Staaten als einzigen *global player* im Konflikt. Zugleich jedoch zeigte sich, dass es Washington nicht vermochte, die Rolle eines ehrlichen Maklers zwischen Israelis und Palästinensern zu spielen. Aus Gründen, die tief in die amerikanische Gesellschaft reichen, gelang es keiner Administration in Washington, auf israelische Regierungen Druck auszuüben, noch den Prinzipien und den Grundlagen der Konfliktregelung zu entsprechen, die bereits 1967 in der Resolution 242 des UNO-Sicherheitsrates niedergelegt worden waren. Ihnen lag die Forderung »Land für Frieden« zugrunde; verstanden wird darunter die Anerkennung des Existenzrechts Israels durch die arabische (und palästinensische) Seite bei gleichzeitigem Rückzug Israels aus 1967 besetzten Gebieten (»from territories occupied in the recent conflict«). Nach dem 11. September 2001 fand die Regierung von Präsident George W. Bush eine weitere Rechtfertigung, nachdrücklich auf Israel als Verbündeten zu setzen. Auch als der israelische Ministerpräsident Ariel Scharon 2005 den Rückzug Israels aus dem ebenfalls 1967 besetzten Gazastreifen verfügte, war Washington nicht bereit, angesichts dieses so wichtigen Schrittes die Einbeziehung der palästinensischen Autonomiebehörde unter dem Nachfolger Arafats, Machmud Abbas, als politischem Partner Israels durchzusetzen. In das entstehende Vakuum drangen nunmehr radikale Elemente der Hamas-Bewegung ein.

Die Grundlagen des Nahostkonflikts

1967 durch Israel besetzte Gebiete
Im Sechstagekrieg von 1967 besetzte Israel große Gebiete in Syrien, Jordanien und Ägypten. Die UN-Resolution 242 forderte die Rückgabe der militärisch gewonnenen Territorien, was Israel aber nur teilweise erfüllte. Die riesige *Halbinsel Sinai* gab Israel zwischen 1974 und 1982 an Ägypten zurück.

Der *Gazastreifen*, an der Westküste des Landes gelegen, stand bis 1967 unter ägyptischer Verwaltung und ist seit dem Abkommen von Oslo 1993 Teil des palästinensischen Autonomiegebietes. Seit dem einseitigen Rückzug Israels vom Juli/August 2005 gibt es dort keine jüdischen Siedlungsaktivitäten mehr. Seit dem Putsch vom Juni 2007 steht das von 1,4 Millionen Menschen bewohnte Gebiet unter Kontrolle der Hamas.

Das *Westjordanland* grenzt im Osten an Jordanien und wurde ebenfalls im Sechstagekrieg erobert. Israel hat dort seit 1967 etwa 120 Siedlungen mit annähernd 240 000 Einwohnern (ohne Ostjerusalem beziehungsweise Großjerusalem) errichtet. Insgesamt leben dort 2,5 Millionen Menschen. Die Organe der palästinensischen Selbstverwaltung werden von der Fatah dominiert.

Jerusalem, das nach der UN-Resolution 181 (II) von 1947 ursprünglich eine internationale Verwaltung erhalten sollte, war bis 1967 geteilt und ist die offizielle Hauptstadt des Staates Israel. Die palästinensische Autonomiebehörde fordert Ostjerusalem einschließlich des Tempelberges als Hauptstadt eines zukünftigen Palästinenserstaates.

Die *Golanhöhen*, ein Hochplateau aus Vulkangestein, liegen auf syrischem Territorium im Süden des Landes. Sie sind militärstrategisch von besonderer Bedeutung. Seit 1967 israelisch besetzt, markieren sie heute die Interimsgrenze zwischen Israel und Syrien. *(bc)*

Zwischen Krieg und Verhandlungen

Die Bemühungen um eine Lösung des Dilemmas zwischen den Palästinensern sowie der – zunächst – zionistischen Bewegung und seit 1948 zwischen den Palästinensern und dem Staat Israel haben unterschiedliche Formen angenommen. Zahlreiche jüdische Stimmen haben mit der einsetzenden zionistischen Besiedlung vergeblich ein Nebeneinander von Juden und Pa-

II. Strukturen und Lebenswelten

Symbolfiguren des Nahostkonflikts: Ariel Scharon und Jassir Arafat

Ariel Scharon und Jassir Arafat haben die jüngere Geschichte im Nahen Osten geprägt wie wenige andere. In ihren Biografien spiegeln sich Strukturen des Nahostkonfliktes. Scharon wurde 1928 als Ariel Scheinermann bei Jaffa als Sohn osteuropäischer Juden geboren, die seit 1920 in Palästina lebten. Er avancierte vom Freiwilligen der zionistischen paramilitärischen Untergrundorganisation Haganah bis zum General der israelischen Streitkräfte und nahm in seiner militärischen Laufbahn an allen bewaffneten Konflikten Israels teil: Im Unabhängigkeitskrieg 1948 führte er eine Infanteriekompanie, Anfang der 1950er-Jahre die Antiterrorformation »Einheit 101«, 1956 im Suezkrieg eine Fallschirmjägerbrigade. Im Sechstagekrieg 1967 und im Jom-Kippur-Krieg 1973 diente Scharon als Divisionskommandeur.

Der bewährte Offizier geriet aufgrund seines brutalen Vorgehens (insbesondere 1953 beim Massaker an arabischen Zivilisten in Quibya) mehrfach in die Kritik. Nach seinem Abschied aus dem aktiven Militärdienst beschritt er einen für viele ehemalige israelische Offiziere üblichen Karriereweg: Er wechselte in die Politik und zog Ende 1973 in die Knesset ein. 1981 wurde er Verteidigungsminister. 1982 ordnete er den Einmarsch in den Libanon an, um dort die von Arafat geführte PLO zu zerschlagen. Zwar erreichte der Angriff mit der Flucht Arafats und der PLO aus Beirut sein militärisches Ziel, doch büßte Scharon durch das von verbündeten christlich-libanesischen Milizen begangene Massaker in den Flüchtlingslagern Sabra und Schatila, woran ihm von offizieller Seite eine Mitverantwortung zugesprochen wurde, stark an Ansehen ein. 1983 musste er

Jassir Arafat (links) und der damalige Außenminister Ariel Scharon während der israelisch-palästinensischen Verhandlungen in Wye Plantation bei Washington am 21. Oktober 1998. Gastgeber war der amerikanische Präsident Bill Clinton.

Die Grundlagen des Nahostkonflikts

schließlich zurücktreten. Eine Konstante seines politischen Wirkens bildete Scharons umstrittene Siedlungspolitik. Als Außenminister besuchte er im September 2000 den Muslimen heiligen Bereich auf dem Tempelberg in Jerusalem. Im Zusammenwirken mit dem festgefahrenen Friedensprozess trug diese Aktion zum Ausbruch der »Zweiten Intifada« (palästinensischer Aufstand) bei. Als Premierminister Israels seit 2001 lehnte Scharon Arafat als Gesprächspartner ab. Gegen starken innenpolitischen Widerstand setzte er 2005 den Abzug der Israelis aus dem Gazastreifen durch. Scharons politische Karriere wurde durch einen Schlaganfall Ende 2005 und ein anschließendes, bis heute anhaltendes Koma beendet.

Jassir Arafat kam 1929 als Mohamed Abdel Raouf Arafat al-Qudwa al-Husseini zur Welt. Sein politischer Werdegang begann 1949 als Student. Arafat diente als junger Offizier in der ägyptischen Armee und nahm am Suezkrieg teil. Mit anderen Aktivisten gründete er 1958/59 die Widerstandsbewegung Fatah, die unmittelbar darauf ihre Anschlagtätigkeit in Israel aufnahm. 1968 erhielt die Organisation nach der Verteidigung eines PLO-Stützpunktes in Jordanien gegen israelische Angriffe großen Zulauf.

1969 übernahm Arafat den Vorsitz der PLO. Die israelische Intervention von 1982 zwang ihn zur Flucht aus Beirut. In seinem daraufhin bezogenen Hauptquartier in Tunis überlebte er 1985 einen israelischen Luftangriff. Nach Jahren des bewaffneten (Untergrund-)Kampfes gegen Israel räumte Arafat 1988 Israel erstmalig ein Existenzrecht ein. Verhandlungen mit der israelischen Seite mündeten 1991 in die Madrid-Konferenz und das Oslo-Abkommen von 1993. Für die dort erzielten Ergebnisse (Autonomievertrag, palästinensische Selbstverwaltung) wurde Arafat gemeinsam mit den beiden israelischen Politikern Schimon Peres und Itzhak Rabin 1994 mit dem Friedensnobelpreis ausgezeichnet. 1996 wählte ihn die palästinensische Autonomieverwaltung zu ihrem ersten Präsidenten. Ende der 1990er-Jahre verschlechterte sich jedoch zusehends das politische Klima. Die Verhandlungen Arafats mit Ministerpräsident Ehud Barak und US-Präsident Bill Clinton in Camp David scheiterten im Jahr 2000. 2002 erklärte die israelische Regierung unter Scharon Arafat zum Feind. Dieser wurde unter Hausarrest gestellt, israelische Angriffe zerstörten sein Hauptquartier. 2004 verstarb Arafat in Paris. *(mp)*

II. Strukturen und Lebenswelten

lästinensern angemahnt. Die Palästinenser haben sich seit den 1920er-Jahren wiederholt bewaffnet gegen die jüdischen Siedler zur Wehr zu setzen gesucht. Zwischen 1948/49 und 2006 sind Kriege zwischen den unmittelbar und mittelbar betroffenen Konfliktparteien ausgetragen worden. Der folgenreichste war der Sechstagekrieg vom Juni 1967, der zu der bis heute anhaltenden Besetzung palästinensischen Landes und der syrischen Golanhöhen führte. Mit der legendären Reise des ägyptischen Präsidenten Anwar as-Sadat im November 1977 nach Jerusalem und seiner Rede vor der Knesset kam es zu israelisch-ägyptischen Verhandlungen, die 1979 zum Abschluss eines bilateralen Friedensvertrages führten. Nicht zuletzt aufgrund des Widerstands radikaler arabischer Regime und der PLO gelang es Sadat aber nicht, den bilateralen zu einem umfassenden Frieden zu machen. Erst mit dem Ende der Sowjetunion, die seit 1956 radikale und »linke« arabische Kräfte unterstützte, begann ein Friedensprozess, der darauf gerichtet war, die doppelte Besetzung arabischer Gebiete durch Israel zu beenden: der palästinensischen Gebiete Westbank und Gazastreifen sowie der syrischen Golanhöhen. Mit der Ermordung des Ministerpräsidenten Itzhak Rabin am 4. November 1995 durch einen jüdischen Extremisten verlor dieser Prozess an Dynamik und an Richtung. Auf palästinensischer wie auf israelischer Seite gewannen radikale Kräfte nachhaltig an Einfluss, denen an einem auf den völkerrechtlichen Resolutionen beruhenden Ausgleich nicht gelegen war.

Der jüdisch-palästinensische Konflikt im Kino: Der israelische Regisseur Eran Riklis drehte »Lemon Tree« 2008 und erhielt dafür den Panorama Publikumspreis der 58. Berlinale. »Lemon Tree« erzählt die Geschichte der palästinensischen Witwe Salma (im Bild: Schauspielerin Hiam Abbass). Ihr Zitronenhain wird plötzlich zum Sicherheitsrisiko und soll abgeholzt werden. Um ihre Bäume zu retten, zieht sie mit einem Rechtsanwalt bis vor den Obersten Gerichtshof Israels.

Im Herbst 2000 veränderte sich einmal mehr der Charakter der Konfliktaustragung. Die palästinensische Seite ging zu Terrorakten auf israelischem Boden über. Israel antwortete mit anhaltenden militärischen Operationen, welche die Lebensgrundlagen der gesamten palästinensischen Bevölkerung dramatisch verschlechterten. Seit 2002 versucht Israel, die »palästinensische Bedrohung« durch die Errichtung einer Mauer zu bannen. In einem Klima von wirtschaftlicher Not und politischem Chaos gingen islamistische Kräfte in die Initiative. Mit dem Krieg im Libanon im Juli/August 2006 brachte die islamistische Hisbollah in einem Stellvertreterkrieg auf eigene Weise ihr Engagement für die Sache Palästinas zum Ausdruck.

Psychologische Auswirkungen

Der Nahostkonflikt hat seit der Gründung Israels weitreichende Auswirkungen auf die arabische Psyche, ja auf die Befindlichkeit weiter Teile der islamischen Welt insgesamt gehabt. Die Staatsgründung Israels wird als »Katastrophe« (arab. *nakba*) wahrgenommen. Sie hat ein tiefsitzendes Gefühl der Unterlegenheit besiegelt, das sich im Zuge der sich seit dem Ende des 18. Jahrhunderts in Politik, Wirtschaft und Kultur unabweisbar herausbildenden Dominanz des Westens entwickelt hat.

Die Palästinafrage, insbesondere seit der israelischen Besetzung der Westbank und Ostjerusalems, bildet auch das Prisma, durch das nicht nur die Araber, sondern auch weite Teile der islamischen Welt den Westen sehen: als eine Macht, die Israel als den Brückenkopf zur Verwirklichung ihrer Interessen, insbesondere an Erdöl und Erdgas, einseitig unterstützt. Das aufgrund des Palästinaproblems tief verwurzelte Misstrauen gegenüber dem Westen hat sich im Verlauf des »Krieges gegen den Terrorismus«, insbesondere der amerikanischen Invasion im Irak von 2003, weiter verschärft. Profitiert haben davon radikale antiwestliche Kräfte weithin in der islamischen Welt. Ohne die Schaffung eines palästinensischen Staates mit der Hauptstadt Ostjerusalem wird sich die entstandene Kluft nicht schließen lassen.

Udo Steinbach

Der Nahe Osten war nicht nur Schauplatz von Auseinandersetzungen zwischen unmittelbar betroffenen ethnischen und religiösen Gruppen. Die Region war auch umkämpfte Interessensphäre: zunächst zwischen den europäischen Kolonialmächten; dann während des Kalten Krieges vor allem der arabischen Länder sowie der Vereinigten Staaten von Amerika und der Sowjetunion. Internationale Spieler wirken bis heute auf vielfältige Weise direkt oder indirekt auf die regionalen Entwicklungen ein, verstärkt durch den Einfluss der jüdischen und palästinensischen Diaspora. Die internationalen Verflechtungen sind einerseits eine große Chance, den stockenden Friedensprozess zu befördern. Andererseits ruft jeder Lösungsansatz außer den direkt Betroffenen auch weitere Interessenparteien auf den Plan, die ihre Belange beeinträchtigt sehen.

Auf der Konferenz in Annapolis am 27. November 2007 brachte die US-Regierung unter George W. Bush (Mitte) die jüngste, sowohl von Israel (links: Ministerpräsident Ehud Olmert) als auch von der palästinensichen Autonomiebehörde (rechts: Präsident Machmud Abbas) gebilligte Initiative für eine Zwei-Staaten-Friedenslösung auf den Weg.

■ Das geopolitische Umfeld des Nahostkonflikts

Der Nahostkonflikt war immer mehr als ein bloßer Lokalkonflikt um jenes kleine Gebiet »Palästina«, wo 1882 die ersten zionistischen Siedler eintrafen, um ihre Vision eines jüdischen Nationalstaates zu realisieren. Bald sahen diese sich einer Gegenbewegung der alteingesessenen arabischen Bevölkerung ausgesetzt. Einiges spricht dafür, dem Konflikt spätestens seit dem Ersten Weltkrieg regionale, ja weltpolitische Bedeutung zuzusprechen. Wenn es im Folgenden darum geht, die externen Akteure und ihre Bedeutung für den Nahostkonflikt nach dem Zweiten Weltkrieg etwas eingehender zu beleuchten, gilt es, einen historischen Einschnitt zu beachten: Der dritte israelisch-arabische Krieg (der Sechstage- bzw. Junikrieg) von 1967 löste auf arabischer Seite einen Wechsel der zentralen Spieler im Nahostkonflikt aus – und damit auch der externen Akteure und deren Rolle. War der Nahostkonflikt zwischen der Gründung des Staates Israel 1948 und dem Junikrieg 1967 im Wesentlichen eine zwischenstaatliche arabisch-israelische Auseinandersetzung, so stellt er sich seitdem im Kern als israelisch-palästinensischer Konflikt dar.

Vom ersten zum dritten Nahostkrieg 1948/49 bis 1967

Der erste israelisch-arabische Krieg 1948/49 begründete ein neues Nahostproblem. Hatte es sich in der Mandatsära um einen gesellschaftlichen Konflikt zweier miteinander konkurrierender Nationalismen innerhalb des von Großbritannien beherrschten Palästina gehandelt, so wandelte sich dieser nun in eine zwischenstaatliche Auseinandersetzung. Anders als von den Vereinten Nationen 1947 in ihrer Resolution 181 beabsichtigt, konstituierte sich zwar Israel als Staat, die palästinensische Nationalbewegung aber wurde völlig aufgerieben und das ihr zugedachte Territorium fiel als Kriegsbeute an Jordanien, Israel und Ägypten. Mit Ausschaltung der mit Flucht und Vertreibung

II. Strukturen und Lebenswelten

konfrontierten Palästinenser als eigenständigen Akteuren rückten die arabischen Staaten, allen voran Ägypten, für zwei Jahrzehnte ins Zentrum des Nahostkonflikts.

Die erfolgreiche Gründung des Staates Israel und die anschließende Konsolidierung in den 1950er-Jahren wurde durch externe Einflussnahme stark begünstigt, wenn nicht erst ermöglicht. Mit entscheidend für Israels Erfolg in seinem Unabhängigkeitskrieg gegen die arabischen Angreifer war sowjetische Unterstützung. Diese war nicht nur im diplomatischen Bereich sehr viel ausgeprägter als die der USA, sondern umfasste auch militärische Hilfe: Während Moskau tschechoslowakischen Waffenlieferungen an Israel den Weg ebnete, hielten sich die USA bis zur Ära Kennedy an das von den Vereinten Nationen über den Nahen Osten verhängte Waffenembargo. Die Sowjetunion sah im Zionismus aufgrund dessen sozialistischer Wurzeln einen potenziellen Verbündeten, dessen Modernität für die von europäischen Kolonialherren geprägten arabischen Monarchien eine fundamentale Herausforderung darstellen würde. Die US-Administration begegnete Israel hingegen mit Ambivalenz: Zwar machte sich Präsident Harry S. Truman aus innenpolitischen und humanitären Gründen für eine Anerkennung Israels stark, das State Department verhinderte aber eine weiterreichende Unterstützung des zionistischen Projekts. Noch unter der Präsidentschaft Roosevelts hatten die USA begonnen, Pläne für den Wiederaufbau Europas zu schmieden. Hierbei spielten das Erdöl und damit gute Beziehungen zur arabischen Welt eine zentrale Rolle. Es sollte bis zum Junikrieg 1967 dauern, ehe Israel in den außenpolitischen Strategien der USA an Bedeutung gewann.

In den 1950er-Jahren überließen es die USA anderen, substanzielle Beiträge für die Konsolidierung des jungen israelischen Staates zu leisten. Nach der durch den stalinistischen Antisemitismus ausgelösten Entfremdung Israels von der Sowjetunion waren die entscheidenden proisraelischen Akteure in den 1950er-Jahren allerdings zumindest US-amerikanische Verbündete. Wesentliche Hilfe im militärischen Bereich leistete Frankreich, dessen Rüstungslieferungen von hoher Bedeutung für den militärischen Sieg Israels im Junikrieg 1967 sein sollten. Zur Stabilisierung des prekären Staatsbudgets trugen Mitte der 1950er-

Das geopolitische Umfeld des Nahostkonflikts

Der Kalte Krieg und die heißen Konflikte im Nahen Osten
Die Ära zwischen 1947 und 1990 war durch den globalen Konflikt zwischen Ost und West, zwischen dem Warschauer Pakt und der NATO und den ihnen jeweils nahestehenden Staaten und politischen Bewegungen beherrscht. Spätestens nach der Stabilisierung der jeweiligen Einflusssphären zwischen 1956 (Ungarn- und Polenkrise) und 1961/62 (Kubakrise, Berliner Mauerbau) standen sich die Machtblöcke in der nördlichen Hemisphäre in einem »eingefrorenen« Konflikt gegenüber, daher die Bezeichnung »Kalter Krieg«. Angeheizt durch die Dekolonialisierung der 1950er- bis 1970er-Jahre tobten in der südlichen Hemisphäre währenddessen sogenannte »Stellvertreterkriege« (so in Korea, Vietnam und vielfach in Afrika). Zu dieser Wahrnehmung passt der massive Einfluss, den die beiden Supermächte auf den Nahostkonflikt ausübten: Die französisch-britische Intervention am Suezkanal von 1956 endete auf Druck der USA und infolge sowjetischer Drohungen. Während des »Schwarzen Septembers« 1970 verlegten beide Supermächte Kräfte in das östliche Mittelmeer. Parallel dazu sprachen ihre politischen Führungen miteinander über das »rote Telefon«. Auch der Oktoberkrieg 1973 zog eine

Das rote Telefon: Der drahtlose heiße Draht zwischen den Führungen in Washington und Moskau lief über die Erdfunkstelle Raisting im bayerischen Landkreis Weilheim-Schongau.

massive Alarmierung von Luftlande- und Marinekräften sowie von Nuklearwaffen nach sich; das trug entscheidend zur Beendigung des Krieges bei.

Betrachtet man die Kriege im Nahen Osten jedoch genauer, so entziehen sie sich der Einordnung als reine Stellvertreterkriege: Oft waren es eher die regionalen Spieler, welche die Großmächte für ihre Interessen einspannten. Das Paradebeispiel hierfür liefert Ägypten,

II. Strukturen und Lebenswelten

dessen diplomatische Wege sich geschickt zwischen Washington und Moskau hin- und herbewegten. Hatte sein Präsident Gamal Abd el-Nasser seine Armee seit den 1950er-Jahren massiv mit Waffen sowjetischer und tschechoslowakischer Herkunft aufgebaut, so forderte sein Nachfolger Mohammed Anwar as-Sadat im Juli 1972 die zahlreichen sowjetischen Militärberater auf, das Land zu verlassen. Auch die israelische Regierung vermochte es über lange Zeit, ihre Interessen mit denen des »Westens« zu verknüpfen: seit dem Oktoberkrieg erfolgt US-Hilfe für Israel. Aber auch die palästinensische Seite instrumentalisierte geschickt die westliche Öffentlichkeit. Gleichwohl bleibt den Großmächten – heute den USA, Russland und zunehmend der Europäischen Union – eine bedeutende Rolle im Nahostkonflikt: Sie können die Intensität der Auseinandersetzungen, etwa durch finanzielle Zuwendungen, Waffenlieferungen oder durch Medien(des)interesse verstärken oder verringern. Zudem wirken sie oft entscheidend auf politische Verständigungsinitiativen hin.

(mr)

bis Mitte der 1960er-Jahre vor allem die sogenannten Reparationszahlungen der Bundesrepublik Deutschland bei.

Die USA waren in den 1950er-Jahren darum bemüht, nicht direkt in den Nahostkonflikt hineingezogen zu werden. Ihren Verbündeten gegenüber stellten sie klar, dass die Ära direkter Kontrolle über den Vorderen Orient in Form des Kolonialismus der Vergangenheit angehöre. Als Großbritannien und Frankreich 1956 in Allianz mit Israel Ägypten angriffen und damit den zweiten Nahostkrieg auslösten, übten die USA massiven diplomatischen Druck auf London aus und zwangen die Kriegsparteien zum Rückzug. Die Sowjetunion hingegen hatte ein strategisches Interesse daran, den Nahostkonflikt dem Magnetfeld des Ost-West-Konflikts auszusetzen und ließ 1955 erstmals Rüstungslieferungen aus der Tschechoslowakei an Ägypten zu.

Mit dem Sechstagekrieg 1967 wurden neue Fakten geschaffen, sodass die USA ihre Balancepolitik im Nahostkonflikt aufgaben. Israels triumphaler Sieg über die von der Sowjetunion hochgerüsteten Armeen Ägyptens und Syriens machten den jüdischen Staat in der Ära des Ost-West-Konflikts gleichsam zu einem natürlichen Verbündeten der USA.

Das geopolitische Umfeld des Nahostkonflikts

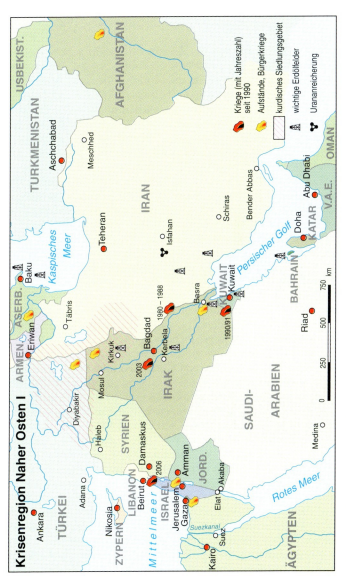

II. Strukturen und Lebenswelten

Externe Akteure seit dem Junikrieg 1967

Mit dem Sechstagekrieg war die Ära vorüber, in der die zentralen Widersacher Israels im Nahostkonflikt Staaten waren: Das Versagen der arabischen Anrainer Israels hatte auch deren Konzept, im Rahmen des Panarabismus als Sachwalter der palästinensischen Interessen aufzutreten, die Grundlage entzogen. Die PLO, die drei Jahre zuvor als Instrument ägyptischer Interessen gegründet worden war, wurde nun unter Führung Jassir Arafats, einer bisher unbedeutenden Randfigur, zu einer autonomen Organisation und zentralen Konfliktpartei gegenüber Israel ausgebildet. Zwar entwickelte sich der Nahostkonflikt nach 1967 rasch von einer israelisch-arabischen zu einer israelisch-palästinensischen Konfrontation. Die USA hatten aber nun zunächst primär die Bedeutung des Nahostkonflikts vor dem Hintergrund der Ost-West-Konfrontation im Visier. Der Oktoberkrieg 1973 zwischen Israel und Ägypten sowie Syrien hatte einigen Beobachtern zufolge die Gefahr eines Weltkrieges heraufbeschworen und führte den USA die Dringlichkeit eines Friedens im Nahen Osten vor Augen.

Kairo war es in den 1950er- und 1960er-Jahren gelungen, die Supermächte gegeneinander auszuspielen und von beiden Seiten Hilfeleistungen zu erhalten. Nachdem aber zum einen die Entspannungspolitik auf globaler Ebene eine Fortsetzung dieser Strategie unmöglich machte und zum anderen die militärische Unterstützung Moskaus die Niederlage gegen Israel nicht verhindern konnte, entschied sich Ägypten für eine Allianz mit den USA. Angesichts des Aufstiegs Israels zum wichtigsten Verbündeten der USA im Nahen Osten setzte dies ein Arrangement mit dem Nachbarn voraus. Unter Vermittlung von US-Präsident Jimmy Carter kam es 1978 in Camp David zu Verhandlungen, die in einen ägyptisch-israelischen Frieden mündeten. Damit war der Ost-West-Konflikt im Nahen Osten zehn Jahre vor dem Zusammenbruch der Sowjetunion entschieden: Deren Einfluss auf die arabische Welt war mit dem ägyptischen Lagerwechsel so geschwächt, dass die westliche Vorherrschaft im Nahen Osten in den 1980er-Jahren nicht mehr ernsthaft infrage stand.

Diesen weltpolitischen Triumph im Nahen Osten bezahlten die USA allerdings damit, nicht mehr unmittelbar auf den neuen

Das geopolitische Umfeld des Nahostkonflikts

zentralen Antagonisten Israels, die PLO, einwirken zu können. Im Vertragswerk von Camp David, das dem Anspruch nach auch den Rahmen für eine friedenspolitische Lösung des Konflikts um die von Israel besetzten Gebiete stecken sollte, fand die PLO nicht einmal Erwähnung. Als eine Organisation, deren Gegner mit der Supermacht USA verbunden war, erkannte die PLO rasch die Notwendigkeit, selbst Alliierte im internationalen System zu rekrutieren. Dies gelang ihr zunächst auf regionaler Ebene: Die Arabische Liga erkannte die PLO bereits 1974 als einzige legitime Vertreterin des palästinensischen Volkes an. Dass sich hinter dieser Formel nicht nur Rhetorik, sondern eine Machtposition der PLO verbarg, musste Ägypten nach seinem Separatfrieden mit Israel erkennen, als es sich in der arabischen Welt einer mehrjährigen Isolationspolitik ausgesetzt sah.

Finanzpolitische Notwendigkeiten waren es, die über die weitere Positionierung der PLO im internationalen System mit entscheiden sollten. Zwar gab es auch Fraktionen in der PLO, die sich an der Logik des Ost-West-Konflikts orientieren wollten, Arafat erkannte aber die begrenzten Potenziale einer solchen Strategie. Sein Konzept eines reinen Nationalismus, das auf jede Positionierung in gesellschaftlichen und wirtschaftlichen Belangen verzichtete, erlaubte es ihm, sich als Nutznießer der Scheckbuchdiplomatie der Golfstaaten zu empfehlen. Dies wiederum stärkte die Position Arafats, der die PLO zu einer Staatsbürokratie ausbaute. Zur Staatlichkeit fehlten der Organisation nur das Territorium und das damit verbundene Recht zur Steuererhebung; dieses Defizit sollten Saudi-Arabien und Kuwait bis Anfang der 1990er-Jahre durch ihre Hilfszahlungen jedoch kompensieren.

Die wachsende regionalpolitische Bedeutung der PLO machte die Organisation auch als Partner für Akteure attraktiv, die durch die »spezielle Beziehung« zwischen Israel und den USA jeglichen Einfluss auf die Region des Nahen Ostens zu verlieren drohten. Dazu gehörten neben den Vereinten Nationen, die der PLO 1974 Beobachterstatus verliehen, vor allem die Staaten Westeuropas. Vor diesem Hintergrund sollten sich die ersten außenpolitischen Gehversuche der Europäischen Gemeinschaft (EG) in Form der 1971 aufgenommenen Europäischen Politischen Zusammenarbeit (EPZ) auf den Nahen Osten konzentrieren. Mit der Erklärung von Venedig aus dem Jahre 1980 setzte die EG auf diplomatischer Ebene einen deutlichen Kontrapunkt zu den USA: Erstmals handelte ein Akteur, der nicht aus der Dritten Welt stammte, die Palästinafrage nicht als bloßes Flüchtlingsproblem ab – und anerkannte die palästinensische Gesellschaft als Volk.

Auf dem Weg zur Zweistaatlichkeit?

Neben verschiedenen inneren Entwicklungen war es zu Beginn des 21. Jahrhunderts ein zentraler regionaler Faktor, der den Beginn einer möglichen Transformation des israelisch-palästinensischen Konflikts in die friedliche Koexistenz zweier Staaten markierte: Nach der irakischen Annexion Kuwaits 1990 verprellte Arafat aufgrund seiner lavierenden Haltung Saudi-Arabien und Kuwait, die ihre Zahlungen an die PLO einstellten. Den drohenden finanziellen Kollaps der Organisation konnte die PLO nur abwenden, indem sie die Offerte der westlichen Welt aufgriff, im Falle einer Verständigung mit Israel den Aufbau einer eigenständigen, von der PLO getragenen palästinensischen Verwaltungsstruktur zu finanzieren. Der Osloer Friedensprozess von 1993, an dessen Zustandekommen und Entwicklung ursprünglich weder die USA noch die EU Anteil hatten, ermöglichte die Realisierung dieses Projekts.

Die externe Unterstützung für den israelisch-palästinensischen Friedensprozess war erheblich. Aus Sicht der USA bot ein mögliches Ende der israelischen Besatzung Palästinas die Chance, eine zentrale Quelle des in der arabischen Welt verbreiteten Antiamerikanismus auszutrocknen. Die EU wiederum sah für sich die historische Chance, über die finanzielle und logistische Förderung des palästinensischen Staatsaufbaus eine eigenständige Rolle im Nahen Osten zu spielen – und dies unter dem wohlwollenden Auge sowohl der USA als auch Israels.

Der Osloer Friedensprozess scheiterte primär an internen Widersprüchen; allerdings übten die EU, vor allem aber auch die USA in entscheidenden Phasen zu wenig konkreten Druck auf die Konfliktparteien aus. Nach Beginn der Al-Aksa-Intifada im September 2000 und dem Zusammenbruch des Friedensprozesses taten sich insbesondere die USA schwer, grundlegende

Das geopolitische Umfeld des Nahostkonflikts

Maßnahmen für dessen Wiederbelebung einzuleiten. Im beginnenden 21. Jahrhundert standen die Irakpolitik und der Antiterrorkampf so stark im Vordergrund der US-Politik gegenüber dem Vorderen Orient, dass Initiativen im Konflikt um die von Israel besetzten Gebiete – insbesondere auch der »Fahrplan« (Road Map) des Nahostquartetts USA, EU, Russland und Vereinte Nationen – kaum mehr als eine Alibifunktion besaßen.

Erst der überraschende Ausgang der demokratischen Parlamentswahlen in Palästina entfachte eine neue Dynamik. Die palästinensischen Meinungsforschungsinstitute hatten der jahrzehntelang von Arafat geführten Mehrheitsfraktion der PLO, der Fatah, für die Wahlen am 25. Januar 2006 einen – wenn auch eher knappen – Wahlsieg vorausgesagt. Es gewann aber eindeutig die Hamas, die sich mit 74 von 132 Sitzen eine komfortable Mehrheit im palästinensischen Legislativrat sicherte. Der Westen reagierte schockiert und kam der Forderung Israels nach, die Hamas als Regierungspartei umfassend zu isolieren. Rasch betonte die USA, eine von der Hamas geführte Regierung nur anerkennen zu wollen, wenn diese einseitig einen umfassenden Gewaltverzicht erkläre sowie das Existenzrecht Israels und das Osloer Vertragswerk uneingeschränkt akzeptiere. Dem schloss sich die EU an und verkündete im April 2006, all jene Hilfszahlungen auszusetzen, auf die die Hamas direkten Zugriff gehabt hätte, und keine Kontakte zu Mitgliedern der Hamas in der Regierung zu unterhalten. Der Boykott schloss Ministerpräsident Ismail Haniyya ein, sodass sich die westliche Verbindung zur palästinensischen Autonomiebehörde nun weitgehend auf Machmud Abbas konzentrierte, der nach dem Tod Arafats im November 2004 die Führung der PLO übernommen hatte und im Januar 2005 mit klarer Mehrheit zum Präsidenten gewählt worden war.

Die westliche Isolationspolitik gegenüber der Hamas trug dazu bei, dass sich die Fatah trotz Wahlniederlage dazu ermutigt fühlte, die Schaltstellen der Macht in den palästinensischen Autonomiegebieten besetzt zu halten. Dies wiederum war einer jener Faktoren, der die Hamas dazu brachte, im Juni 2007 im Gazastreifen zu putschen und dort die Fatah vollständig zu entmachten. Daraufhin erklärte Präsident Abbas Ministerpräsident Haniyya für abgesetzt und schloss die Hamas faktisch von der Herrschaft im Westjordanland aus.

II. Strukturen und Lebenswelten

Der Westen erkannte die von Abbas eingesetzte Regierung unter Führung von Salam Fayyad ohne Zögern an und griff auf die in den 1990er-Jahren eingesetzten Verfahren zurück, um die palästinensische Führung im Westjordanland zu stärken: massive finanzielle Unterstützung und Förderung eines Friedensprozesses mit Israel. Höhepunkte dieser Bemühungen bildeten die Konferenzen von Annapolis und Paris im November und Dezember 2007. In Annapolis initiierte die Regierung der USA mit großem diplomatischem Aufwand ein Treffen des israelischen Ministerpräsidenten Ehud Olmert mit Abbas, das in eine gemeinsame Erklärung mündete, in der noch vor Ablauf des Jahres 2008 die Errichtung eines friedlich mit Israel koexistierenden palästinensischen Staates avisiert wurde. Im darauffolgenden Monat sagte die Staatengemeinschaft in Paris Abbas eine auf drei Jahre verteilte Summe von 7,4 Milliarden US-Dollar an Hilfsgeldern zu.

Mitte 2008 sind Israel und die PLO nach wie vor weit von einer endgültigen Einigung entfernt, und auch die Spaltung der palästinensischen Autonomiegebiete in »Hamasland« und »Fatahland« ist nicht überwunden. Bis dato war die Politik der internationalen Gemeinschaft nur bedingt dazu geeignet, einen Beitrag zur Lösung der vertrackten Situation zwischen Israel und Palästina und der inneren Spaltung in Palästina zu leisten; mitunter verstärkte die westliche Politik die negativen Tendenzen sogar. Washington hat die Konfliktparteien zu einer neuen Friedensinitiative gedrängt, zu der die beiden Parteien angesichts des politischen Gewichts der USA schwerlich nein sagen konnten. Ob der Zeitpunkt aber wirklich günstig gewählt war, kann bezweifelt werden: Die palästinensische Führung unter Abbas und Fayyad genoss zwar das Vertrauen des Westens, die Legitimität in der eigenen Bevölkerung aber war prekär. Auch der israelischen Regierung fehlte es angesichts der massiven innenpolitischen Kritik am Sommerkrieg 2006 gegen die Hisbollah und den persönlichen Verstrickungen Olmerts in Korruptionsskandale an Stärke im Inneren. Dessen außenpolitische Aktivitäten wurden deshalb auch im eigenen Land zunehmend als Aktivismus betrachtet, der von den eigentlichen Problemen ablenken sollte. Auf palästinensischer Seite wiederum wurde der Rückhalt der PLO zugunsten der Hamas durch den fortgesetzten israelischen Siedlungsbau in den palästinensischen Gebieten weiter geschmälert.

Finanzielle Unterstützung für die palästinensischen Gebiete und die Förderung eines israelisch-palästinensischen Friedensprozesses gehören sicherlich zu den vornehmen diplomatischen Aufgaben der internationalen Gemeinschaft: Ohne nachhaltige westliche Unterstützung erscheinen die Erfolgsaussichten für einen israelisch-palästinensischen Friedensprozess sehr gering. Allerdings sollte aus dem Scheitern in der Vergangenheit für die Zukunft die Konsequenz abgeleitet werden, sehr viel Mühe auf das Design eines Friedensprozesses und die Förderung guter Rahmenbedingungen zu legen. Führt ein Friedensprozess nämlich nicht zum Erfolg, so ist die daraus entstehende Situation in der Regel schlechter, als hätte keiner stattgefunden: Ein gescheiterter Friedensprozess schwächt Vertrauen und Hoffnung auf Frieden – zwei Voraussetzungen, die für eine erfolgreiche Friedensinitiative von höchster Bedeutung sind.

Martin Beck

Italienische Blauhelmsoldaten mit Amphibienfahrzeugen passieren am 2. September 2006 ein Dorf im Süden Libanons. Die Vereinten Nationen sind im Nahen Osten seit der Gründung des Staates Israel präsent. Mit der United Nations Truce Supervision Organization (UNTSO) begann 1948 die Geschichte der Waffenstillstandsbeobachtermissionen. Eine United Nations Emergency Force (UNEF I) 1956 war – gefolgt von UNEF II 1973 – die erste militärisch geprägte Peacekeeping Force. Bürgerkriegsähnliche Zustände im Libanon führten 1958 zur Einsetzung der United Nations Oberserver Group in Lebanon (UNOGIL), der Jom-Kippur-Krieg 1973 zur Installierung der United Nations Disengagement Observer Force (UNDOF) 1974. Seit 1978 ist die United Nations Interim Force in Lebanon (UNIFIL) im Süden des Landes stationiert; sie soll unter anderem helfen, eine effektive Staatsgewalt wieder aufzubauen. Nach dem zweiten Libanonkrieg im Juli und August 2006 wurde UNIFIL auf mehr als 13 000 Mann aufgestockt – und erstmals in der Geschichte der Vereinten Nationen gibt es seitdem Blauhelmsoldaten auf Kriegsschiffen, darunter auch die des deutschen Marinekontingents.

▰ Konfliktlösung der Vereinten Nationen

Der Konflikt zwischen Israel und seinen arabischen Nachbarn sowie den Palästinensern beschäftigt die Vereinten Nationen (United Nations, UN) seit ihrer Gründung im Jahre 1945; er hat sich auf die Entwicklung der Konfliktregelung der Weltgemeinschaft unmittelbar ausgewirkt. So sind unter anderem das United Nations Special Committee on Palestine (UNSCOP) und das Committee on the Exercise of the Inalienable Right of the Palestinian People (CEIRP) als Unterorgane der Generalversammlung, die Division for Palestinian Rights (DPR) in der Hauptabteilung für politische Angelegenheiten des Sekretariats der UN, die United Nations Relief and Work Agency for Palestine Refugees in the Near East (UNRWA) und das United Nations Information System on the Question of Palestine (UNISPAL) geschaffen worden. Neben diesen am Hauptsitz der UN in New York errichteten Institutionen gibt es deren Vertretungen in den Ländern des Nahen Ostens sowie insgesamt sechs, teils beendete, teils noch laufende UN-Operationen und -Missionen, die Gegenstand der folgenden Ausführungen sind.

United Nations Truce Supervision Organization (UNTSO)

Mit der Einrichtung der UNTSO beginnt die Geschichte der Waffenstillstandsbeobachtermissionen der UN. Am 14. Mai 1948 wurde die Gründung des Staates Israel proklamiert. Als Reaktion darauf überschritten noch in der folgenden Nacht Truppen Ägyptens, Transjordaniens, Syriens, Libanons und Iraks die Grenzen des früheren britischen Mandatsgebietes Palästina. So wurde aus dem gewaltsamen Palästinakonflikt ein internationaler bewaffneter Konflikt. In den Resolutionen 49 und 50 vom 22. bzw. 29. Mai 1948 forderte der UN-Sicherheitsrat alle am Krieg beteiligten Staaten auf, ihren Truppen die Feuereinstellung zu befehlen. Zudem setzte er Militärbeobachter zur Unterstützung der zuvor geschaffenen Waffenstillstandskommission und des

II. Strukturen und Lebenswelten

UN-Vermittlers für Palästina ein. Auf die Entsendung einer UN-Friedenstruppe konnten sich die Mitglieder des Sicherheitsrates nicht verständigen. So kam es, dass der als Vermittler für Palästina bestellte schwedische Adelige Graf Folke Bernadotte sich ein eigenes Beobachterteam zusammenstellen musste: je 21 Angehörige der in der Waffenstillstandskommission vertretenen Staaten Belgien, Frankreich und USA, vier schwedische Stabsoffiziere sowie Generalleutnant Thord Bonde als Chef des Stabes. Darüber hinaus entsandten die USA zehn Mann Unterstützungspersonal, und der UN-Generalsekretär stellte 51 Mann Sicherheitspersonal zur Verfügung, die eigentlich das UN-Hauptquartier hätten bewachen sollen. Daraus lässt sich ersehen, wie schwierig es war, eine solche nicht unmittelbar von der UN-Charta vorgesehene Organisation aufzustellen. Die später UNTSO genannte Organisation richtete ihr Hauptquartier zunächst in der israelischen Hafenstadt Haifa ein: Aufgaben und Kompetenzen sollten sich eindeutig von der in Jerusalem residierenden Waffenstillstandskommission unterscheiden; der Palästinavermittler verlegte seinen Sitz von Jerusalem auf die griechische Insel Rhodos.

UNTSO existiert auch heute noch. Das Hauptquartier befindet sich in Jerusalem, während die Beobachtergruppen in Sektoren an den Grenzen Israels zu Libanon und zu Syrien sowie auf der Sinaihalbinsel stationiert sind. Zudem unterhält UNTSO Verbindungsbüros in der libanesischen Hauptstadt Beirut und der syrischen Hauptstadt Damaskus. Die UN haben die Stationierung von UNTSO auf dem Sinai trotz des ägyptisch-israelischen Friedensvertrages von 1979 nicht aufgegeben. Bis 1956 waren die UNTSO-Beobachter nur an einer Armbinde als Soldaten im Auftrag der UN zu erkennen. Seither tragen sie ihre nationale Uniform, dazu ein Halstuch sowie Barett oder Helm im typischen Blau der UN. Das macht sie weithin erkennbar, schützt aber nicht immer vor Übergriffen. Die Beobachter sind unbewaffnet, müssen also bei jeder neu aufflammenden Feindseligkeit evakuiert werden.

Besondere Bedeutung kam UNTSO in den Waffenstillstandsvereinbarungen nach dem Sechstagekrieg im Juni 1967 zu. Der Chef des Stabes der UNTSO, damals Generalleutnant Odd Bull aus Norwegen, handelte jene Demarkationslinie zwischen Syrien und Israel aus, die der UN-Sicherheitsrat später mit der Resolution 236 (1967) bestätigte. Weil auf dem Sinai keine UNTSO-Beobachter stationiert waren, erarbeitete der UN-Sicherheitsrat ein Konsenspapier – keine Resolution –, auf dessen Grundlage der UN-Generalsekretär den Chef des Stabes der UNTSO bat, mit den Konfliktparteien Ägypten und Israel die notwendigen Abkommen für eine Stationierung der UNTSO entlang des Suezkanals auszuhandeln. In der Folge konnten dort 90 Soldaten aus sechs Ländern stationiert werden.

Die UN sahen und sehen in UNTSO immer auch eine Personalreserve, wenn für ein rasches Tätigwerden erfahrenes Personal benötigt wird. Einerseits unterstützte UNTSO die später in der Region eingerichteten Operationen und Missionen der UN, auf die noch einzugehen sein wird. Andererseits waren UNTSO-Angehörige auch in ganz anderen Regionen und Erdteilen eingesetzt, etwa 1960 unter dem Mandat der ONUC im Kongo, 1963 für UNYOM im Jemen, 1989 in Mittelamerika für ONUCA und für UNAVEM in Angola, schließlich 1992 für UNPROFOR im ehemaligen Jugoslawien und für UNOMOZ in Mosambique.

United Nations Emergency Force (UNEF I)

Während UNTSO eine reine Beobachtermission darstellt, war UNEF I die erste friedenserhaltende Streitkraft. Mit UNEF I begann das militärisch geprägte Peacekeeping.

In den bewaffneten Konflikt um den Suezkanal im Herbst 1956 waren neben Israel auch die beiden ständigen Mitglieder des UN-Sicherheitsrates und Vetomächte Frankreich und Großbritannien verwickelt. Daher war der Sicherheitsrat unfähig, den Konflikt selbst beizulegen. Resolutionsentwürfe der USA und der Sowjetunion zur Konfliktbeendigung scheiterten jeweils an den Vetos Frankreichs und Großbritanniens. Da ein Veto jedoch nicht in Fragen der Geschäftsordnung und des Verfahrens eingelegt werden kann, kam der Sicherheitsrat am 30. Oktober 1956 auf Grundlage der Resolution 377 (V) der UN-Generalversammlung vom 3. November 1950 (»Uniting for Peace«-Resolution) überein, eine Notfallsitzung der Generalversammlung zu beantragen. Nach mehreren Sitzungstagen beschloss dieses Gremium, in dem *kein* Mitglied ein Vetorecht besitzt, am 4. November 1956

II. Strukturen und Lebenswelten

Kriseninterventionstruppen

UN-Generalsekretär Dag Hammarskjöld stellte Mitte der 1950er-Jahre in zwei Berichten an die UN-Generalversammlung Kriterien für die Zusammensetzung, die Funktion und das Mandat von Kriseninterventionstruppen vor, für die es bis dahin weder ein Vorbild noch eine unmittelbare Rechtsgrundlage in der UN-Charta gab. Hammerskjölds Prinzipien prägten bis in die 1990er-Jahre die Blauhelmeinsätze der UN. Nur wenige Kernsätze seien an dieser Stelle erwähnt:

● Der Kommandeur einer Blauhelmtruppe wird von den UN ernannt und ist nur der Generalversammlung oder dem Sicherheitsrat gegenüber verantwortlich. Von den Interessen seines Herkunftslandes oder einzelner Mitgliedstaaten ist er unabhängig. Er berichtet an den UN-Generalsekretär.

● Die Soldaten sollen aus UN-Mitgliedstaaten stammen, die nicht im Sicherheitsrat vertreten sind. In Ausnahmefällen können nicht-ständige Mitglieder dieses Gremiums Truppen zur Verfügung stellen.

● Der Kommandeur hat das operative Kommando (operational command, OPCOM) für die Verlegung und Stationierung der Friedenstruppe sowie für die Durchführung des Auftrages. Die nationalen Kontingente stehen unter dem Befehl der jeweiligen nationalen Kommandeure und bleiben Angehörige ihrer Streitkräfte. Die Kommandeure empfangen ihre operativen Weisungen vom Kommandeur der Friedenstruppe und haben sie umzusetzen. Die UN üben die operative Kontrolle (operational control, OPCON) über die Friedenstruppe aus.

● Der Staat, auf dessen Gebiet die UN-Truppe eingesetzt ist (= Aufnahmestaat), und die Konfliktparteien dürfen keinen Einfluss auf die Zusammensetzung der Friedenstruppe nehmen.

● Die Friedenstruppe wird nur vorübergehend und nur im Einverständnis mit dem Aufnahmestaat im Konfliktgebiet stationiert und darf die Kräfteverhältnisse in der Region nicht beeinflussen.

● Die Friedenstruppe hat sich strikt an das vom Sicherheitsrat oder von der Generalversammlung erteilte Mandat zu halten und ist auf die Zusammenarbeit mit den staatlichen Institutionen im Stationierungsraum angewiesen.

● Sie ist unparteiisch, nicht neutral (Grundsatz der impartiality).

die Resolution 998 (ES-I). Der Klammerzusatz macht deutlich, dass es sich um eine Resolution aus der ersten Notfallsitzung (emergency session) und nicht um den Beschluss einer regulären Sitzung der UN-Generalversammlung handelt. Mit dieser Resolution, der im Übrigen noch drei weitere folgten, wurde der UN-Generalsekretär beauftragt, binnen 48 Stunden einen Plan zur Aufstellung einer Kriseninterventionstruppe vorzulegen. Diese sollte »die Beendigung der Feindseligkeiten sichern und überwachen«. Zum Kommandeur der Truppe bestellte die UN-Generalversammlung mit der Resolution 1000 (ES-I) am 5. November 1956 den Chef des Stabes der UNTSO. Aus den Kriterien der Zusammenarbeit mit den Institutionen im Stationierungsraum entwickelte sich das Konzept der Stationierungsabkommen (Status of Forces Agreement, SOFA). Zur näheren Ausgestaltung des Mandats wurden Einsatzregeln (Rules of Engagement, ROE) und für den internen Betrieb die ständigen Verfahrensrichtlinien (Standing/Standard Operation Procedures, SOP) erlassen. Dies sind allgemein akzeptierte Verfahren, die heute auch in anderen Systemen gegenseitiger kollektiver Sicherheit angewendet werden.

Dag Hammarskjöld selbst war es, der für UNEF I und alle späteren Friedenstruppen der UN das Blaue Barett und den Blauen Helm schuf. Auf diese Weise waren die Soldaten trotz ihrer jeweiligen nationalen Uniformen unverwechselbar als Angehörige der UN erkennbar. Die Angehörigen der UNEF I waren nur leicht bewaffnet und durften Gewalt ausschließlich zur Selbstverteidigung und im Falle eines unmittelbar gegen sie gerichteten Angriffs anwenden. In ihrem Stationierungs- und Einsatzraum (area of operations) genossen sie Bewegungsfreiheit (freedom of movement), konnten diese allerdings nicht erzwingen.

UNEF I blieb von November 1956 bis Juni 1967 zuerst am Suezkanal, später an der von UNTSO ausgehandelten Demarkationslinie zwischen Ägypten und Israel auf der Sinaihalbinsel und schließlich im Gazastreifen und an der ägyptisch-israelischen Staatsgrenze stationiert, bis Ägypten am 18. Mai 1967 ihren Abzug forderte. Sithu U Thant, der Nachfolger Dag Hammarskjölds im Amt des UN-Generalsekretärs, stimmte dem ägyptischen Begehren umgehend zu, wofür er sich intern heftige

II. Strukturen und Lebenswelten

Ein Beobachter hält die Zeitung »Daily News« in Händen, deren Schlagzeile den Ausbruch des Sechstagekrieges am 5. Juni 1967 thematisiert. Am selben Tag traf der UN-Sicherheitsrat zu einer Krisensitzung zusammen.

Kritik gefallen lassen musste. Indirekt ebnete er mit diesem Verhalten den Weg für den Sechstagekrieg im Juni 1967.

Gemeinhin verbindet man mit der Stationierung von Blauhelmtruppen die Vorstellung, nur Landstreitkräfte kämen für derartige Aufgaben infrage. Schon UNEF I indes belehrt uns eines Besseren: Zur Überwachung des 187 Kilometer langen Abschnitts der Ostküste der Sinaihalbinsel vom Nordrand des Golfs von Akaba bis zur Südspitze mit der Straße von Tiran setzte UNEF I ihre Luftaufklärungseinheit ein.

United Nations Observer Group in Lebanon (UNOGIL)

Im Juni 1958 veranlasste die beinahe bürgerkriegsähnliche Situation im Libanon eine mögliche Einmischung der Vereinigten Arabischen Republik (VAR), zu der sich Syrien und Ägypten zusammengeschlossen hatten. Die erfolglosen Vermittlungsbemühungen der Arabischen Liga bewogen den UN-Sicherheitsrat, eine dritte Operation im Nahen Osten zu beschließen (Resolution 128 vom 11. Juni 1958): die Aufstellung der UNOGIL. Zunächst rekrutierte sich das »Vorauskommando«, das bereits am 12. Juni in Beirut eintraf, aus Teilen der UNTSO. UNOGIL war mit einem vergleichsweise schwachen Mandat ausgestattet. Die Gruppe hatte sich strikt auf die Beobachtung illegaler Grenzübertritte und der Aktivitäten von Waffenschmugglern entlang der libanesisch-syrischen Grenze zu beschränken. Die Südgrenze zu Israel wurde von UNTSO überwacht und war ohnehin vom aktuellen Konflikt nicht unmittelbar betroffen. UNOGIL sollte weder zwischen den libanesischen Aufständischen und der Regierung in Beirut vermitteln, noch den Konflikt schlichten, noch Eindringversuche oder Waffenschmuggel unterbinden. Nicht einmal den eigenen Zugang in ihren Stationierungsraum durften die UN-Beobachter erzwingen. Bis Mitte Juli 1958 war daher nur die Überwachung der Grenzregion aus der Luft möglich, denn die Aufständischen verweigerten anfangs den Zutritt zu den von ihnen beherrschten Grenzgebieten.

Konfliktverschärfend im gesamten Mittleren und Nahen Osten wirkte der gegen das haschimitische Königshaus im Irak gerichtete Staatsstreich vom 14. Juli 1958. So bat der libanesische Präsident die USA um Beistand, um die Souveränität und territoriale Integrität des Landes zu schützen. Das jordanische Königshaus befürchtete die Einmischung der VAR und trug die Angelegenheit dem UN-Sicherheitsrat vor, während es sich gleichzeitig der Unterstützung durch eine britische Interventionsarmee versicherte. Die beiden Interventionen, die der Sicherheitsrat und die Generalversammlung immer als zusammenhängend betrachteten, führten zu einer drastischen Aufstockung der UNOGIL. Waren es anfangs nur 200 Beobachter gewesen, so stieg deren Zahl bis Mitte November 1958 auf 591. Zugleich wuchs die Zahl der für die Aufklärung aus der Luft eingesetzten Flugzeuge und Hubschrauber mit 18 bzw. sechs auf ein bis dahin in UN-Beobachtermissionen unerreichtes Ausmaß auf.

Nachdem sich die Lage in der gesamten Region wieder entspannt hatte und die beiden Interventionsarmeen abgezogen waren, stimmte Libanon dem Abzug der UNOGIL zu. Deren Einsatz endete am 9. Dezember 1958.

II. Strukturen und Lebenswelten

United Nations Emergency Force (UNEF II)

Der arabisch-israelische Konflikt verschwand für einige Zeit aus den internationalen Schlagzeilen. Es dauerte sechs Jahre, bis sich zumindest Ägypten und Syrien von ihrer militärischen Niederlage im Sechstagekrieg 1967 erholt hatten. Am 6. Oktober 1973, dem höchsten jüdischen Feiertag Jom Kippur, griffen überraschend ägyptische und syrische Truppen Israel an, dessen Armee zunächst schwere Verluste hinnehmen musste, ehe sich das Blatt wendete, nicht zuletzt aufgrund amerikanischer Militärhilfe. Die UdSSR unterstützte hingegen die arabischen Staaten. Einmal mehr schien der UN-Sicherheitsrat blockiert, wenn auch diesmal nicht durch eine unmittelbare Verstrickung zweier seiner ständigen Mitglieder in militärische Auseinandersetzungen, sondern durch das traditionelle Muster des Ost-West-Konflikts. In der zweiten Oktoberhälfte 1973 spitzte sich die Lage dramatisch zu. Der ägyptische Präsident Anwar as-Sadat bat angesichts der drohenden militärischen Niederlage um Entsendung amerikanischer und sowjetischer Streitkräfte in die Region, um die Kriegsparteien zu trennen. Während die UdSSR akzeptierte, lehnten die USA dieses Ansinnen ab. In dieser möglicherweise gefährlichsten Konfrontation der beiden Supermächte seit der Kubakrise schlugen einige Staaten, die mehrheitlich der Bewegung der Blockfreien angehörten, einen Resolutionsentwurf vor, der den Rückzug der israelischen und ägyptischen Kräfte auf Positionen vorsah, die sie am 22. Oktober 1973 innegehabt hatten. Der UN-Generalsekretär wurde darin ersucht, die UNTSO, die in Anbetracht des Krieges evakuiert worden war, erneut zu stationieren und mit einer zweiten Kriseninterventionstruppe die Konfliktparteien zu trennen.

Am 25. Oktober 1973 übernahm der UN-Sicherheitsrat diesen Vorschlag mit 14 Stimmen in der Resolution 340 (1973). Der Vertreter der Volksrepublik China war der Abstimmung ferngeblieben. Im Unterschied zu UNEF I wurde UNEF II durch den Sicherheitsrat beschlossen. Wie politische Entwicklungen die Friedensbemühungen der UN beeinflussen, lässt sich an UNEF II gut studieren. Das Mandat von UNEF II wurde im Jahr 1974 zweimal nach dem inzwischen üblich gewordenen Verfahren auf einen entsprechenden Bericht des Generalsekretärs an den

Sicherheitsrat hin um sechs Monate verlängert. 1975 verlangte Ägypten, die Verlängerung auf drei Monate zu beschränken, weil sich die Truppenentflechtungsverhandlungen festgefahren hatten. Nachdem diese Verhandlungen erfolgreich abgeschlossen worden waren, konnte der Sicherheitsrat das Mandat der UNEF II mit Resolution 378 (1975) gleich um zwölf Monate verlängern. Das wiederholte sich dann routinemäßig 1976 und 1977. Als die Verlängerung 1978 anstand, drohte die UdSSR mit der Einlegung ihres Vetos, weil sie die Bemühungen um einen Separatfrieden zwischen Ägypten und Israel unter Vermittlung des amerikanischen Präsidenten Jimmy Carter in Camp David, dem Landsitz der Präsidenten, ablehnte. Einer Verlängerung um neun Monate widersprach die UdSSR schließlich nicht. Als der Friedensvertrag zwischen Ägypten und Israel am 25. April 1979 in Kraft trat, konnten sich die Mitglieder des Sicherheitsrates nicht mehr auf eine Mandatsverlängerung für UNEF II verständigen. Folglich lief das Mandat im Juli 1979 aus.

Es gelang von Anfang an nicht, das an sich notwendige Stationierungsabkommen (SOFA) mit Ägypten als Aufnahmestaat und Israel als weiterem Beteiligten abzuschließen. Deshalb einigte sich die UN mit den beiden Ländern darauf, das seinerzeit für UNEF I ausgehandelte SOFA, das eigentlich mit dem Ende der Operation erloschen war, auf die Stationierung von UNEF II sinngemäß anzuwenden.

United Nations Disengagement Observer Force (UNDOF) und die United Nations Interim Force in Lebanon (UNIFIL)

Während die Beziehungen zwischen Ägypten und Israel sich allmählich normalisierten, blieb das Verhältnis zwischen Syrien und Israel weiterhin angespannt. Im März 1974 wurde die Lage zunehmend instabiler. Vermittlungsbemühungen der USA führten zu einer Vereinbarung im Rahmen der Genfer Friedenskonferenz über den Mittleren Osten. Gegenstand war der Rückzug israelischer und syrischer Truppen sowie die Einrichtung einer Zone, in deren Sektoren die beiden Gegner entweder gar keine

II. Strukturen und Lebenswelten

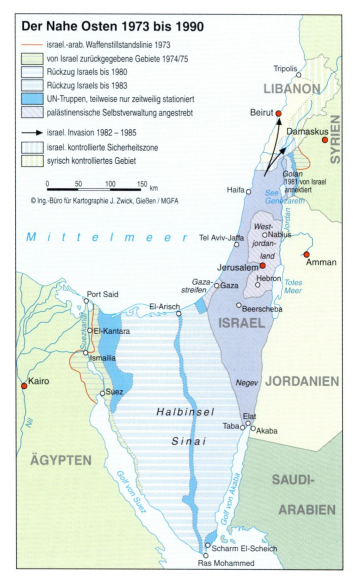

oder nur geringe militärische Kräfte stationieren durften. Die Vereinbarung enthielt auch die Bitte an die UN, eine Beobachtertruppe zu entsenden. Mit Resolution 350 (1974) entsprach der Sicherheitsrat dieser Bitte noch am Tage des Abschlusses der Vereinbarung, dem 31. Mai 1974. Dies war die Gründung der UNDOF. Sie ist seither in einem ca. 80 Kilometer langen Streifen innerhalb der entmilitarisierten Zone eingesetzt. Deren Breite variiert zwischen etwa zehn Kilometern im Zentrum und weniger als 1000 Metern im äußersten Süden, abhängig von den Geländeformationen der Gebirgsregion des Golans. Einmal mehr stellte UNTSO das Personal der Initialisierungsphase, im konkreten Fall 90 Militärbeobachter unter Führung des peruanischen Generals Briceño. Das Mandat der UNDOF war anfangs insbesondere von syrischer Seite regelmäßig infrage gestellt worden, um die Rückgabe des Golans und die Regelung der Wasserverteilung in der Region zu erzwingen. Seit 1976 wird es problemlos zweimal im Jahr um jeweils sechs Monate verlängert. Aktuell hat der Sicherheitsrat UNDOF mit Resolution 1821 (2008) am 17. Juni 2008 bis zum 31. Dezember mandatiert.

Der Süden des Libanons, zwischen dem Fluss Litani und der provisorischen israelisch-libanesischen Grenze (der sogenannten Blauen Linie), entzog sich auch nach dem offiziellen Ende des libanesischen Bürgerkriegs im Oktober 1976 weitgehend der tatsächlichen Staatsgewalt der Regierung in Beirut. Christliche Milizen bekämpften mit israelischer Hilfe die bewaffneten Teile der Libanesischen Nationalbewegung (Lebanese National Movement), einer lockeren Vereinigung von linksgerichteten und muslimischen Kräften, die ihrerseits von dem bewaffneten Flügel der Palästinensischen Befreiungsorganisation (Palestinian Liberation Organization, PLO) unterstützt wurde. Die PLO war im Südlibanon die stärkste militärische Kraft jener Zeit. Ein PLO-Kommando tötete am 15. März 1978 auf israelischem Staatsgebiet 37 Israelis und verwundete über 70 weitere. Daraufhin drangen israelische Streitkräfte in den Südlibanon ein und besetzten binnen weniger Tage das gesamte Gebiet zwischen der provisorischen Grenze und dem Fluss Litani mit Ausnahme der Stadt Tyrus sowie ihrer Umgebung. Die Regierung in Beirut legte beim UN-Sicherheitsrat umgehend Protest gegen die Verletzung der Souveränität und territorialen Integrität Libanons ein. Sie

II. Strukturen und Lebenswelten

bestritt, irgendetwas mit der PLO und ihren Machenschaften zu tun zu haben.

Am 19. März 1978 beschloss der UN-Sicherheitsrat auf Vorschlag der USA die Resolution 425. Darin bestätigte er ausdrücklich die Souveränität und territoriale Integrität des Libanons und forderte Israel zum Rückzug seiner Truppen auf. Zugleich schuf er das Mandat für eine dort einstweilen zu stationierende Truppe, die den Rückzug der israelischen Armee bestätigen, Frieden und Sicherheit im Südlibanon wiederherstellen und die libanesische Regierung darin unterstützen sollte, die Staatsgewalt über das Territorium wiederzuerlangen. Mit Billigung des Generalsekretärs der UN griff der Oberbefehlshaber der UNIFIL, Generalleutnant Erskine aus Ghana, auf Teile der UNTSO, der UNEF II und der UNDOF zurück, um seine Truppe möglichst schnell stationieren zu können. Schon im Juni 1978 wurden die Teile der UNEF II und der UNDOF aufgrund der Resolution 427 (1978) durch Bataillone aus Iran, Irland und von den Fidschi-Inseln abgelöst. UNTSO-Beobachter arbeiteten hingegen unter der Bezeichnung Observer Group Lebanon (OGL) unter operativer Kontrolle (OPCON) des UNIFIL-Befehlshabers weiterhin mit dieser zusammen.

Besondere Schwierigkeiten warf weniger das Mandat als die genaue Bestimmung des Einsatzraumes der UNIFIL auf. Die Resolution 425 (1978) war in diesem Punkt bewusst vage geblieben, und auch der UN-Generalsekretär konnte in seinem Bericht an den Sicherheitsrat mit Rücksicht auf die unterschiedlichen Befindlichkeiten seiner Mitglieder keine Entscheidung treffen. Der Stationierung eines französischen Bataillons in und um Tyrus, der sogenannten Tyre pocket, widersetzte sich die PLO energisch mit dem Hinweis, dass UNIFIL nur dort stationiert werden dürfe, wo zuvor israelisches Militär gestanden habe. Da jedoch die Gegend um Tyrus von Israel nicht besetzt gewesen sei, dürfe UNIFIL dort nicht einrücken. Dieser Argumentation der PLO schlossen sich die Vertreter der arabischen Staaten bei den UN an, und so unterblieb letztlich eine Stationierung der UNIFIL in der Tyre pocket. Erst mit der 2006 beschlossenen Resolution 1701 wurde die Tyre pocket in den nun vergrößerten Einsatzraum der erweiterten UNIFIL einbezogen.

Konfliktlösung der Vereinten Nationen

In dem bereits erwähnten Bericht an den Sicherheitsrat stellte der UN-Generalsekretär Richtlinien für UNIFIL auf, unter denen ein Punkt hervorgehoben zu werden verdient. Dort heißt es, UNIFIL führe nur Defensivwaffen und dürfe Gewalt nur zur Selbstverteidigung anwenden. Das Recht auf Selbstverteidigung umfasse auch den »Widerstand gegen gewaltsame Versuche, [UNIFIL] an der Auftragserfüllung nach dem Mandat des Sicherheitsrates zu hindern«. Diesen Bericht des Generalsekretärs billigte der Sicherheitsrat mit Resolution 426 (1978).

Bereits 1978 konnte eine Truppe der UN also auf gewaltsame Behinderungen der Auftragserfüllung notfalls mit Waffengewalt unter Berufung auf das Recht zur Selbstverteidigung reagieren. Dies kann man als frühe Form der Befugnis betrachten, den Auftrag mit Waffengewalt durchzusetzen (mission defense). Allerdings sollte es noch bis zum Jahr 1993 dauern, ehe der Sicherheitsrat einer Blauhelmtruppe (mit Resolution 836), nämlich der UNPROFOR in Bosnien-Herzegowina, gestattete, auch tatsächlich aktiv militärisch den Einsatzauftrag durchzusetzen.

Der Rückzug der israelischen Truppen aus dem Südlibanon gestaltete sich schwierig. Einerseits drangen Kräfte der PLO in das von Israel geräumte Gebiet ein. (Die PLO berief sich dabei auf ein vorgebliches Recht aus dem Vertrag von Kairo zwischen der PLO und Libanon vom 3. November 1969.) Andererseits übergab Israel in der letzten Phase des Rückzuges die geräumten Stellungen nicht an die UNIFIL, sondern an die christliche, sogenannte Südlibanesische Armee des Majors Haddad, den es als Repräsentanten der libanesischen Regierung betrachtete und unterstützte.

Ab 1978 herrschte im Südlibanon knapp fünf Jahre lang eine höchst instabile Ruhe, immer wieder unterbrochen von mehr oder weniger heftigen Gewaltausbrüchen. Im Juni 1982 marschierten die israelischen Streitkräfte (Israel Defense Forces, IDF) unter Berufung auf das Selbstverteidigungsrecht von Staaten nach Art. 51 der UN-Charta erneut in den Libanon ein. Sie stießen diesmal über den Litani hinaus bis in die Nähe der Landeshauptstadt Beirut vor. Der UN-Sicherheitsrat reagierte umgehend und forderte Israel – freilich vergebens – noch am selben Tag zum Rückzug seiner Truppen auf. Mit Resolution 516 (1982) wurde die Beobachtergruppe Beirut (Observer Group

II. Strukturen und Lebenswelten

Der deutsche Beitrag zur UNIFIL-Mission und
die Versorgungsbasis in Limassol auf Zypern
Seit dem Bundestagsbeschluss vom 20. September 2006 ist die deutsche Bundeswehr auf Grundlage der UN-Resolutionen 1701 (2006) sowie 1773 (2007) mit einem »robusten Mandat« im Nahen Osten eingesetzt – erstmals in der Geschichte der Bundesrepublik. Dieses Mandat erlaubt neben der Notwehr die Anwendung militärischer Zwangsmaßnahmen zum Zwecke der Auftragserfüllung.

Die historische Verantwortung Deutschlands gegenüber Israel diente bis in die Plenardebatten des Deutschen Bundestages Befürwortern wie Gegnern als Argument. Die Entscheidung für einen Bundeswehreinsatz sollte schließlich ein deutliches politisches Zeichen setzen – Deutschland stärkt nicht nur die Rolle der Vereinten Nationen, sondern ist auch bereit, mehr internationale Verantwortung zu übernehmen. Seither unterstützt die Marine im Auftrag der UNO die Überwachung der Seewege vor der libanesischen Küste, um illegalen Waffenhandel zu unterbinden. Erschwert wird ein umfassender Erfolg dieses Unternehmens durch die Beschränkung, verdächtige Schiffe zwar umleiten und durchsuchen, vorhandene Waffen jedoch nicht beschlagnahmen zu dürfen. Am 17. September 2008 verlängerte der Deutsche Bundestag das UNIFIL-Mandat bis Ende 2009.

picture-alliance/ZB

Ein Konvoi von Schiffen der UNIFIL in den Gewässern vor Beirut, im Vordergrund die deutsche Fregatte »Bayern«. Aufnahme vom 29. Februar 2008

Die personelle, materielle, sanitätsdienstliche und logistische Abstützung des UNIFIL-Verbandes leistet eine rückwärtige Versorgungsbasis im Hafen von Limassol auf Zypern, rund 250 Kilometer von der libanesischen Küste entfernt. Auf Zypern sind ein Verbindungskommando, Marineschutzkräfte und Kampfmittelräumer stationiert. Die Bundeswehr nutzt den Militärflughafen der zypriotischen Luftwaffe in Paphos.

Konfliktlösung der Vereinten Nationen

Seine strategisch günstige Lage im östlichen Mittelmeer machte Zypern seit der Antike zu einem begehrten und umkämpften Stück Land: Alexander der Große, die Römer, die Kreuzritter auf dem Hin- und Rückweg ins Heilige Land, Venezianer und Osmanen brachten sich in den Besitz der Insel. 1878 verpachteten die seit dem 16. Jahrhundert auf Zypern herrschenden Osmanen die Insel an Großbritannien. Im Jahr 1914, zu Beginn des Ersten Weltkrieges, annektierten die Briten Zypern; 1925 wurde es britische Kronkolonie.

Zypern wurde 1960 von Großbritannien in die Unabhängigkeit entlassen. Seine geostrategische Lage am Seeweg zum Suezkanal veranlasste Großbritannien dazu, eine Vorbedingung für die Unabhängigkeit zu stellen: Zypern musste dem Vereinigten Königreich vertraglich die Nutzung zweier Militärbasen zusichern. Die seitdem völkerrechtlich zu Großbritannien gehörenden Basen in Akrotiri und Dhekelia beherbergen etwa 7500 Angehörige der britischen Streitkräfte und deren Familien.

picture-alliance/dpa
Schnellboote der Bundesmarine im Hafen von Limassol, Aufnahme vom Mai 2007

Neben den beiden britischen Exklaven übt die Republik Zypern auch in der Nordhälfte der Insel keine Hoheitsgewalt aus. 1964 stationierte die UN die bis heute im Land tätige Friedensmission »United Nations Peecekeeping Force in Cyprus« (UNFICYP), die eine Pufferzone zwischen dem überwiegend griechisch besiedelten Süden und dem vorrangig von Türken bewohnten Norden der Insel besetzt. 1974 besetzten türkische Truppen die Nordhälfte, die sich 1983 zur Türkischen Republik Nordzypern proklamierte, völkerrechtlich aber bis heute nicht anerkannt wird. Seit dem 1. Mai 2004 ist die Republik Zypern Mitgliedstaat der EU. Beide Seiten einigten sich Anfang 2008 auf den Beginn von Verhandlungen über eine Wiedervereinigung. Über deren Verlauf sollen die griechischen und türkischen Volksgruppen in getrennten Volksabstimmungen entscheiden.

(sp, mp)

II. Strukturen und Lebenswelten

Beyrouth, OGB) geschaffen, deren Auftrag es war, die Lage in und um Beirut zu beobachten. UNIFIL selbst blieb drei Jahre hinter den israelischen Linien und musste sich während dieser Zeit und bis zum Jahr 2000 auf Schutz sowie humanitäre Hilfe für die Bevölkerung des Südlibanons beschränken. Die tatsächliche Kontrolle übten die Südlibanesische Armee und die IDF aus. Im April 2000 kündigte die israelische Regierung überraschend an, die IDF in Übereinstimmung mit den Resolutionen 425 (1978) und 426 (1978) im Juli 2000 aus dem Südlibanons abzuziehen. Der überhastete Rückzug war indes schon am 25. Mai 2000 abgeschlossen. Damals legte die Kartografieabteilung der UN die Staatsgrenze zwischen Israel und Libanon verbindlich fest. Sie entspricht ziemlich genau der Blauen Linie. Israel hielt sich jedoch nicht exakt an diese Festlegung. Der von Israel errichtete Grenzzaun verlief teilweise auf libanesischem Staatsgebiet jenseits der Blauen Linie, und israelische Grenzpatrouillen nutzten Wege auf libanesischem Territorium.

Der libanesischen Regierung gelang es in der Folgezeit auch mit Unterstützung durch UNIFIL nicht, die Staatsgewalt über den Südlibanon zu erringen und durchzusetzen. Zwar waren libanesische Streitkräfte, Sicherheits- und Polizeiorgane dort stationiert. Die tatsächliche Macht aber übte zunehmend die Hisbollah aus (vgl. den Beitrag von Melanie Herwig und Rudolf J. Schlaffer), die den Platz der PLO eingenommen hatte. Die Stärke der UNIFIL sank von etwa 8000 Mann im Jahr 2000 auf etwa 2000 Blauhelmsoldaten Mitte 2006. Das Mandat wurde mehrfach der sich verändernden Lage angepasst. In den vergangenen sechs Jahren beschränkte sich UNIFIL auf die Präsenz entlang der Blauen Linie sowie auf Überwachungs- und humanitäre Aufgaben. UNTSO-Beobachter arbeiten mit UNIFIL bei der Überwachung des Waffenstillstands zusammen.

Der Ausbruch neuer Feindseligkeiten am 12. Juli 2006 kam für UNIFIL nicht gänzlich überraschend, wenngleich niemand mit einer derartigen Intensität der Kämpfe gerechnet hatte. Seit Januar hatte UNIFIL einen stetigen Anstieg der Spannungen entlang der Blauen Linie gemeldet. Das ohnehin bis zum 31. Juli 2006 befristete Mandat der UNIFIL verlängerte der Sicherheitsrat mit Resolution 1697 (2006) zunächst nur um einen Monat. Am 11. August 2006 dehnte er dann mit der Resolution 1701 nicht nur dieses Mandat um weitere zwölf Monate aus, sondern erhöhte auch die Truppenstärke von UNIFIL auf bis zu 15 000 Mann. Der Befugnis aus dem Bericht des UN-Generalsekretärs und der Resolution 426 (1978), gewaltsamen Behinderungen des Auftrages notfalls mit Waffengewalt entgegenzutreten, verlieh dies den nötigen Nachdruck. Mit Stand Mai 2008 sind rund 13 000 Soldaten, Polizisten und zivile Kräfte unter dem Kommando des italienischen Generals Claudio Graziano für UNIFIL im Einsatz. Das mit Resolution 1832 (2008) am 27. August 2008 auf weitere zwölf Monate verlängerte Mandat endet am 31. August 2009.

Im Rahmen der erweiterten UNIFIL haben sich die UN von ihrem bis dahin gepflegten Dogma »we do not ships« verabschiedet. Zum ersten Mal fahren Kriegsschiffe unter der blauen Flagge. Nachdem Deutschland das Kommando über die Maritime Task Force (MTF UNIFIL) seit 15. Oktober 2006 innegehabt hat, übergab Flottillenadmiral Christian Luther am 29. Februar 2008 das Kommando an den italienischen Flottillenadmiral Ruggiero Di Biase, der die European Martime Force (EUMARFOR) als MTF UNIFIL befehligte und im September 2008 durch den französischen Flottilenadmiral Alain Hinden abgelöst wurde. Deutschland stellt im Oktober 2008 etwa 230 Soldaten auf einem Tender, einem Hohlstablenkboot, einem Minenjagdboot sowie im Rahmen von Marineschutzkräften.

EUMARFOR wurde schon 1995 von Frankreich, Italien, Portugal und Spanien gegründet. Ihr Auftrag umfasst neben humanitärer und Katastrophenhilfe sowie Krisenreaktion ausdrücklich auch friedenserhaltende Maßnahmen. Insofern ist es nur folgerichtig, wenn die Europäische Union sich an dem ersten Einsatz der UN auf See im Mittelmeer maßgeblich beteiligt.

Thomas Breitwieser

Im Verhältnis zur Gesamtbevölkerung verfügt Israel über mehr Soldaten als jedes andere Land der Welt. Die Israelische Verteidigungsarmee Zahal (hebr. *Zva Haganah Le Israel* für Israelische Verteidigungskräfte, engl. Israel Defence Forces, IDF) wurde während des Unabhängigkeitskrieges 1948 aus vier militärischen Organisationen zusammengeführt. Slogans wie der vom »Volk unter Waffen« beruhen auf der Tatsache, dass Israel innerhalb von sechs Jahrzehnten nicht weniger als sechs bewaffnete Großkonflikte zu tragen hatte. Die Armee hat einen zentralen Stellenwert in der israelischen Gesellschaft. Sie ist der wichtigste Arbeitgeber des Landes und beansprucht mit 20 Prozent den größten Anteil am Staatshaushalt. Dementsprechendes Gewicht haben aktive oder ehemalige Spitzenmilitärs auch in politischen Fragen.

Zahal wird als »Schule der Nation« bezeichnet. Es gibt kaum eine jüdische Familie in Israel, deren Angehörige nicht in der Armee gedient haben. Der Soldatentod im Verlauf der zahlreichen Kriege ist in der Bevölkerung ebenso schmerzlich wie alltäglich. Mit Ausnahme der verheirateten Frauen und Mütter sowie der arabischen Bevölkerung hat grundsätzlich jeder Staatsbürger Armeedienst zu leisten, eine Art Zivildienst ist lediglich für Frauen aus Glaubensgründen möglich. Seit der Staatsgründung werden außerdem erwachsene ultraorthodoxe Talmudschüler (zur Zeit mehr als 80 000) von der Wehrpflicht ausgenommen. Auch in Israel haben allerdings die militärischen Auseinandersetzungen im Nahen Osten ihre Spuren hinterlassen und die lange Zeit kaum hinterfragte Rolle der Armee auf den Prüfstand gestellt.

Die Rolle des Militärs in Israel

Drei F-15-Kampfflugzeuge, gekennzeichnet mit dem blauen Davidstern, überfliegen in Formation das Vernichtungslager Auschwitz in Polen. Das Foto, das im Büro des vormaligen Chefs der israelischen Luftwaffe Eliezer Schkedy hängt, symbolisiert für die meisten Israelis die zentrale Aufgabe, die ihre Armee in der Geschichte ihres Volkes erfüllen soll, nämlich die feste Überzeugung und den Willen der Israelis, nie wieder Opfer zu werden. Die Israelische Verteidigungsarmee (hebr. Zahal), manche nennen sie eine der mächtigsten und professionellsten Streitkräfte der Welt, ist in den Augen ihrer Bürger weit mehr als nur Zeichen nationaler Souveränität und Garant andauernder Existenz und Unabhängigkeit. Die größte und einflussreichste Institution im Staat ist fester Bestandteil der Gesellschaft, die Entwicklungen ebenso prägt wie sie sie widerspiegelt.

Man kommt an Klischees nicht vorbei, will man auf wenigen Seiten die komplexen Wechselbeziehungen zwischen Zahal und der israelischen Bevölkerung verdeutlichen. So fragen sich manche Beobachter, ob Israel ein Staat mit einer Armee sei oder eine Armee, die sich einen Staat hält. Andere witzeln, Israelis seien Soldaten, die sich elf Monate im Jahr auf Fronturlaub befänden. Vor allem für den Besucher aus Europa ist es anfangs beunruhigend zu erfahren, wie präsent die Armee im israelischen Alltag ist. Allerorts sieht man Soldaten in Uniform oder Reservisten, die auf dem Heimweg – mit einer locker von der Schulter baumelnden Maschinenpistole – ihren Erledigungen nachgehen.

Zentrales staatliches Instrument

Seit der Staatsgründung 1948 erhält die Armee den Löwenanteil des Staatshaushaltes. Im Jahr 2006 belief sich das Verteidigungsbudget vor dem Libanonkrieg auf rund 8,4 Milliarden Euro, etwa 17 Prozent des Gesamtbudgets – die 1,5 Milliarden Euro Militärhilfe aus den USA mit eingerechnet. Einen Tiefpunkt erreichte das Budget in den 1950er-Jahren mit etwa 9 Prozent. In

II. Strukturen und Lebenswelten

den 1980er-Jahren gab Israel bis zu 24 von 100 Dollar der staatlichen Gelder für Verteidigung aus.

Jeder jüdische Bürger ist theoretisch wehrpflichtig. Beduinen und Drusen dienen in der Zahal auf freiwilliger Basis. Männer leisten nach Schulabschluss und dem Erreichen der Volljährigkeit mindestens drei Jahre Wehrdienst, Frauen zwei. Für Frauen besteht aus Glaubensgründen die Option des Zivildienstes, verheiratete Frauen können sich vom Dienst freistellen lassen. Auch religiösen Männern bietet sich die Option, den Wehrdienst durch ein Bibelstudium zu ersetzen – ein Umstand, der zunehmend zu gesellschaftlichen Spannungen führt.

Obschon die Armee viele staatliche Ressourcen verschlingt, sind die regulären Streitkräfte, aufgeteilt in Heer, Luftwaffe und eine kleine Marine, mit etwa 170 000 Mann vor allem im Vergleich zu anderen nahöstlichen Armeen überraschend klein; Ägypten beispielsweise hat ständig 450 000 Mann unter Waffen. Der Kleinstaat Israel mit seinen rund sieben Millionen Einwohnern kann sich kein großes stehendes Heer leisten. Deswegen basiert die Schlagkraft im Ernstfall größtenteils auf den rund 410 000 Reservisten, die innerhalb von 48 Stunden mobilisiert werden können. Zudem setzt die Armee auf Qualität. Sie ist mit modernsten westlichen Waffen, vornehmlich US-amerikanischen, ausgerüstet. Die israelische Rüstungsindustrie gilt als eine der modernsten der Welt. Daher ist Israel, nach den USA, Russland, Frankreich und Großbritannien, mit Exporten in Höhe von wahrscheinlich mehr als drei Milliarden Euro jährlich der fünftgrößte Waffenexporteur der Welt. Besonders im Bereich von Optik und Hightech werden kriegserprobte israelische Waffen hoch geschätzt. Israel gehört zu den wenigen Staaten mit der Fähigkeit, Aufklärungssatelliten herzustellen und mit eigenen Mitteln im Weltraum zu stationieren. Ferner gehen ausländische Quellen seit Jahrzehnten davon aus, dass Israel nukleare Sprengköpfe besitzt. Entsprechend einer Doktrin der »gewollten Vieldeutigkeit« streitet Israel dies nicht ab, will den Besitz solcher Waffen aber auch nicht bestätigen.

Historisch gewachsene Aufgaben

Nachdem es seit 1882, dem Beginn der jüdischen Einwanderungswellen nach Palästina, vor dem Hintergrund umstrittener Rechte über Wasser- und Landressourcen immer häufiger zu Übergriffen seitens der arabischen Nachbarn kam, gründeten Zionisten 1907 und 1909 die Schutzgruppen »Bar Giora« (benannt nach Simon Bar Giora, dem jüdischen militärischen Befehlshaber im Krieg gegen Rom 66 bis 70 n. Chr.) bzw. »Haschomer« (Der Wächter). Diese bewachten jüdische Wohnorte, stützten sich aber ebenso auf Abschreckung und Vergeltung, um Gewalt bereits im Vorfeld zu verhindern. Nach arabischen Unruhen im Jahr 1920 wurden die lokalen Verteidigungsorganisationen wie Haschomer in der Haganah (Verteidigung) zusammengefasst und der offiziellen Führung des Jischuv, der jüdischen Gemeinde in Palästina, unterstellt. Nach den Unruhen im Jahr 1929, in denen mehr als 100 Juden von Arabern getötet wurden, wurde die Haganah erheblich straffer und zentraler organisiert. 20 Jahre später sollte sie den Kern von Zahal bilden. Der Umstand, dass die israelischen Streitkräfte bis zum heutigen Tag zahlreiche Aufgaben nicht rein militärischer Natur übernehmen, hat ihren Ursprung in dieser Zeit. So erhielten beispielsweise viele zionistische Jugendliche Palästinas im Rahmen der Haganah eine paramilitärische Ausbildung. Heutzutage bietet die Jugendorganisation der Armee, die Gadna, Israelis im Schulalter eine paramilitärische Ausbildung an. Soldatinnen sind in vielen Schulen als Aushilfslehrerinnen beschäftigt. Sie sollen den Kindern Geografie und Geschichte beibringen.

Nach der Verhängung erheblicher Einwanderungsbeschränkungen seitens der britischen Mandatsmacht (vgl. den Beitrag von Angelika Timm zur jüdischen Siedlungsbewegung) übernahm die Haganah später das Einschmuggeln und die Eingliederung illegaler jüdischer Einwanderer. Bis zum heutigen Tag spielt gerade die Armee eine zentrale Rolle bei der Integration der Einwanderer. Sie lernen im Rahmen ihres Wehrdienstes Hebräisch, und dank intensiver Schulprogramme erhalten sozial Schwache hier oft den Grundstock für ihre weitere Bildung oder berufliche Tätigkeit. Fast ein Viertel des Offizierkorps setzt sich aus Einwanderern zusammen. Manche Juden der Diaspora kommen sogar nach Israel, nur um hier ihren Wehrdienst abzuleisten. Aus den Waffenlagern und geheimen Munitionsfabriken der Haganah entstand schließlich eine der größten und fortschrittlichsten Waffenschmieden der Welt.

Binnenkultur

Die Sicherheitsdoktrin von Zahal ist ebenso Resultat der Geschichte des jüdischen Volkes im 20. Jahrhundert wie auch eine Konsequenz der geostrategischen Situation Israels. Die jüdische Nationalbewegung, der Zionismus, entstand unter anderem als Reaktion auf einen über Jahrhunderte andauernden europäischen Antisemitismus. Der Entschluss einer kleinen Minderheit, nach Palästina zu ziehen, um dort ein eigenes »nationales Heim« für ein »Volk ohne Land« zu schaffen, stellte für die Juden der Diaspora eine gedankliche Revolution dar (vgl. den Beitrag von Angelika Timm zur Siedlungsbewegung).

Die Gründerväter Israels sahen in der passiven Haltung der Juden, die Pogrome ohne Widerstand über sich ergehen ließen, eine Ursache für den anhaltenden Judenhass. Um dem entgegenzusteuern, war die Grundhaltung der verschiedenen zionistischen Verteidigungsorganisationen von Anfang an durch die gedankliche Eigenständigkeit ihrer Mitglieder und das Bestreben geprägt, den Gang der Dinge selbst aktiv zu beeinflussen. In dieser Tradition ist eines der auffälligsten Merkmale der israelischen Streitkräfte die Ungezwungenheit, mit der Vertreter der verschiedenen Dienstgradgruppen miteinander umgehen. Auf militärisches Protokoll und Kleidungsvorschriften wird kaum Wert gelegt. Mannschaften scheuen sich nicht, mit ihren Vorgesetzten zu diskutieren. Die Vorstellung vom »jüdischen Kämpfer«, der muskulös und braungebrannt sein Gewehr und gleichzeitig sein Schicksal in die eigenen Hände nimmt, bildet bis heute den ideologischen Gegenpol zum blassen Orthodoxen, der sich dem traditionellen Judentum beugte und der Willkür seines Geschickes fügte, bis hin zu den sechs Millionen ermordeter europäischer Juden, die sich widerstandslos wie Schafe hätten zur Schlachtbank führen lassen (vgl. den Beitrag von Norbert Kampe).

Die Rolle des Militärs in Israel

Ein israelischer Soldat schläft neben einem Merkawa-Kampfpanzer.

Der in Europa meist als Angriffslust missverstandene Offensivgeist der Israelis rührt zum Teil aus der Lehre, die die Juden aus ihrer Geschichte ziehen. Während Deutsche nie wieder Täter sein wollen, wollen die Israelis nie wieder zu Opfern werden. Angriff als beste Verteidigung ist die Grundmaxime israelischer Truppen, die, obschon sie große Rücksicht auf eigene Verluste nehmen, dazu ausgebildet werden, aktiv die Berührung mit dem Feind zu suchen. Offensivwaffensysteme wie Panzer, Kampfflugzeuge und Artilleriegeschütze erhielten deswegen in der Rüstungsindustrie mehr Aufmerksamkeit als defensiv ausgerichtete Waffen.

Nebst der geschichtlichen Erfahrung diktieren auch geostrategische Realitäten die Verteidigungsdoktrin Israels. Der Grenzverlauf, der durch die Waffenstillstandsabkommen nach dem Unabhängigkeitskrieg 1949 festgelegt wurde und auch als »Grüne Linie« bekannt ist, war aus der Sicht israelischer Strategen ein Albtraum. Mit einer Fläche so groß wie Hessen, war das Land von vier feindlichen Staaten umgeben und hatte pro Quadratkilometer Staatsgebiet eine der längsten Grenzen der Welt. Hinzu gesellte sich der Mangel an strategischer Tiefe. Die engste Stelle zwischen den Bevölkerungszentren Haifa und Tel Aviv war lediglich 16 Kilometer breit. Den Weg zur (international nicht anerkannten) Hauptstadt Jerusalem bildete ein nur wenige Kilometer breiter Korridor, der zu Zeiten des Unabhängigkeitskrieges zudem zeitweise von den Arabern geschlossen wurde. Dem ehemaligen Verteidigungsminister Mosche Dayan wird die Feststellung zugeschrieben, dass Israel keine Grenze habe, sondern eine Grenze sei. Das Plateau der Berge Judäas überschaut nicht nur die rund 200 Kilometer lange Küstenebene, das wirtschaftliche Herz Israels; wer Judäa und die Golanhöhen kontrolliert, beherrscht zudem die wichtigsten Wasserreservoirs des wüstenhaften Landes (vgl. den Beitrag von Dieter H. Kollmer).

Sicherheitspolitik

Aufgrund der geostrategischen und militärischen Vorraussetzungen formulierten israelische Strategen eine Sicherheitspolitik, die sich auf folgende Pfeiler stützt: Israel besitzt keine strategische Tiefe, deswegen darf es im Krieg nicht überrascht werden, sondern es muss, wie im Sechstagekrieg, präventiv agieren und die Kampfhandlungen so schnell wie möglich in das Territorium des Angreifers verlegen. Aufgabe des stehenden Heeres ist es, den Angreifer bis zur Mobilisierung der Reserve und bis zum Gegenangriff aufzuhalten. Die hochmoderne Luftwaffe spielt dabei eine zentrale Rolle.

Vor allem seit dem Ausbruch der palästinensischen Aufstände im Dezember 1987, den »Intifadas«, befinden sich jedoch die Rolle der Armee und ihr Status innerhalb der israelischen Gesellschaft im steten Wandel. Nach vollendetem Wehrdienst dienen Männer und manche Frauen bis zum 41. Lebensjahr in der Reserve, in Ausnahmefällen bis zu 40 Tage im Jahr. Theoretisch sollte diese Dienstzeit hauptsächlich für Übungen genutzt werden. Spätestens seit Ausbruch der zweiten Intifada im Jahr 2000 übernehmen Reservisten aber immer mehr Routineaufgaben der regulären Armee, um die Wehrpflichtigen für den Dienst im Westjordanland und im Gazastreifen freizustellen. Dies hat die Kampfbereitschaft der Reserve erheblich vermindert.

Besonders nach dem zweiten Libanonkrieg vom Sommer 2006 wird im Land heftig kritisiert, dass die Armee zu einer Polizeimacht umfunktioniert wurde, um den Aufstand der Palästinenser kontrollieren zu können. Eine Taktik, die im Kampf gegen schlecht ausgerüstete palästinensische Terroristen erfolgreich war, hat sich im Krieg gegen die Hisbollah im Südlibanon nicht bewährt. Die einst blindgläubig patriotische Stimmung machte angesichts der brutalen Methoden, mit denen die Armee die Intifadas zu kontrollieren suchte, einer kritischen Grundeinstellung der Medien zu den Militärs Platz. Bezeichnete man hochrangige

Die Rolle des Militärs in Israel

Offiziere in der israelischen Politik früher mit dem hebräischen Ausdruck »Alufim« (für »Generäle«, aber auch in der Bedeutung »Meister« verwendet), nennt man sie heute oft geringschätzig »Generalim«. Militärischer Rang ist nicht mehr die einzige Quelle für sozialen Status. War früher der Wehrdienst in einer Eliteeinheit noch Eintrittsbedingung in die politische und wirtschaftliche Führungsschicht, hat sich die Gesellschaft seit den 1990er-Jahren »demilitarisiert«.

Vor allem die Aussicht auf Frieden hat viele Israelis in den letzten beiden Jahrzehnten kriegsmüde werden lassen. Juden in Tel Aviv und Jerusalem erbauten sich mehr am Erfolg ihrer High-Tech-Firmen an der New Yorker Börse als an militärischen Triumphen. Lautete in den 60er-Jahren die Devise »Geschütze statt Strümpfe«, fordern Parteien heute auf Kosten der Armee mehr Gelder für Sozialhilfe, Gesundheitswesen und Bildung. Die einst vereinigende Funktion der »Armee des Volkes« wird immer kritischer hinterfragt. Nur noch 74 Prozent der jüdischen wehrpflichtigen Männer treten letztlich ihren Wehrdienst an. Viele scheiden vor Ablauf der regulären Dienstzeit von drei Jahren aus, etwa 16 Prozent bereits nach weniger als einem Jahr. Bei religiösen Frauen ist die Rate niedriger: 43 Prozent von ihnen gehen nicht zur Armee. Nur eine Minderheit dient später in der Reserve. So wird die Last der Verteidigung immer ungleicher verteilt, gesellschaftliche Spannungen sind die Folge.

Obschon der Status der Armee in der israelischen Gesellschaft Veränderungen durchmacht, gehören Mitglieder des Generalstabs weiterhin zu den einflussreichsten Faktoren der Politik. Hochrangige Offiziere gehen frühzeitig in den Ruhestand, um später leitende Positionen in großen Firmen zu übernehmen. Noch vor wenigen Jahren genoss das Militär mehr Vertrauen als alle anderen Institutionen des Landes. War Israel früher ein Staat, der in Symbiose mit seiner Armee lebte und seinen Generälen blind vertraute, befindet sich das Bild heute im Wandel und ist weitaus komplexer geworden.

Gil Yaron

Ein israelischer Soldat betet am 17. Juli 2006 nördlich der nordisraelischen Stadt Kirijat Schmona, während eine Panzerhaubitze Ziele im Libanon bekämpft. Jüdische Geschichte und Tradition fußen auf einem gemeinsamen Glauben und der gemeinsamen Herkunft. Das Bewusstsein eines gemeinsamen Schicksals verbindet Juden in Frankreich, den Vereinigten Staaten oder in den jüdischen Gemeinden Deutschlands. Auch die nichtjüdischen Kulturen der Diaspora haben das Judentum mitgeprägt und beeinflussen auf dem Weg der Einwanderung bis heute die Gesellschaft des Staates Israel.

Diesen kulturellen Reichtum spiegeln die Entstehungsgeschichte Israels und gleichermaßen die Vielfalt der Diaspora wider. Die Bandbreite jüdischen Lebens reicht vom traditionellen Judentum osteuropäischer Prägung über sozialistisch-zionistisch begründete Kibbuzim bis hin zum Leben moderner Großstädter in Jerusalem, Tel Aviv oder Haifa. Konservative und ultraorthodoxe Strömungen stehen einem liberalen Judentum gegenüber, das den gleichen Einflüssen und Veränderungen ausgesetzt ist wie die Informationsgesellschaften Mitteleuropas. Sich den Herausforderungen neuer Entwicklungen zu öffnen, ohne dabei die gemeinsame Kultur infrage zu stellen, war jahrtausendelang eine wesentliche Leistung jüdischer Gemeinden in der ganzen Welt und hat den Fortbestand des Judentums ermöglicht. Dieses scheint im 21. Jahrhundert weniger vom Identitätsverlust betroffen, als es die immer mehr säkularisierten Gesellschaften Mitteleuropas beklagen.

■ Judentum und jüdische Religion

Der Begriff »Judentum« umfasst außer einer auf zahlreiche Länder der Erde zerstreuten ethnischen Gruppe auch die Glaubensgemeinschaft der Juden sowie die jüdische Kultur. Bis heute lebt die Mehrzahl der weltweit etwa 14 Millionen Juden außerhalb des Staates Israel, der insgesamt etwas mehr als sieben Millionen Einwohner zählt, davon 20 Prozent Nichtjuden. Die größte jüdische Gemeinde existiert mit sechs Millionen in den Vereinigten Staaten von Amerika, gefolgt von schätzungsweise 750 000 jüdischen Bürgern im nach wie vor stark von der Auswanderung betroffenen Russland und den jüdischen Bevölkerungsgruppen in Frankreich (600 000) und der Ukraine (500 000). In Deutschland wuchsen die jüdischen Gemeinden von etwa 30 000 Mitgliedern in den späten 1980er-Jahren vor allem durch den Zuzug aus den Ländern der früheren Sowjetunion wieder auf mehr als 100 000 Menschen an.

Biblische Geschichte und religiöse Grundlagen

Bis heute bildet die Religion einen Mittelpunkt jüdischen Lebens. Die gesellschaftliche Verfasstheit Israels entspricht einer säkularen Demokratie westlichen Typs, doch prägt die Religion sowohl den individuellen Alltag wie auch die israelische Innenpolitik in weit stärkerem Maße, als das in den Ländern Mitteleuropas der Fall ist. Aufgrund der fehlenden Trennung von Staat und Religion ist in Israel nach wie vor das Familienrecht den verschiedenen Religionsgruppen unterstellt, was eine zivile Eheschließung unmöglich macht.

Das Judentum als eine der Weltreligionen ist deutlich älter als das Christentum und der Islam. Alle drei verbindet der Glaube an einen einzigen, unsichtbaren Schöpfer und Gott. Nach der Überlieferung der fünf Bücher Mose (Thora) – für Christen Teil des biblischen Alten Testaments – begründete Abraham die Geschichte des jüdischen Volkes, als er einen Bund mit Gott einging. Abrahams Sohn Isaak und dessen Sohn Jakob trugen diesen Bund weiter. Die zwölf Söhne Jakobs wurden zu den Stammvätern der zwölf Stämme Israels: Die Bezeichnung »Juden«, eigentlich »Judäer«,

II. Strukturen und Lebenswelten

geht auf das Königreich Juda zurück und bezieht sich ursprünglich nur auf einen dieser Stämme. Nach der Überlieferung der Thora siedelte das Volk Israel in Kanaan, im heutigen Palästina bzw. Israel. Es zog später nach Ägypten, wo es die Versklavung durch den ägyptischen Pharao zu erdulden hatte. Gott befreite die Juden aus der Knechtschaft und übergab deren Führer Moses am Berg Sinai jene Gesetzestafeln, die als Ausdruck des Bundes mit Gott den Kern jüdischen Glaubens darstellen. In Form der Thorarollen stehen das Glaubensbekenntnis und die Berichte über Entstehung und frühes Schicksal der jüdischen Stämme im Zentrum der Synagogen.

Jüdisches Selbstverständnis hatte immer wieder etwas mit der Reaktion auf äußere Bedrohung zu tun. 586 v. Chr. eroberte König Nebukadnezar II. Jerusalem, zerstörte den jüdischen Tempel und verschleppte die jüdische Oberschicht in die »Babylonische Gefangenschaft«. Viele der Umgesiedelten übernahmen im Vielvölkerstaat Babylon wichtige Funktionen und assimilierten sich rasch. Dies rief unter jüdischen Gelehrten und Theologen eine Gegenbewegung hervor, die Religion und Tradition des Judentums schützen und stärken sollte. Die Überlieferung und gelehrte Auslegung der Thora gewannen in dieser Situation eine zusätzliche, identitätsstiftende und – zumindest im religiös-kulturellen Sinn – überlebenswichtige Bedeutung. Nach der Eroberung des Babylonischen Reiches durch den Perserkönig Kyros II. entließ dieser die jüdischen Gefangenen 538 v. Chr. nach Jerusalem, wo im März 515 auch der zerstörte Tempel wieder errichtet wurde. Ein Teil der Juden blieb in Babylon und ließ dort ein weiteres Zentrum jüdischen Lebens entstehen.

Die jüdische Diaspora seit dem Mittelalter

Ein zweiter zentraler Bezugspunkt des Judentums ist die Erfahrung der Diaspora, der jahrhundertelangen und bis heute andauernden Verstreutheit von Juden über die ganze Welt. Im 1. Jahrhundert n. Chr. zerstörte der römische Kaiser Hadrian Jerusalem und bereitete dem jüdischen Staat ein Ende. Obwohl die Mehrzahl der Juden zunächst auch weiterhin auf dem Gebiet des Römischen Reiches lebte, ging der Zusammenhang eines geschlossenen und

Judentum und jüdische Religion

Talmud und Halacha

Der Talmud (hebr.: Studium, Belehrung) ist neben der Thora ein weiteres zentrales Schriftwerk des Judentums, das je nach Ausgabe bis zu 10 000 Seiten umfasst. Der »Babylonische Talmud« hat seine Wurzeln in den jüdischen Siedlungsgebieten des Perserreiches auf dem Gebiet des heutigen Iraks. In Palästina entstand der »Palästinische Talmud« oder »Jerusalemer Talmud«. Im Zentrum des Werkes, das im 1. und 2. Jahrhundert n. Chr. verschriftlicht und erstmals im 16. Jahrhundert in Venedig gedruckt wurde, steht erstens die Mischna (hebr.: Wiederholung) mit den Moses von Gott am Berg Sinai verkündeten und in der Folge mündlich überlieferten Gesetzesvorschriften. Den Kern der Mischna umgeben zweitens Kommentare und Analysen, die sogenannte Gemara (hebr.: Wissenschaft, Lehre). Ausgehend von juristischen Fragestellungen streifen die Kommentare auch Felder wie die Naturwissenschaften, Pädagogik oder Geschichte. Im »Babylonischen Talmud« kommen als drittes Element Kommentare aus späterer Zeit hinzu, beispielsweise von Talmudgelehrten aus dem mittelalterlichen Deutschland und Frankreich. Die Texte der Gemara, die im Druck meist um die zentrale Mischna herum angeordnet sind, verknüpften widersprüchliche Meinungen der Talmudgelehrten, um auf diese Weise zu einem weiterführenden Wahrheitsgehalt zu gelangen. Die Abhandlung einzelner Fragestellungen in Form eines Lehrgesprächs spiegelt Fortschreibung und Weiterentwicklung der Tradition wider und ist ein zentrales Kennzeichen jüdischer Gelehrsamkeit.

Als Halacha (hebr.: Gehen, Wandeln) wird das gesamte System der schriftlich und mündlich überlieferten religionsgesetzlichen Bestimmungen des Judentums bezeichnet. Hierzu gehören auch Auslegungen der Thora durch Rabbiner und Schriftgelehrte, die Regeln für alle Bereiche jüdischen Lebens umfassen. Die Halacha enthält fundamentale Bestimmungen hinsichtlich Lebensführung und Lebensinhalt; eine Trennung zwischen Säkularem und Religiösem existiert nicht.

regional begrenzten jüdischen Siedlungsraumes verloren. Die Geschichte des Judentums wurde von nun an einerseits die einer Minderheit in unterschiedlichen Staaten und Gesellschaften, blieb aber andererseits stets als gemeinsames jüdisches Geschichts-

II. Strukturen und Lebenswelten

bewusstsein erhalten, weitergeschrieben in der Diaspora und schließlich mündend in die Gründung des Staates Israel.

Während in der Spätantike und im frühen Mittelalter das Sassanidenreich in Babylonien zum Siedlungsschwerpunkt wurde, erreichte die jüdische Auswanderung im Hochmittelalter zunehmend auch Mitteleuropa. Die ältesten jüdischen Gemeinden in Deutschland bestanden bereits zur Zeit Karls des Großen (748–815) in Städten des Rheintals. Juden besetzten neben den auch von Christen ausgeübten Berufen ebenso solche Felder der Ökonomie wie beispielsweise den Geldverleih, die Christen aufgrund kirchlicher Gebote verwehrt waren. Mittelalterliche Herrscher schützten die jüdische Bevölkerung durch die Gewährung und Sicherung der Religionsausübung; in den meisten Städten wurden ihnen allerdings von der übrigen Bevölkerung abgegrenzte Wohnbezirke zugewiesen, die immer wieder Ziel von Angriffen und Pogromen waren. In vielen Fällen folgten der Inanspruchnahme jüdischer Dienstleistungen und Kredite von-

---

Hebräisch (Ivrit)

Hebräisch gehört zur semitischen Spachfamilie. Die älteste bekannte hebräische Inschrift stammt von 925 v. Chr. aus der Amtszeit des Königs Salomo; die ältesten biblischen Texte aus dem 3. Jahrhundert v. Chr. und dem späten 1. nachchristlichen Jahrhundert wurden 1947 in Höhlen bei Qumran am Toten Meer gefunden. Etwa ab 200 n. Chr. verlor das Hebräische in der jüdischen Bevölkerung den Charakter der Muttersprache und wurde fast ausschließlich für den religiösen Bereich verwendet und gelehrt. 1889 gründete Eliezer Ben Jehuda in Jerusalem den »Rat der Hebräischen Sprache« mit dem Ziel, diese wiederzubeleben. Das Neuhebräische wurde mit 8000 überlieferten Wörtern zu einer modernen Alltagssprache entwickelt. Dass Ivrit heute die Amtssprache Israels ist, ist keineswegs selbstverständlich: Die zur Zeit der Staatsgründung im Lande befindlichen jüdischen Einwanderer stammten mehrheitlich aus Osteuropa und brachten Jiddisch als Muttersprache mit. Die dagegen während des folgenden Jahrzehnts aus islamischen Ländern einwandernden Juden sprachen in der Regel Arabisch. Seit dem Ende der Sowjetunion kam zudem eine große Gruppe von Menschen nach Israel, die Russisch sprachen und zumeist weder Jiddisch noch Hebräisch beherrschten.

Judentum und jüdische Religion

seiten der weltlichen oder kirchlichen Landesherren Phasen von Verfolgung und Vertreibung. Jüdisches Leben im mittelalterlichen Deutschland hat beispielsweise der bedeutende jüdisch-deutsche Dichter Heinrich Heine (1797–1856) – der sich 1825 christlich taufen ließ – in seinem Novellenfragment »Der Rabbi von Bacherach« (1840) festgehalten und verewigt.

Verstärkt durch das Wüten der Pest in Europa, für das man vielfach die Juden verantwortlich machte und das insbesondere während der Zeit der Kreuzzüge den Vorwand lieferte für Pogrome und Vertreibungen, erreichte eine jüdische Auswanderungswelle von Deutschland und Frankreich aus im Spätmittelalter die überwiegend slawisch besiedelten Gebiete Ostmittel- und Osteuropas. Zur gleichen Zeit markierte die Vertreibung der Juden aus Spanien (1492) den Beginn vermehrter jüdischer Auswanderung nach Nordafrika und in den östlichen Mittelmeerraum einschließlich Palästinas; ab dem 19. Jahrhundert wurde insbesondere die Neue Welt ein Emigrationsziel.

Jüdische Siedlungsbewegungen und der Kontakt mit unterschiedlichen Kulturen führten zur Herausbildung von zwei europäischen Hauptsträngen des Diasporajudentums, die sich nach Sprache und Kultur deutlich voneinander unterscheiden. Als »Aschkenasim« (Aschkenas war im Mittelalter der hebräische Name für Deutschland) bezeichnen sich Juden, die sich schon in römischer Zeit im Rheintal angesiedelt hatten und seit dem Frühmittelalter in Deutschland und Frankreich lebten. Dort sprachen sie einen um zahlreiche hebräische Begriffe ergänzten Dialekt des Mittelhochdeutschen, das Jiddische. Die Auswanderer pflegten das Jiddische im mehrheitlich slawischsprachigen Umfeld Polens und Russlands als jüdische Verkehrssprache weiter, nun bereichert vor allem durch slawische Elemente. Während das Jiddische in Mitteleuropa im Zuge der jüdischen Aufklärung weitgehend als Sprache gebildeter Juden verschwand und durch Deutsch oder Französisch ersetzt wurde, sprachen nicht assimilierte Ostjuden in Polen und der Sowjetunion, insbesondere im ehemaligen jüdischen Ansiedlungsrayon (vgl. S. 213), noch in der ersten Hälfte des 20. Jahrhunderts überwiegend Jiddisch. Die nationalsozialistische Judenpolitik, die Besetzung Polens und großer Teile der Sowjetunion während des Zweiten Weltkriegs sowie der Holocaust löschten die ostjüdische Kultur in Ostmittel- und Osteuropa nahezu vollständig aus. Jiddisch wird heute nur noch in einigen traditionellen jüdischen Gemeinden der Vereinigten Staaten und in Teilen der Ultraorthodoxie Israels gesprochen.

Im Gegensatz zu den aschkenasischen Juden bezeichnet man als Sephardim (nach der hebr. Benennung der Iberischen Halbinsel) jene Juden, die bis 1492 in Portugal und Spanien siedelten. Die jüdischen Einwohner Spaniens konnten sich unter der Herrschaft der arabischen Mauren auch als Nichtmuslime einen Platz in der Gesellschaft sichern und profitierten wie die Christen von längeren Phasen der wechselseitigen Toleranz (»Goldenes Zeitalter«). Mit der christlichen Wiedereroberung Spaniens (Reconquista) durch die »Katholischen Könige« Ferdinand II. von Aragón und Isabella I. von Kastilien begann eine vehemente Politik der Verfolgung und Vertreibung. Nach dem Fall Granadas, der letzten muslimischen Hochburg, am 2. Januar 1492, mussten gemeinsam mit den verbliebenen Muslimen auch die Juden aus Spanien fliehen oder zum Christentum konvertieren. Heute werden in Israel mitunter alle Einwanderer aus muslimischen Ländern oder aus Indien – fälschlicherweise – als Sephardim bezeichnet. Ebenso wie die Aschkenasim vertritt auch die Sephardim ein eigener Oberrabbiner .

Als Misrachim (orientalische Juden) werden in Israel dagegen in der Regel alle aus islamischen Staaten eingewanderten Juden bezeichnet. Eine spezifische ethnische Gruppe stellen darüber hinaus die vom Horn von Afrika zugewanderten äthiopischen Juden (Beita Israel) dar.

Das Ostjudentum

Die zahlenmäßig und kulturell bedeutendste jüdische Gemeinde Europas entstand im Südosten und Osten des Kontinents. Etwa eine Million Juden wurden durch die drei Polnischen Teilungen im späten 18. Jahrhundert zu Untertanen des russischen Zaren. Im Russischen Reich lebten die patriarchalisch und oligarchisch strukturierten Diasporagemeinden weiterhin streng getrennt von der christlichen Bevölkerungsmehrheit und befolgten eigene, seit Jahrhunderten überkommene Bräuche und Gesetze. Nicht das slawische Kirchenjahr, sondern der jüdische Festtagskalender

Judentum und jüdische Religion

mit seinen zwölf Monaten, sieben Wochentagen und dem Sabbat (Samstag) als Ruhetag bestimmte das Zeitbewusstsein. Jiddisch als Alltagssprache und Hebräisch für Religion und Gelehrsamkeit trennten die Juden des osteuropäischen Schtetl (jiddisch: Städtchen) von ihren Nachbarn. Auf dem Land waren Juden als Pächter, Händler und oft als Vermittler zwischen den verschiedenen Bevölkerungsgruppen des Russischen Reiches tätig. In den Städten dominierten sie in einer wirtschaftlich schwach entwickelten Umgebung nicht selten Handel und Handwerk. Durch ihre Gemeindeorganisation sowie durch gemeinsame Tradition und Herkunft blieb die Judenheit Osteuropas weitgehend autonom, solange sie die Forderungen der Staatsmacht erfüllte.

Wilna, das »Jerusalem des Ostens«, wurde zum Sinnbild für die Ausstrahlungskraft des Ostjudentums. Israel Ben Elieser (1698–1760), genannt Baal Schem Tow (hebr.: Meister des guten Namens), und seine Schüler begründeten dort eine Schule des traditionellen Studiums der Thora und der mündlichen Überlieferung. Im heutigen Weißrussland entstanden bedeutende Rabbinerschulen. Die mystische Erneuerungsbewegung des »Chassidismus« (von hebr. Chasid, der Fromme) verbreitete sich seit dem ausgehenden 18. Jahrhundert in den jüdischen Gemeinden der Ukraine, Polens, Weißrusslands, Russlands und Österreichs. Der Rabbi (hebr.: mein Herr, mein Meister; jiddisch: Rebbe), Führer der Gemeinde in religiösen Dingen, wurde zur sprichwörtlichen Instanz in allen lebenskundlichen Fragen und verkörperte, als Figur mit *chuzpe,* die Schlauheit und den Witz im Umgang mit nichtjüdischen Nachbarn wie mit den Behörden.

In Russland schränkte 1835 eine Verordnung die Siedlungsfreiheit der Juden auf den sogenannten Ansiedlungsrayon ein, bestehend aus mehreren westlichen und südlichen Gouvernements des Zarenreiches. Während dort einerseits die Masse der traditionell lebenden und überdurchschnittlich anwachsenden jüdischen Bevölkerung unter ärmlichsten Verhältnissen existierte, boten sich für gebildete Juden andererseits durchaus Aufstiegschancen im russischen Staatsapparat und auf dem wirtschaftlichen Sektor sowie im bis ins 19. Jahrhundert kaum ausgeprägten Bürgertum. Das Russische Reich wurde in den folgenden Jahrzehnten immer wieder zum Schauplatz von antijüdischen Pogromen und Antisemitismus bis in höchste Regierungskreise, auf der anderen Seite

II. Strukturen und Lebenswelten

Der Sabbat

Die Feier des Sabbats (hebr. Schabbat, jiddisch Schabbes, etwa »Ruhepause«) bildet einen Mittelpunkt des jüdischen Lebens. Die Tradition geht auf das vierte biblische Gebot zurück, wonach die Menschen am siebten Tag der Woche ruhen sollen.

Die Vorbereitungen beginnen im Laufe des Freitags. Die eigentlichen Feierlichkeiten starten für religiöse Juden nach Sonnenuntergang mit dem Besuch der Synagoge. Im Anschluss folgt das erste feierliche Sabbatmahl zu Hause, dem die Kidduschzeremonie vorausgeht. Dabei bricht der Mann das Sabbatbrot (Challa), segnet die Familie und reicht einen Becher Wein herum. Gemeinsames Singen und Beten der Familie schließen diesen Teil ab. Das folgende Essen wird als Festmahl mit mehreren Gängen und besonderen Speisen begangen.

Der Samstag als eigentlicher Tag des Sabbats steht im Zeichen der Familie, des Gebets und der Besinnung. Jegliche Form von zielgerichteter Arbeit ist verboten, ebenso wie der Umgang mit Geld oder der Besuch von Geschäften. Streng orthodoxe Juden benutzen am Sabbat keine Verkehrsmittel. Bis zu vier Besuche in der Synagoge sind üblich. Bei Einbruch der Dunkelheit und nach Abschluss des Abendgebetes endet der Sabbat erneut mit einer Zeremonie innerhalb der Familie. Umfang und Art der Feierlichkeiten schwanken stark; sie sind abhängig von der individuellen Religiosität. Allgemein hat der Sabbat als Festtag jedoch auch bei liberalen Juden einen wesentlich höheren Stellenwert als das Feiern des Sonntags in vielen überwiegend christlichen Gesellschaften. *(am)*

picture-alliance/ZB/Hubert Link

Traditioneller Sabbattisch: Zwei bedeckte Zopfbrote symbolisieren das doppelte Manna. Das Salz steht für den ewigen Bund Gottes mit seinem Volk. Der Kidduschbecher wird vom Vater erhoben, der den Segen spricht. Wenige Minuten vor Sonnenuntergang am Freitag zündet die Hausfrau die beiden Kerzen an und spricht den Segen auf das Licht, wobei sie die Hände über die Leuchter hält.

Judentum und jüdische Religion

Orthodoxe Juden an der Klagemauer in Jerusalem

schützten die russischen Zaren die Eigenständigkeit der jüdischen Kultur und Gesellschaft. Sie schufen die Rahmenbedingungen für ein ausgesprochen fruchtbares geistiges Leben sowie für die Entstehung einer neuen sozio-kulturellen Elite. Im Ansiedlungsrayon lebten 1897 3,8 Millionen Juden; sie stellten dort insgesamt elf Prozent, in den Städten sogar zwischen 30 und 50, in Einzelfällen bis 80 Prozent der Gesamtbevölkerung.

Jüdische Aufklärung

Im Zarenreich und in anderen europäischen Ländern, in denen aschkenasische Juden lebten, stellte sich im 19. Jahrhundert zunehmend die Frage nach dem Verhältnis der jüdischen Gemeinden und den sie umgebenden christlichen Mehrheitsgesellschaften. Die Ideen der jüdischen Aufklärung (hebr. *Haskala*), der in Deutschland unter anderem der Philosoph Moses Mendelssohn (1729–1786) zuzurechnen ist, waren die Grundlage für ein emanzipiertes, säkulares Judentum, das religiöses und weltliches Leben zunehmend trennte.

Aufgeklärte Juden näherten sich in Lebensweise und Kultur den christlichen Eliten an. In dem Maße, wie die in Deutschland,

Österreich, Russland und nach dem Ersten Weltkrieg auch in der Zweiten Polnischen Republik staatlich geförderte »Assimilierung« von Juden bis hin zu ihrer Taufe voranschritt, entstand ein Spannungsverhältnis zu den traditionell lebenden, orthodoxen Juden, insbesondere zu den gegen Ende des 19. Jahrhunderts massenhaft in die Metropolen Wien und Berlin strömenden, meist mittellosen »Ostjuden« aus dem Russischen Reich oder dem österreichischen Ostgalizien. Das Wechselspiel zwischen Assimilierung und traditioneller jüdischer Kultur sowie Lebensweise, zwischen Integration, Ausgrenzung und Auswanderung (vgl. den Beitrag von Angelika Timm zur jüdischen Siedlungsbewegung) wurde in Deutschland und Österreich vorerst durch die Nationalsozialisten beendet. Eine noch weiter reichende Zäsur war der Zweite Weltkrieg, der nun auch Regionen in Südost-, Ostmittel- und Osteuropa unter deutsche Kontrolle brachte, auf die die Nationalsozialisten bis 1939/41 keinen Zugriff hatten (vgl. den Beitrag von Norbert Kampe).

In der Sowjetunion, wo die Bolschewiki 1917 den »Völkerkäfig« des Zarenreichs geöffnet hatten, wurden die Juden nominell zu einer gleichberechtigten Nationalität. Vor allem in den 1920er-Jahren hatte diese in einigen Sowjetrepubliken erheblichen Anteil am Aufbau des neuen Staates. Begleitet wurde die Emanzipation sowjetischer Prägung – durchbrochen von antijüdischen »Säuberungen« der Stalinzeit und generell eingeschränkt durch einen teils erheblichen Antisemitismus – von der weitgehenden Säkularisierung des Judentums und der fortschreitenden Trennung der sowjetischen Juden von ihren religiösen, sprachlichen und kulturellen Wurzeln. Jüdische Gemeinden in Deutschland stehen ebenso wie der Staat Israel heute vor dem Problem, ehemals sowjetische Zuwanderer zu integrieren, die das Judentum erst lernen müssen.

Nation mit und ohne Staat

Das Selbstverständnis des Judentums basiert auf einer gemeinsamen Geschichte seit biblischer Zeit und auf der Vorstellung von einem organischen Ganzen des jüdischen Volkes. Schon im 18. Jahrhundert profitierten die Juden Europas und des Mittelmeerraumes diesbezüglich von ständig verbesserten Handelsverbindungen, Transportwegen, Reise- und Kommunikationsmöglichkeiten. Als beispielsweise die Juden von Prag 1745 in ernsthafte Schwierigkeiten gerieten, erhielten sie Hilfe von jüdischen Gemeinden aus ganz Europa. Die Judenheit stellte somit eine nationale Gemeinschaft dar, in der sich Veränderungen und Erneuerungsbewegungen sowohl im Rahmen nichtjüdischer Staaten als auch über deren Grenzen hinweg ausbreiteten.

Geistige Revolutionen wie die jüdische Aufklärung mit ihrem Ausgangspunkt in Deutschland und mit grundlegenden Fragen nach der möglichen Vermischung des traditionellen Judentums mit den christlichen Gesellschaften konnten diesen nationalen Zusammenhang nicht zerstören, auch wenn sie Gräben zwischen liberal und traditionell lebenden Juden öffneten. Trotz der in der Diaspora ausgebildeten, engen wirtschaftlichen und sozialen Verbindungen mit Andersgläubigen, ohne die die jüdischen Gemeinden gar nicht hätten existieren können, und trotz einer durchaus positiven Würdigung von Christentum und Islam als Religionen gehören Christen wie Muslime nach religiösem Verständnis einer Welt an, die vom Judentum getrennt ist.

Gemeinsame Basis der meisten Juden, so Jacob Katz, einer der bedeutendsten jüdischen Historiker des 20. Jahrhunderts, blieb der »exklusive religiöse Wahrheitsanspruch der jüdischen Tradition«. Dieser ist ebenso Teil des jüdischen Selbstverständnisses, wie vergleichbare Elemente zu den christlichen und muslimischen Identitäten gehören.

Bernhard Chiari

Seit dem Ende des 18. Jahrhunderts diskutierten vor allem liberale Politiker und aufgeklärte Beamte in den deutschen Staaten die »Lösung der Judenfrage« als Frage nach dem richtigen Weg zur »Judenemanzipation«. Nach rechtlicher Gleichstellung der Juden im Deutschen Reich 1871 entstanden als Protest dagegen neue politische Parteien, deren Anhänger sich selbst als »Antisemiten« bezeichneten. Bis zum Ende des 19. Jahrhunderts setzte sich der Rassismus als vorherrschende Begründung für die Judenfeindschaft durch. Die Rassenantisemiten verlangten als »Lösung« die Vertreibung oder gar Ermordung aller Angehörigen der »schädlichen Rasse«. Die NSDAP integrierte den Antisemitismus in ihr Parteiprogramm: Juden konnten keine Staatsbürger sein und sollten unter Fremdenrecht gestellt werden. Nach der »Machtergreifung« 1933 wurde die Gleichstellung der Juden in Deutschland umgehend rückgängig gemacht. Eine »Lösung der Judenfrage« sollte nun die Vertreibung aus Deutschland bringen.

Der Begriff »Endlösung der Judenfrage« wurde schon 1938 für die Zwangsauswanderung verwendet und dann als Tarnbegriff weiter benutzt, als damit bereits Deportationen, Ghettoisierung und Massenerschiessungen ab Juni 1941 gemeint waren. Auf der Wannseekonferenz vom 20. Januar 1942 definierte der Chef des Sicherheitsdienstes der SS, Reinhard Heydrich, als »Endlösung« das Ziel der Vernichtung jüdischen Lebens in Europa bis zum Ende des Krieges. Insgesamt fielen diesem Mordprogramm mehr als sechs Millionen Juden zum Opfer. Diese Katastrophe bestimmt bis heute das Selbstverständnis der Israelis und in hohem Maße auch die deutsch-israelischen Beziehungen. Darin liegt auch die Besonderheit des Einsatzes deutscher Soldaten vor der Küste des Libanons begründet. Das Bild zeigt eine junge Israelin in der Gedenkstätte Yad Vashem (Jerusalem).

Der Holocaust und die deutsch-israelischen Beziehungen

Die Bundesrepublik Deutschland und der Staat Israel stehen in einem einzigartigen Verhältnis zueinander. Die 1949 gegründete Bundesrepublik trat ganz bewusst die Rechtsnachfolge des besiegten und geteilten Deutschen Reiches an und übernahm so auch die Verantwortung für die nationalsozialistischen Verbrechen an den europäischen Juden. Die DDR hingegen lehnte aufgrund ihres Selbstverständnisses als antifaschistischer Staat die Übernahme von über das Potsdamer Abkommen hinausgehenden Verpflichtungen aus den Verbrechen NS-Deutschlands pauschal ab. Österreich schließlich stellte sich auf den staatsrechtlichen Standpunkt, selbst das erste Opfer der nationalsozialistischen Aggression gewesen zu sein und deshalb keine schuldhafte Verantwortung tragen zu müssen.

Das Entsetzen über die ungeheure Dimension des Völkermords an den europäischen Juden mit sechs Millionen Opfern begünstigte 1948 die Zustimmung der Vereinten Nationen zur Gründung eines jüdischen Staates im britischen Mandatsgebiet Palästina (vgl. den Beitrag von Angelika Timm zur Staatsgründung Israels). Nicht alle jüdischen Siedler und Einwanderer in Palästina bzw. Israel waren vor dem nationalsozialistischen Deutschland geflohen oder selbst Überlebende des Völkermords, ebenso wenig wie andererseits auch nicht alle Deutschen als Mörder und Mittäter bei den Verbrechen an den Juden angesehen werden konnten. Dennoch wurde das Verhältnis beider Staaten zueinander mit den Begriffen der »Opfer-« und der »Täter-Nation« prinzipiell richtig erfasst. Angesichts dieser Ausgangslage mutet es fast wie ein Wunder an, dass die deutsch-israelischen Beziehungen heute – nicht nur von Politikern beider Seiten – als gut bezeichnet werden. Es wäre aber falsch anzunehmen, dass die Vergangenheit keine besondere Rolle mehr spielt. Die öffentliche Erinnerung an den Holocaust in beiden Staaten veränderte sich jedoch in den Jahrzehnten seit Kriegsende.

II. Strukturen und Lebenswelten

Konrad Adenauer und die Anfänge der deutsch-israelischen Beziehungen

In diesem Zusammenhang bietet der Rückblick auf Westdeutschland in der Ära des Bundeskanzlers Konrad Adenauer (1949–1963) ein zwiespältiges Bild. 1952 gelang die Vereinbarung mit Israel über ein »Wiedergutmachungsabkommen«, das die Zahlung – auch in Form von Warenlieferungen – von 3,45 Milliarden DM im Verlaufe von zwölf Jahren an Israel festlegte (vgl. den Beitrag von Martin Beck). Die Annahme von Zahlungen zur Kompensation der deutschen Verbrechen an den Juden war in Israel jedoch sehr umstritten: Man wolle »kein ›Blutgeld‹ von den Deutschen annehmen«, hieß es.

Die Bezeichnung als »Wiedergutmachung« war zwar recht unglücklich – wie kann man einen Völkermord finanziell wiedergutmachen? –, sie gab jedoch die Intention Adenauers treffend wieder: das Bekenntnis zur Verantwortung angesichts der Schuld Deutschlands, wodurch zugleich die Aufnahme einer international geachteten Bundesrepublik in den Kreis der demokratischen Staaten bewirkt werden sollte. Nach einer das deutsche Ansehen beschädigenden Welle von Hakenkreuzschmierereien, unter anderem an der Kölner Synagoge, trafen sich Adenauer und der israelische Ministerpräsident David Ben Gurion 1960 persönlich in New York. Die beiden alten Herren begegneten sich mit großem Respekt und übergingen vorhandene Bedenken in ihren jeweiligen Delegationen. Alle Kontakte mit Ausnahme der Verhandlungen zum »Wiedergutmachungsabkommen« selbst waren in Geheimdiplomatie betrieben worden, um die Gegner in beiden Staaten vor vollendete Tatsachen zu stellen. Die deutsche Seite sagte zunächst umfangreiche Wirtschafts- und Militärhilfe zu, aber erst 1965 nahmen Israel und die Bundesrepublik schließlich diplomatische Beziehungen auf.

Auch in Westdeutschland waren die Zahlungen an Israel sehr unpopulär. Lediglich elf Prozent der Bevölkerung bejahte sie, während eine Mehrheit sich eher als Opfer des Krieges sah. In Teilen der Bevölkerung herrschte eine »Schlussstrich-Mentalität« hinsichtlich einer Aufarbeitung der NS-Verbrechen, gefördert auch von der Regierung Adenauer selbst; so wurden ver-

Die deutsch-israelischen Beziehungen

urteilte NS-Täter großzügig begnadigt und die Säuberung der Beamtenschaft sowie der Justiz von ehemaligen Mitgliedern der NSDAP frühzeitig abgebrochen. Adenauer sprach sich im Bundestag gegen die »Nazi-Schnüffelei« aus und hielt beispielsweise unbeirrt an seinem Staatssekretär Hans Globke fest, der an der antijüdischen Gesetzgebung des Dritten Reichs maßgeblich beteiligt gewesen war.

Der schon bald nach 1945 ausbrechende Kalte Krieg erlaubte die Beibehaltung eines zentralen Bestandteils der NS-Ideologie, des Antibolschewismus. Der Ost-West-Konflikt ersparte zunächst den Bundesbürgern auch die Konfrontation mit den Verbrechen und Mordprogrammen während der deutschen Besatzung, denen allein in der Sowjetunion wahrscheinlich bis zu 26,6 Millionen Menschen zum Opfer gefallen waren (darunter zwischen 8,7 und 11,3 Millionen Soldaten der Roten Armee). Es sollte noch bis in die 1980er-Jahre dauern, bis mit einem Generationswechsel die Verbrechen des NS-Regimes und die Tatsache der Beteiligung Hunderttausender »braver« Deutscher daran Thema öffentlicher Debatten wurden und Aufnahme in das allgemeine Geschichtsbewusstsein fanden. Dennoch fehlt es bis heute – selbst von prominenten Historikern – nicht an Versuchen, den Nationalsozialismus als »beklagenswerte Entgleisung« zu verharmlosen oder gar den Holocaust als Reaktion auf vorangegangene bolschewistische Verbrechen zu verstehen. Angeblich verhindere eine zu starke Erinnerung an die NS-Verbrechen ein positives Nationalgefühl der Deutschen.

Durchgesetzt hat sich in der Regel jedoch eine andere Sichtweise: So beziehen junge Deutsche ihr Selbstbewusstsein weitgehend auch aus der Auseinandersetzung mit der NS-Zeit und dem Bekenntnis zur Demokratie. Der Einsatz der Bundeswehr im ehemaligen Jugoslawien beispielsweise wurde ausdrücklich mit der besonderen deutschen Verantwortung zur Verhinderung von Völkermord politisch begründet und sogar von den friedensbewegten Grünen mitgetragen.

II. Strukturen und Lebenswelten

Die Schoah und die Folgen für die israelische Gesellschaft

Seit Gründung des Staates Israel spielt das Wissen vom Holocaust eine zentrale Rolle für das staatliche Selbstverständnis. Inspiriert durch Theodor Herzls Vision von einem »Judenstaat« (vgl. den Beitrag von Angelika Timm zur Siedlungsbewegung) als Zufluchtsort und Heimat der in Europa verfolgten Juden, war 1897 die politische Bewegung des modernen Zionismus entstanden – eine säkulare (also nicht religiös begründete) Bewegung der jüdischen nationalen Emanzipation in Anlehnung an die im 19. Jahrhundert vorherrschenden nationalstaatlichen Vorstellungen. Angesichts unterschiedlicher Lebensweisen, Sprachen und Kulturen der Juden in Europa waren letztlich die gemeinsame Religion und Geschichtsbezüge diejenigen verbindenden Elemente, die Juden ungeachtet ihrer zweitausendjährigen Zerstreuung, der Diaspora, zu einer »Nation« zu machen geeignet waren (vgl. den Beitrag von Bernhard Chiari).

Ein Kernstück des politischen Zionismus war die Ablehnung der Diaspora. Ein selbstbewusster, freier Jude konnte aus zionistischer Sicht nur in Israel leben. Der Holocaust wurde als Bestätigung für die Richtigkeit des zionistischen Staatsziels gesehen. Ungeachtet des engen Zusammenhangs der Gründung des modernen Israels mit dem Holocaust war die tatsächliche Erfahrung der Überlebenden des Völkermords allerdings zunächst weitgehend eine Angelegenheit privater Trauer in den Familien. Die israelische Öffentlichkeit hatte demgegenüber große Probleme bei der Auseinandersetzung mit der Thematik, denn dem Selbstbild des Pioniers in den landwirtschaftlichen Siedlungen oder des Kämpfers im sogleich zu bestehenden Krieg 1948 entsprach nicht die verbreitete Vorstellung von den Juden als »Schafen«, die sich angeblich aus Unwissenheit oder Angst von ihren Mördern in Deutschland und Osteuropa zu den »Schlachtbänken« haben führen lassen (vgl. den Beitrag von Gil Yaron zur Rolle des Militärs in Israel). Die Erfahrung der Überlebenden vom völligen Ausgeliefertsein führte bei diesen oft zu schweren psychischen Schäden (Traumata), und das konnte im Existenzkampf Israels nicht vollends aufgearbeitet werden.

Die deutsch-israelischen Beziehungen

Erst der Eichmann-Prozess 1961 in Jerusalem bewirkte eine Hinwendung der Israelis zum tatsächlichen historischen Geschehen. Israel war inzwischen ein souveräner Staat geworden, der die Macht hatte, mit Adolf Eichmann einen hauptverantwortlichen Organisator des Völkermords vor ein israelisches Gericht zu stellen. Mittlerweile verfügten der Staat und die israelische Gesellschaft über genug Stärke, um die Zeugenaussagen der Überlebenden zu ertragen – und auch deren Zusammenbrüche im Gerichtssaal angesichts schrecklicher Erlebnisse. Die historische Forschung, die nationale Gedenkstätte Yad Vashem und ähnliche Einrichtungen erfuhren ein breites öffentliches Interesse. Institutionen für die historische Bildung sowie die Medien nahmen sich der »Schoah« (das ist der hebräische Begriff für »Holocaust«) an.

Nach den Kriegen von 1967 und 1973 veränderte sich die politische Situation erheblich. Israel war von einem in seiner Existenz bedrohten Staat auf Dauer zu einer Besatzungsmacht in palästinensischen (Gazastreifen und Westjordanland) und syrischen (Golanhöhen) Gebieten geworden. Die Hardliner in der Regierung, die »Falken«, propagierten Annexionen und Umsiedlungen der Palästinenser, die Bildung eines »Groß-Israel« und jüdische Siedlungen in den besetzten Gebieten. Dies alles wurde gerechtfertigt mit dem Sicherheitsbedürfnis und der Verhinderung einer erneuten Schoah. Aus dem »Nie wieder« als Forderung aus der Erfahrung der Schoah wurde ein »das darf *uns* nie wieder passieren« zur Rechtfertigung der Besatzungspolitik (vgl. den Beitrag von Gil Yaron). Jassir Arafat und andere arabische Führer wurden mit Hitler verglichen, die einen Völkermord an den Israelis planten. Ministerpräsident Menachem Begin sah sich beim Einmarsch israelischer Truppen in Beirut 1982 sogar als Heerführer, der Hitlers Berlin erobert.

Die »Tauben« sahen die moralische Legitimation Israels infolge seiner harten und auf Dauer angelegten Besatzungspolitik beschädigt und plädierten für einen Ausgleich mit den Palästinensern mit dem Ziel »Land gegen Frieden«. Zwischen »Falken« und »Tauben« steht eine auf etwa 40 Prozent der Bevölkerung geschätzte Gruppe von Wechselwählern. Diese wünscht eigentlich eher Ausgleich und Frieden, tendiert jedoch nach dem Scheitern von Friedensinitiativen und angesichts von Terroranschlägen in Israel eher zu den »Falken«.

II. Strukturen und Lebenswelten

Die deutsch-israelischen Beziehungen
Nach den Verbrechen, die in deutschem Namen am jüdischen Volk verübt worden waren, legte die Bundesrepublik bereits in ihren Gründerjahren besonderen Wert auf eine Annäherung an Israel. Der erste deutsche Bundeskanzler, Dr. Konrad Adenauer (geboren 1876, Kanzler von 1949 bis 1963), war als Kölner Oberbürgermeister von den Nationalsozialisten aus seinem Amt entfernt und mehrfach verhaftet worden. In ihm hatte die Bundesrepublik einen Repräsentanten, der unverdächtig war, in der NS-Zeit Schuld auf sich geladen zu haben. In New York traf Adenauer 1960 mit dem israelischen Ministerpräsidenten David Ben Gurion zusammen. Das Vertrauensverhältnis, das Konrad Adenauer und David Ben Gurion aufbauten, war grundlegend für die Ausgestaltung der deutsch-israelischen Beziehungen.

Mit dem Abkommen von Luxemburg und dem sogenannten Entschädigungsgesetz wurde Mitte der 1950er-Jahre eine in Israel wie der Bundesrepublik zunächst umstrittene finanzielle »Wiedergutmachung« eingeleitet, die auch Ausdruck der historischen Verantwortung Deutschlands ist. Diplomatische Beziehungen zwischen der Bundesrepublik und Israel wurden am 12. Mai 1965 aufgenommen. Konrad Adenauer besuchte Israel zum ersten Mal 1966 als Privatmann, drei Jahre nach seinem Ausscheiden aus dem Amt des Bundeskanzlers. Seine Visite stieß allerdings auf wenig Verständnis in der israelischen Bevölkerung. Diese hatte 1961 den Prozess gegen Adolf Eichmann miterlebt, einen der zentralen Verantwortlichen für die »Endlösung der Judenfrage«.

David Ben Gurion und Konrad Adenauer in New York, 1960

Die deutsch-israelischen Beziehungen

Den ersten *offiziellen* Staatsbesuch in Israel unternahm 1973 Bundeskanzler Willy Brandt auf Einladung von Premierministerin Golda Meir. Im Oktober 1985 folgte Richard von Weizsäcker als erster deutscher Bundespräsident. Bundespräsident Johannes Rau sprach im Jahr 2000 als erstes deutsches Staatsoberhaupt in deutscher Sprache vor der Knesset, dem israelischen Parlament, wo er um Vergebung für die Verbrechen des Holocausts bat. Im Februar 2005 hielt auch Bundespräsident Horst Köhler eine Rede vor der Volksvertretung. Israel gehört mittlerweile zu den Ländern, denen neu gewählte Bundeskanzler in den ersten Monaten ihrer Amtszeit einen Antrittsbesuch abstatten, zuletzt Angela Merkel zwei Monate nach ihrer Amtseinführung im Januar 2006. Im März 2008 sprach auch sie vor der Knesset.

Neben den politischen und diplomatischen Beziehungen haben sich seit Jahrzehnten wirtschaftliche, kulturelle und militärische Verbindungen zwischen Deutschland und Israel entwickelt. Dennoch muss man nach wie vor von »äußerst komplexen und schmerzhaft schwierigen Beziehungen« (Schimon Peres) sprechen. (ft)

Als Einwanderungsland erbringt Israel seit Jahrzehnten eine bewundernswerte Integrationsleistung. Die damit einhergehenden sozialen Spannungen werfen jedoch Probleme auf. Aus dem Orient eingewanderte Juden teilen nicht die Holocaust-Erfahrung der Juden aus Mittel- und Osteuropa. Orientalische Juden bildeten zunächst eher die soziale Unterschicht und sahen die gesellschaftlichen Führungspositionen mit Israelis europäischer Abstammung besetzt. Mit der Einwanderungswelle von Juden aus der Sowjetunion und deren Folgestaaten wurde zwar das europäische Element wieder verstärkt, doch diese Familien sind während des repressiv-atheistischen Sowjetregimes und infolge des staatsoffiziellen Antizionismus sowie eines virulenten Antisemitismus den jüdischen Traditionen entfremdet worden.

Als Gegenkraft wird in Israel die intensive Behandlung der Schoah insbesondere im Bildungswesen eingesetzt. Die Schoah wurde dadurch zum Zentrum der israelischen Identität. Je länger der Völkermord an den Juden zurückliegt, umso mehr prägt er das Bewusstsein der Israelis. Regelmäßige Umfragen unter jüngeren Israelis belegen, dass der Holocaust seit den 1960er-Jahren

II. Strukturen und Lebenswelten

Adolf Eichmann wurde 1960 vom israelischen Geheimdienst in Argentinien aufgespürt und nach Israel entführt, wo ihm das Jerusalemer Bezirksgericht den Prozess machte. Hauptankläger war der israelische Generalstaatsanwalt Gideon Hausner. Das Verfahren begann am 11. April und endete am 15. Dezember 1961 mit einem Todesurteil. Das Urteil – Tod durch den Strang – bestätigte das Berufungsgericht am 29. Mai 1962 in zweiter Instanz. Am 1. Juni starb Adolf Eichmann im Gefängnis von Ramleh am Galgen. Seine Leiche wurde verbrannt und die Asche ins Meer gestreut.

mit bis heute steigender Tendenz als das wichtigste Ereignis in 5000 Jahren jüdischer Geschichte empfunden wird.

Es finden sich jedoch auch scharfe Kritiker dieser Entwicklung. Ein Aufsatz des Historikers Yehuda Elkana von 1988 gilt heute in Israel als erster fundamentaler Angriff auf die »Instrumentalisierung« der Schoah. Elkana sah die Beziehung zu den Palästinensern von »einer tief verwurzelten, existentiellen Angst« geprägt, die aus einer bestimmten Auslegung der Lehren aus der Schoah und der Vorstellung entstünde, dass die ganze Welt gegen Israel sei und die Juden das ewige Opfer. Es sei aber ein Unglück, wenn ein Volk aufgrund dominierender »Lehren der Vergangenheit sein Verhältnis zur Gegenwart bestimmt und seine Zukunft gestaltet«. Die systematische Infiltrierung der Schoah in das Bewusstsein der gesamten israelischen Bevölkerung, auch der jungen Generation, erachtete Yehuda Elkana als die größte Gefahr für Israels Zukunft.

Die Erinnerung an die Schoah geht in Israel nicht einher mit einer pronounciert antideutschen Einstellung. Es ist in Israel durchaus bekannt, dass die Bundesrepublik stets ein verlässlicher Bündnispartner auch in Kriegs- und Krisensituationen gewesen ist. Die aktuelle Bitte der israelischen Regierung an Deutschland, an friedenssichernden Aktionen in der Region teilzunehmen, bedeutet einen großen Vertrauensbeweis, der eine neue Phase der deutsch-israelischen Beziehungen einleitet. Gleichzeitig bringen die deutsche Präsenz und das wiederholte Bekenntnis der Bundesregierung zum Existenzrecht Israels das Problem mit sich, dass die arabischen Konfliktparteien von der deutschen Seite eine einseitige Parteinahme befürchten.

Norbert Kampe

Nach der Veröffentlichung von einem Dutzend Karikaturen des muslimischen Propheten Mohammed in einer dänischen Zeitung sowie wenig später auch in französischen, deutschen und anderen Printmedien im Jahre 2005 kam es in einigen islamisch geprägten Ländern zu gewalttätigen Demonstrationen. Westliche Botschaften – im Bild der Brand des dänischen Konsulats am 5. Februar 2006 in Beirut – wurden attackiert, Menschen kamen zu Schaden. Im September 2006 ermittelte die deutsche Polizei zwei libanesische junge Männer, die erfolglos versucht hatten, Bomben in zwei Regionalzügen zu zünden. Als ein Motiv gaben sie ihre Wut auf die Zeichnungen des Propheten an. Sie seien beleidigend, ja Teil eines weltweiten »Kreuzzuges« gegen den Islam, und sie als Muslime sähen sich in der Pflicht, dagegen vorzugehen. Im September 2007 schließlich verhinderten Sicherheitskräfte in Nordrhein-Westfalen den geplanten Terroranschlag dreier in Deutschland aufgewachsener Männer zwischen 19 und 28 Jahren – zwei von ihnen zum Islam konvertierte Deutsche –, die mit der Gruppe »Islamische Dschihad Union« in Verbindung standen. Will man den »Karikaturenstreit« und die Gewaltbereitschaft der Islamisten verstehen, muss man wissen, welch zentrale Bedeutung der Verehrung Mohammeds im Islam zukommt.

▰▰▰ Religiöse Texte und religiöse Gewalt in der islamischen Welt

Die Kommentatoren der Presse und aus der Wissenschaft nannten zahlreiche Gründe für die Gewaltakte im Rahmen des sogenannten Karikaturenstreits vom Frühjahr 2006: Im Wesentlichen würden sie aus einem Gefühl der politischen und militärischen Erniedrigung des Islams durch »den Westen« resultieren, sagten manche. Hinzu komme die soziale Ausgrenzung von Muslimen in Europa, die Perspektivlosigkeit in islamischen Ländern und eine Vielzahl weiterer sozialer sowie sozial-psychischer Motive. Einige Journalisten gingen sogar so weit zu behaupten, dass religiöse Motive beim Karikaturenstreit gar keine Rolle spielten. Manche Muslime erklärten, die gewalttätigen Reaktionen verstießen gegen die Gebote des Islams, weil er Gewalt ablehne. Eine verwirrende Vielzahl von Deutungen entfaltete sich.

Eine Analyse der Ursache religiöser Gewalt im Karikaturenstreit bliebe unvollständig, berücksichtigte man nicht auch die zahlreichen religiösen Überzeugungen des Islams. Deren Geschichte reicht oft weit zurück. Es ist vor allem wichtig, die unterschiedlichen Zugangsweisen zu den religiösen Basistexten zu kennen, ebenso deren Interpretation durch Gelehrte und Intellektuelle sowie ihre Vermittlung an die Masse der Gläubigen.

Mohammed als Stifter des Islams

Dass Mohammed nicht nur Prophet und Übermittler der letzten göttlichen Offenbarung ist, sondern auch als Mensch Vorbildcharakter für das Verhalten der Gläubigen hat, werden die meisten Muslime, jedenfalls die bekennenden, nicht infrage stellen. Das Bild, das sich Muslime von Mohammed machen, ist allerdings nicht einheitlich. Es hängt in hohem Maße davon ab, woher ihre Informationen über den Propheten stammen. Sicher kennen nicht sehr viele Muslime die überaus umfangreichen, seit dem 8. Jahrhundert entstandenen Lebensgeschichten Mohammeds, die auf arabisch »Sira« heißen, und die vielen Überlieferungen (Hadith) über seine Lebenspraxis (Sunna), sein Verhalten in be-

II. Strukturen und Lebenswelten

stimmten Situationen sowie seine Aussprüche. Sira und Hadith, im Original arabisch und nach dem Koran die zweite Textbasis des Islams, werden vielmehr meist in bearbeiteter Form zur Kenntnis genommen – aus Schulbüchern, Predigten und zunehmend aus Internetforen.

Einige übereinstimmende Bestandteile im Leben des Propheten lassen sich aber doch hervorheben: Mohammed hat seine Jugend in Mekka als geachtetes Mitglied im Stamm der arabischen Koreischiten (arab. Quraish) verbracht. Dann aber überwarf er sich mit den Führern der Koreischiten, als er behauptete, göttliche Offenbarungen empfangen zu haben, die die Götter des Stammes, viele seiner Traditionen und Gesetze ablehnten und zur Unterwerfung (arab. Islâm) unter den einzigen Gott Allah aufriefen. Obwohl sich einige Einwohner Mekkas Mohammed anschlossen und er versuchte, andere zu überzeugen, kam es schließlich zur Auswanderung (Hidschra) der Muslime in die nicht weit entfernte Stadt Medina. Dort erkannten die meisten Bewohner Mohammed als Propheten und als Führer eines muslimischen Gemeinwesens an. Wenige Monate nach der Ankunft Mohammeds begannen die Muslime von Medina Expeditionen gegen verschiedene Stämme in Arabien, darunter auch die Koreischiten in Mekka. Nach zahlreichen Kämpfen mit wechselhaftem Erfolg kapitulierte Mekka schließlich. Mohammed konnte zurückkehren, dieses Mal als unbestrittene Autorität, der bald die anderen Stämme Arabiens folgten. Er starb laut Überlieferung kurz danach im Jahre 632.

Die Frage ist nun, wie diese Geschichte, hier in sehr vereinfachter Form erzählt, von Muslimen gedeutet wird und welche Konsequenzen das für ihr Handeln hat. Eine Möglichkeit ist, dass Muslime sich auch heute aufgerufen sehen, gegen Ungläubige zu kämpfen, so wie einst Mohammed gegen die heidnischen Koreischiten. Andere Muslime wollen dem Verhalten Mohammeds in Mekka folgen, wo er als Prediger versucht habe, mit Argumenten für den Islam zu werben. Manche machen auch geltend, die damalige Situation lasse sich überhaupt nicht direkt auf heutige Zeiten übertragen.

Religiöse Texte und religiöse Gewalt

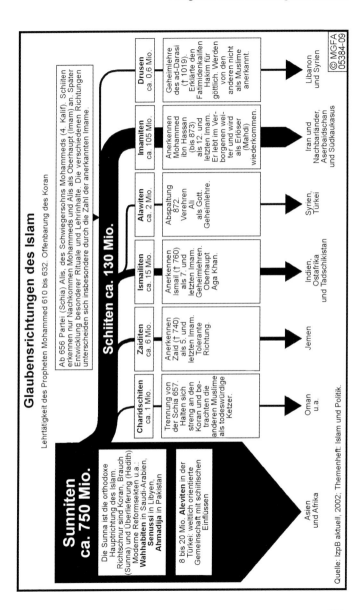

II. Strukturen und Lebenswelten

Lesarten des Korans

Ähnlich unterschiedlich sind die Interpretationen des Korans (arab. für »Rezitation«), für Muslime das Wort Gottes, das Mohammed über mehr als zehn Jahre hinweg in Arabisch offenbart hat und das etliche Jahre nach seinem Tod niedergeschrieben wurde. Gegliedert in 114 Suren, Kapitel von verschiedener Länge, Form und Inhalt, ist es ein Text, der muslimische Koranwissenschaftler seit den islamischen Ursprüngen bis heute immer wieder neu beschäftigt. Über die Bedeutung vieler Stellen waren sie sich zu keiner Zeit einig; ebenso wenig darüber, welche Konsequenzen für das Handeln und Denken der Gläubigen daraus zu ziehen seien. So ist es auch nicht verwunderlich, dass unter heutigen Muslimen ganz unterschiedliche Interpretationen des Korans existieren. Die meisten Muslime, vor allem die, die kein Arabisch lesen können, haben nicht einmal einen direkten Zugang zur Offenbarung; Übersetzungen existieren zwar, gelten aber vielen als Verformung der göttlichen Worte und werden selten genutzt. Über Umfang und Art der Korankenntnis entscheidet die Vermittlung durch die Gelehrten.

Neben den Basistexten des Korans, Hadith und Sira gründet muslimisches Denken und Handeln auf der auslegenden Literatur, etwa auf den Werken von Juristen und Theologen, um nur zwei Zweige islamischer Wissenschaften zu nennen. Es sind vor allem die Juristen, die als Deuter der Scharia, der göttlichen Normen, praxisgerechte Regeln für ein richtiges muslimisches Leben formulieren wollen, die teilweise aus dem Koran und der Pro-

Muslime beim Koranstudium

Religiöse Texte und religiöse Gewalt

Der Dschihad
Der Dschihad (arab. *jihad*, wörtlich aus dem Arabischen: sich bemühen) zählt nicht zu den fünf klassischen Säulen des Islams (Glaubensbekenntnis, Gebet, Fasten, Almosen, Pilgerfahrt), doch misst ihm diese Weltreligion erhebliche Bedeutung zu. Die klassische juristisch-moralische Lehre des Islams unterscheidet zwei Formen des Dschihad. Der »große Dschihad« meint das Streben, die eigenen Schwächen und Laster zu überwinden, ein gottgefälliges leben zu führen und den islamischen Glauben durch Wort und vorbildhaftes Verhalten zu verbreiten. Der »kleine Dschihad« verlangt von den Gläubigen das Gebiet des Islams zu verteidigen und auszudehnen, wenn nicht anders, dann auch durch Gewaltanwendung innerhalb der von den muslimischen Juristen gesetzten Grenzen. Ein Koranvers, der oft als Grundlage der kriegerischen Form des Dschihad herangezogen wird, lautet: »Kämpft gegen diejenigen, die nicht an Allah und an den Jüngsten Tag glauben, und die das nicht für verboten erklären, was Allah und Sein Gesandter für verboten erklärt haben, und die nicht dem wahren Glauben folgen – von denen, die die Schrift erhalten haben, bis sie eigenhändig den Tribut in voller Unterwerfung entrichten.« (Sure 9, 29)

phetenüberlieferung abgeleitet sind, teilweise aber auch aus eigenen Interpretationen. Eine einheitliche Meinung gibt es nicht. Vielmehr existieren mehrere Rechtsschulen oder Tendenzen der Jurisprudenz mit oft großen Unterschieden im sunnitischen und schiitischen Islam. Sunniten und Schiiten sind die beiden größten Konfessionen der Muslime, wobei die Schiiten etwa 15 Prozent ausmachen (vgl. den Infokasten auf S. 231).

Einer der zahlreichen Unterschiede zwischen Sunniten und Schiiten besteht darin, dass die Schiiten ihren hochrangigen Gelehrten, etwa denen auf der Stufe des »Ayatollah« (= Zeichen Gottes), in gewissem Maße freie Auslegung der Basistexte zubilligen, während die Sunniten im Allgemeinen die ausschließliche Autorität klassischer Rechtswerke betonen. In beiden Richtungen aber war islamische Jurisprudenz nie unveränderlich; immer gaben etwa Rechtsgutachter (Muftis) ihre Meinung zu neuen Rechtsfragen ab und betrieben damit eine Art von Rechtsfortbildung. Eine tiefgehende Änderung der staatlichen Rechtspraxis fand in der Kolonialzeit im 19. und 20. Jahrhundert statt, als große Teile islamischen Rechts durch europäisches Recht ersetzt und islamische Normen etwa für Personenstandsfragen, Ehe, Scheidung und Erbschaft reformiert wurden.

Islamisches Recht in der Gegenwart

Staatliches Rechtswesen in islamischen Ländern ist heute eine Mischung aus islamischen und westlichen Elementen, was von manchen Muslimen kritisiert wird. Rufe zur »Re-Islamisierung« und »Wiedereinführung der Scharia« sind zwar schon früher, aber besonders massiv im 20. Jahrhundert laut geworden. Vorreiter dieser Bewegung waren sowohl einzelne Gelehrte als auch islamische Gruppen wie die ägyptische Muslimbruderschaft, gegründet 1928 durch Hassan al-Banna im ägyptischen Ismailiya – ihrerseits wiederum Ursprung vieler weiterer, darunter auch militanter Organisationen.

Debatten um die heutige Gültigkeit der Scharia drehen sich oft um Fragen des islamischen Strafrechts, das nur in einigen islamischen Ländern angewandt wird. Sie betreffen korrekte Wirtschaftsformen, aber auch religiöse Gewalt. Die traditionellen, grundlegenden Rechtswerke enthalten Kapitel über den »Dschihad«, verstanden als bewaffneter Kampf zur Ausdehnung und Verteidigung des islamischen Herrschaftsbereichs. Sie formulieren eine Art islamisches Kriegs- und Völkerrecht. Dschihad wird dabei als Pflicht für Muslime beschrieben – im Verteidigungsfall sogar für jeden einzelnen –, darf allerdings nicht willkürlich geführt werden. So gibt es Regelungen, dass Nichtkämpfer nicht angegriffen werden dürfen oder ein Waffenstillstand nur auf begrenzte Zeit geschlossen werden darf und vieles mehr. Da heutige muslimisch geprägte Staaten meist die Regeln des modernen internationalen Völkerrechts anerkannt haben, ist für sie allerdings das Dschihad-Recht außer Kraft gesetzt.

Gruppen, die für »Re-Islamisierung« oder die »Verteidigung des Islams« kämpfen, sehen sich jedoch nicht an diese internationalen Übereinkünfte gebunden. Wenn etwa junge Muslime in Deutschland sich entschließen, eine Bombe zu werfen, weil sie den Islam gegen Angriffe der »Kreuzfahrer« (USA, »der Westen«, »die Zionisten«) schützen wollen, werden sie, auch wenn sie keine Gelehrten sind, auf Grund des Dschihad-Rechts darüber nachdenken, ob das erlaubt oder gar geboten ist. Sie mögen sich Anregungen bei Predigern, Muftis oder auch in Internetforen holen, die sich mit islamischem Rechtsdenken befassen.

Rechtlich-moralische Erwägungen stellen auch jene Muslime an, denen solche militanten Akte als völlig unangebracht erscheinen und welche diese nicht als Dschihad, sondern als Verbrechen ansehen. Ausgangspunkt für eine solche Bewertung ist die Ablehnung der These, die Muslime befänden sich im Krieg. Viele Muslime leben selbstverständlich und friedlich in den »verwestlichten« Rechtsordnungen islamischer Länder oder in nicht-islamischen Staaten. Selbst wenn sie sehr fromm sind und sich an die Grundpflichten der Gläubigen halten (Gebet, Fasten im Ramadan, mindestens einmal im Leben die Pilgerfahrt nach Mekka und die Almosenspende), heißt das nicht zwangsläufig, dass solche Muslime eine islamische Staatsordnung wollen.

Militante Muslime haben allerdings wirksame Argumente, wenn sie sich auf die Gemeinde ihrer ersten Glaubensbrüder in Medina berufen, wo Glaube und Staat nicht getrennt gewesen seien. Um Gewaltanwendung zu rechtfertigen, verweisen sie auch auf besonders militante Suren des Korans. Dazu zählen Sure 8 und 9, die Mohammed Atta, einer der Attentäter des 11. September 2001, in seinem Testament angehenden »Glaubenskämpfern« zur moralischen Stärkung empfahl.

Zu fragen ist, ob solche militanten Botschaften hinkünftig an Mobilisierungskraft gewinnen oder verlieren werden. Derzeit lassen innermuslimische Debatten zur Frage der Legitimität religiöser Gewalt kaum einen sicheren Schluss zu. Neuere Ansätze der Koraninterpretation wollen militante Aussagen relativieren. Manche muslimische Intellektuelle streben dabei nach einer »islamischen Aufklärung«, welche die Bindungskraft religiös abgeleiteter Normen verringern oder gar aufheben soll. Schwierig ist die Debatte, weil die Aufklärer von den Exponenten der Islamisierung oft als Feinde des Islams bezeichnet und bedroht werden.

Ralf Elger

Haifa ist die drittgrößte israelische Stadt und befindet sich nicht einmal 50 Kilometer von der libanesischen Grenze entfernt. Damit liegt der Ort in Reichweite der Raketen der Hisbollah. Weil Haifa über den größten israelischen Hafen und eine von zwei Erdölraffinerien im Land verfügt – im Bild einer der Kühltürme –, war es im Sommer 2006 wiederholt Ziel von Angriffen aus dem südlichen Libanon.

Die planmäßige Zerstörung industrieller Anlagen und von Infrastruktur in allen an den militärischen Auseinandersetzungen beteiligten Ländern warf die wirtschaftliche Entwicklung des gesamten Nahen Ostens immer wieder zurück. Darüber hinaus hat der Krieg die Umwelt massiv beschädigt. Dies wirkt sich wiederum auf die Verfügbarkeit von Wasser aus, das als strategische Ressource verteidigt wird.

Die mittlerweile sechs Jahrzehnte andauernden militärischen Auseinandersetzungen zwischen Israel und seinen Nachbarstaaten haben die volkswirtschaftlichen Probleme der Region weiter verschärft. Die große Abhängigkeit vom Weltmarkt und den Weltmarktpreisen, der jeweilige gesellschaftliche Entwicklungsstand, das Fehlen qualifizierter Arbeitskräfte und zum Teil schwach ausgeprägte industrielle Strukturen haben in den vergangenen Jahrzehnten zu einer immer größeren Abhängigkeit der Länder im Nahen Osten von der finanziellen Unterstützung durch ihre jeweiligen Verbündeten und Handelspartner geführt.

▰ Wirtschaft und Ökologie

Der Nahe Osten ist kein einheitlicher Wirtschaftsraum wie zum Beispiel die Europäische Union. Die einzelnen Volkswirtschaften sind – trotz der Globalisierung – in unterschiedliche wirtschaftspolitische Netzwerke eingebunden. Israel ist ökonomisch eng mit Europa und den USA verflochten, während sich die arabischen Staaten des Nahen Ostens insbesondere nach ihren arabischen Nachbarn, nach der Türkei und anderen muslimischen Ländern hin orientieren. Zwischen den Staaten des Nahen Ostens bestehen nicht nur geringe ökonomische Kontakte, sondern auch erhebliche Unterschiede in Wertschöpfung, Produktivität und Pro-Kopf-Einkommen. Vergleicht man diese Werte miteinander, ist Israel ein prosperierender Industriestaat, während seine arabischen Nachbarn auf dem Stand von sich zu Schwellenländern wandelnden Entwicklungsländern verharren. Dieses ökonomische Ungleichgewicht bildet neben den religiösen, ethnischen und weltanschaulichen Konflikten eines der Hauptprobleme für die Stabilität in der Region.

Im Folgenden wird die ökonomische Situation der östlichen Mittelmeeranrainer (Israel, Syrien, Libanon und Ägypten) sowie Jordaniens analysiert. Für die anderen arabischen Staaten des Nahen Ostens gelten gänzlich andere wirtschaftliche Parameter.

Landwirtschaft und die Ressource Wasser

Die Landwirtschaft ist seit Jahrhunderten ein wichtiger Wirtschaftszweig der Levante. Jeder Mitteleuropäer verbindet mit dem östlichen Mittelmeerraum Orangen, Oliven, Melonen, Zitronen und Gewürze; sinnbildlich für diese Vielfalt stehen die Jaffa-Orangen. Große Schaf- und Ziegenherden bevölkern die kargen Landschaften. Der Anteil der in der Landwirtschaft tätigen Arbeitskräfte im Nahen Osten liegt überall – außer in Israel – im zweistelligen Prozentbereich, in Syrien arbeitet in diesem Sektor sogar ein Drittel aller Beschäftigten. Trotz ihrer Bedeutung für die Versorgung der Bevölkerung sind die Anteile der Landwirtschaft am Bruttoinlandsprodukt und den Außenhandelserträgen der Länder aufgrund der niedrigen Wertschöpfung gering. Dafür stellen die Landwirte aber insbesondere in Ägypten und Syrien die Rohstoffe für die heimische Textil- und Nahrungsmittelindustrie bereit: Baumwolle, Rinder, Obst, Gemüse, Milch und Getreide.

Die landwirtschaftliche Produktion erfolgt unter Bedingungen, die kaum mit jenen Mitteleuropas vergleichbar sind. Ein hervorstechender Unterschied ist die Bedeutung des Wassers, dessen ausreichender Verfügbarkeit unter den klimatischen Gegebenheiten der Region eine strategische Rolle zukommt. Auch wenn Israel mittlerweile ein Industriestaat ist, hat sich im kollektiven Gedächtnis des jüdischen Staates eingegraben, dass die frühen Pioniere blühendes Land erst der Wüste abtrotzen mussten (vgl. den Beitrag von Angelika Timm zur Siedlungsbewegung). Israel muss bis heute gewaltige Anstrengungen unternehmen, um sich dringend benötigte Wasservorkommen zu sichern. Im Mittelpunkt der diesbezüglichen Bemühungen stehen der Jordan mit seinen Zuflüssen, der unter dem Meeresniveau liegende See Genezareth und die unterirdischen Wasservorkommen der besetzten palästinensischen Gebiete.

Der Streit um die Quellflüsse des Jordans hat seinen Ursprung in einem riesigen Bewässerungsprojekt, das Israel bereits 1956 plante und neun Jahre später abschließen konnte. Seit 1964 wird Wasser aus dem See Genezareth gepumpt und in ein 130 Kilometer langes Kanalsystem geleitet, das dieses bis in die

Der Alte Gewürzmarkt in Damaskus

Wirtschaft und Ökologie

Ballungsgebiete um Tel Aviv und weiter in die südisraelische Wüste Negev bringt. Dort sichert der »National Water Carrier« zwar den Bestand der Landwirtschaft in Gegenden, die eigentlich zu trocken für den Anbau von Kulturpflanzen sind, er hat aber gleichzeitig den Wasserspiegel im See Genezareth und im Jordan deutlich absinken lassen.

Das israelische Projekt rief die Vereinten Nationen auf den Plan: Der sogenannte Johnston-Plan sollte die Verteilung des Süßwassers unter den Anrainern des Jordans regeln. Israel behauptete, sich an entsprechende Vorgaben der Vereinten Nationen zu halten. Die Syrer drohten immer wieder, mit Staudämmen die Zuflüsse zum See Genezareth und zum Jordan zu reduzieren. Jordanien reagierte und zapfte den Jarmuk, einen Nebenfluss des Jordans, südlich des Sees an. Dessen Wasser leitet es seit 1961 durch den East-Ghor-Kanal auf seine Felder in der Jordan-Tiefebene.

Das höchst instabile Verteilungssystem funktioniert allerdings nur, solange keiner der Anrainer zu viel Wasser für sich beansprucht. Als Reaktion auf den bereits erwähnten »National Water Carrier« beschloss die Arabische Gipfelkonferenz 1964, die Quellflüsse des Jordans umzuleiten, die im Libanon und in Syrien entspringen: den Hasbani und den Banias. Doch Israel sprengte die Baustellen, besetzte im Sechstagekrieg von 1967 schließlich die Golanhöhen, gewann dadurch die Kontrolle über den Banias, zerstörte die Fundamente eines Staudamms am Jarmuk, sprengte 1969 Teile des East-Ghor-Kanals und verhinderte mit Waffengewalt bis weit in die 1970er-Jahre alle jordanischen Wartungsarbeiten am Einlass des Kanals. Dafür pumpt es nach Abschluss eines israelisch-jordanischen Wassernutzungsabkommens jetzt selbst Wasser aus dem Jarmuk in den See Genezareth. 1978, 1982 und erneut 2006 besetzte Israel den Südlibanon: Dort fließt der Litani an einer Stelle nördlich von Metulla nur wenige Kilometer vom Hasbani entfernt.

Dass bis heute ein Plan besteht, den Fluss ins Jordanbecken umzuleiten, leugnen die Israelis ebenso energisch, wie die Libanesen dieses Projekt fürchten. Israel hat im Sechstagekrieg das Westjordanland erobert und im Jom-Kippur-Krieg erfolgreich verteidigt. Seither kontrolliert es die ergiebigen Grundwasserströme in den Bergen. Im Interimsvertrag zwischen Israel und

II. Strukturen und Lebenswelten

Arabische Bruderhilfe: Syrien pumpt Wasser nach Jordanien.

den Palästinensern vom September 1995, dem »Oslo-II-Abkommen«, wurde das Wasserproblem zwar angesprochen, aber nicht zufriedenstellend geklärt.

In Krisenzeiten wird die Wasserverteilung immer wieder als politisches und strategisches Druckmittel eingesetzt. Das zeigt sich besonders am Beispiel der palästinensischen Gebiete: Im gebirgigen Westjordanland gibt es keine Quellen und Flüsse. Das Wasser für die Landwirtschaft in dieser Gegend muss über Brunnen zutage gefördert werden. Aus politischen Gründen hatte Israel aber schon früh die Jordansenke zum Siedlungsgebiet erklärt und damit begonnen, am Rand der Ebene und am Fuß der Berge nach Wasser zu bohren, sodass viele Brunnen im palästinensischen Hinterland versiegten. Teile der Landwirtschaft dort verödeten, andere konnten nur durch neue und tiefere Brunnen gerettet werden. Die Versorgung mit Süßwasser ist eine elementare Voraussetzung für die Existenz aller Staaten im Nahen Osten. Sie muss deshalb auch integraler Bestandteil jeder Friedensregelung zwischen Israelis und Palästinensern sowie bei der Schaffung einer stabilen zwischenstaatlichen Ordnung insgesamt sein.

Die ökologische Situation im Nahen Osten

Bedingt durch den hohen Wasserbedarf der Landwirtschaft und das Umleiten der Flüsse in Wasserstraßen sinken die Wasserspiegel in der Region: Der See Genezareth droht auszutrocknen, das

Wirtschaft und Ökologie

Tote Meer versalzt zusehends, und die Flüsse des Jordanbeckens führen immer weniger Wasser. Tägliche Verschmutzung infolge ziviler und wirtschaftlicher Aktivitäten und Wasserverunreinigungen als Folge der kriegerischen Auseinandersetzungen können zu einer ökologischen Katastrophe führen. Landwirtschaftliche Böden würden dabei verloren gehen und die Flora und Fauna entlang der Gewässer der Region zerstört werden. Hieraus könnten wiederum eine Veränderung des Mikroklimas sowie eine weitere Verwüstung der Kernlandschaft des Nahen Ostens resultieren.

Nach den Luftangriffen der israelischen Streitkräfte auf den Libanon und den Raketenattacken der Hisbollah auf Israel im Sommer 2006 wurde ein weiteres ökologisches Problem offensichtlich: Der Bauschutt der zerstörten Häuser ist oftmals hochgradig asbesthaltig. Nach Schätzungen des Jüdischen Nationalfonds sind allein in Israel mehrere 10 000 Tonnen asbestverseuchter Schutt entstanden, der so schnell wie möglich entgiftet werden muss, bevor die Schadstoffe in das Trinkwasser gelangten. Noch wesentlich dramatischer stellt sich die Situation in Beirut dar. Hier gibt es keine verlässlichen Zahlen, aber man geht allein in der libanesischen Hauptstadt von zehn bis fünfzehn Mal so hohen Asbestwerten wie im gesamten Israel aus. Die Situation im Libanon wird zudem dadurch verschärft, dass die pulverisierten Gebäude nur mit sehr hohem logistischen Aufwand entsorgt werden können.

Mitte Juli 2006 beschoss die israelische Luftwaffe das Kraftwerk Dschije südlich von Beirut. Mehrere Öltanks wurden getroffen, der Inhalt mindestens eines Reservoirs ergoss sich ins Mittelmeer. Umweltschutzorganisationen halten dies für die größte Umweltkatastrophe, die das Mittelmeer jemals erlebt hat. Möglicherweise sind bei diesem Zwischenfall insgesamt bis zu 35 000 Tonnen Öl ausgetreten. Der Ölteppich breitete sich stetig aus und erstreckte sich bis 80 Kilometer nördlich des Kraftwerkes. Das entspricht rund einem Drittel der gesamten Küste des Libanon. Experten gehen davon aus, dass es mindestens neun Jahre dauern wird, bis das Öl durch Säuberung und natürlichen Abbau aus der Region wieder ganz verschwunden sein wird. Neben dem ökologischen Schaden darf man die negativen Auswirkungen für die libanesische Landwirtschaft und die

Tourismusbranche nicht unterschätzen. Diese dürften mit einigen 100 Millionen Euro zu Buche schlagen.

Die Industrien der Staaten am östlichen Mittelmeer sind im hohen Maße von Rohstoffimporten abhängig. Einzig Syrien besitzt nennenswerte Erdöl- und Erdgasvorkommen und eine daran angeschlossene verarbeitende Industrie, in der rund 20 Prozent der Bevölkerung beschäftigt sind.

Im Gegensatz zu seinen Nachbarn hat Israel eine Industrie auf technologisch modernem Stand, die trotz der Notwendigkeit des Imports von Vorprodukten und Investitionsgütern in den letzen zwei Jahrzehnten eine rasante Entwicklung nahm. Insbesondere in der Rohstoffveredlung (vor allem von Industriediamanten für Bohrgeräte, Präzisionsmaschinen usw.), der Hightechindustrie (u.a. Flugzeugbau, Telekommunikationstechnik und Medizintechnik) und der chemischen Industrie (etwa Arzneimittel) konnte das Land eine bedeutende Stellung auf dem Weltmarkt erobern. Auch deshalb ist das Bruttoinlandsprodukt pro Einwohner in Israel fast um die Hälfte höher als das all seiner arabischen Nachbarstaaten zusammengenommen; es liegt mit 15 019 Euro pro Einwohner ungefähr auf dem Niveau von Slowenien und Portugal.

Die Wirtschaftskraft der Staaten am östlichen Mittelmeer gründet sich jeweils auf einige wenige Industriezweige. In Syrien sind dies die Erdöl- und Textilindustrie, im Liba-

Zeichenerklärung

Bodenschätze

- Erdgasfeld
- ┼┼┼┼ Erdölleitung
- Mg Magnesium
- Br Brom
- Ph Phosphat

Industrien

- Eisen- und Stahlerzeugung
- Metallindustrie
- Nahrungsmittelindustrie
- Chemische Industrie
- Erdölraffinerie
- Atomindustrie
- Diamantenbearbeitung
- Elektronische Industrie
- Textilindustrie
- Pharmazeutische Industrie

Landwirtschaft

- Bewässerungsfeldbau
- Trockenfeldbau (Gemüse und sonstige Feldfrüchte)
- Gebiete mit geringer landwirtschaftlicher Nutzung
- Ödland
- Weinanbau
- Zitrusfrüchte
- Wasserleitung > 10 cm Ø
- Wasserleitung > 55 cm Ø
- Wasserleitung > 168 cm Ø
- Tunnelleitung
- Offener Kanal

Sonstiges

- Fremdenverkehr

Wirtschaft und Ökologie

non die holz- und nahrungsmittelverarbeitende Industrie, in Jordanien die Textil- und Phosphatherstellung sowie in Ägypten die Herstellung von Textilien und seit wenigen Jahren die Erdgasförderung. Immer wieder haben die genannten Länder die Gefahren der industriellen Monokultur zu spüren bekommen. Preiseinbrüche für bestimmte Produkte auf den Weltmärkten oder das Wegbrechen eines wichtigen Abnehmerlandes verursachten ökonomische Schwankungen, die die insgesamt schwachen Volkswirtschaften nur unzureichend ausgleichen konnten. Ausbau und Differenzierung vorhandener Industrien könnten dem entgegenwirken und hätten eine stabilisierende Wirkung für die gesamtwirtschaftliche Entwicklung der Region; die hohe Arbeitslosenquote, die im Durchschnitt bei fast einem Fünftel der gemeldeten Arbeitskräfte liegt, würde sinken.

Zwischen 49 Prozent (Syrien) und 82 Prozent (Jordanien) der Beschäftigten in den Staaten am östlichen Mittelmeer arbeiten im Dienstleistungssektor. Dies bedeutet freilich nicht, dass sich die Länder der Region zu modernen Dienstleistungsgesellschaften entwickelt hätten. Bislang ist es in diesem Bereich nicht gelungen, internationale Standards zu erreichen. Israel bildet auch hier eine Ausnahme, ebenso wie der Bankensektor des Libanons und die Tourismusbranche Ägyptens.

Erschwerend für die genannten Felder wirkt sich aus, dass der Tourismus unter den kriegerischen Auseinandersetzungen in der Region leidet, Banken und Versicherungen ihren Kunden nicht die Rechtssicherheit internationaler Großunternehmen bieten können und Bereiche wie Telekommunikation oder Verkehr zumeist nach wie vor unter staatlicher Kontrolle verblieben sind: Der größte Teil der Arbeitnehmer im Dienstleistungssektor sind Staatsdiener, ihre Finanzierung aus den ohnehin geringen Staatseinnahmen zieht eine immer weiter steigende Staatsverschuldung nach sich. Mehrfach rügte der Internationale Währungsfonds (IWF) in der Vergangenheit die hohen Zinslastquoten im Nahen Osten. Um die Situation zu ändern, müssten verstärkt Staatsbetriebe privatisiert, Verwaltungen verschlankt und die Effizienz der Arbeitsleistung erheblich erhöht werden.

Wirtschaft und Ökologie

Importlastiger Außenhandel

Die Staaten des östlichen Mittelmeers hatten im Jahre 2007 zusammengenommen ein Gesamtaußenhandelsvolumen von 107 Milliarden Euro, was nur rund neun Prozent des Vergleichswertes der Bundesrepublik Deutschland ausmacht. Die Region erhält zur Unterstützung daher jährlich 3,7 Milliarden Euro offizielle Wirtschaftshilfe, vornehmlich von den USA, der EU und Saudi-Arabien. Der Libanon wird infolge der Paris-III-Konferenz vom Januar 2007 in den kommenden Jahren Kredite und Hilfen im Wert von über fünf Milliarden Euro erhalten, um die Folgen des Krieges von 2006 zu mildern. Hauptgeldgeber sind die G8-Staaten, Kuwait und Saudi-Arabien.

Jordanien, der Libanon und Syrien exportieren zusammengerechnet lediglich Waren im Wert von knapp zwölf Milliarden Euro, das entspricht in etwa den Ausfuhrleistungen des Bundeslandes Berlin. Ein weiterer Vergleich: Israel trägt gut die Hälfte zum Außenhandelsvolumen der Region bei, wobei auch dieses sehr niedrig anzusiedeln ist und in etwa der diesbezüglichen Leistungsfähigkeit der Hansestadt Hamburg entspricht. Für fast alle genannten Länder gilt, dass die Außenhandelssalden aufgrund der hohen Abhängigkeit der Industrien von Rohstoffimporten negativ sind. Einzig Syrien verzeichnet aufgrund seiner Erdöl- und Erdgasausfuhren eine positive Bilanz. Allerdings stützen sich die Außenhandelseinnahmen hier zu 70 Prozent auf diesen Wirtschaftszweig, die Hälfte der Staatsausgaben werden aus den Erlösen der verstaatlichten Rohstoffindustrie bestritten.

Ägypten verstärkt in den letzten Jahren seine Bemühungen, die Erdgasförderung und somit auch den Brennstoffexport zu steigern. Ziel ist es, in den Kreis der zehn weltweit führenden Exporteure von Erdgas aufzusteigen. Die ägyptische Außenhandelsbilanz kann dadurch aber erst langfristig verbessert werden, weil man zunächst Fördergerät und Fachkenntnisse im Ausland beschaffen muss.

Israels Außenhandelseinnahmen stützen sich zu knapp 30 Prozent auf den Export veredelter Industriediamanten, die als Roh- oder Restdiamanten aus afrikanischen Staaten und Belgien eingeführt werden. Chemische Erzeugnisse machen immerhin rund 18 Prozent des israelischen Exports aus. In den vergange-

Land/Werte	BIP pro Kopf in Euro	Anteil am BIP Landwirtschaft	Außenhandelssaldo in Euro	Arbeitslosigkeit
Israel	15 019	1,7 %	-1,71 Mrd.	7,4 %
Syrien	1 330	21,2 %	-1,98 Mrd.	11,0 %
Libanon	4 379	12,4 %	-4,66 Mrd.	ca. 20 %
Deutschland	28 943	0,9 %	+196,5 Mrd.	7,59 %

Quelle: Bundesagentur für Außenwirtschaft, Statistisches Bundesamt 2008

nen Jahren hat die Regierung in Jerusalem verstärkt die Ausfuhr von Hochtechnologie gefördert, sodass dieser Sektor auf rund 16 Prozent des gesamten israelischen Außenhandels angewachsen ist und mittlerweile gut die Hälfte zu den Exporten nach Deutschland beisteuert. Die Bundesrepublik ist nach den USA der zweitwichtigste Handelspartner des jüdischen Staates. Das jährliche Handelsvolumen zwischen den beiden Ländern beträgt zur Zeit rund 4,26 Milliarden Euro und soll in Zukunft noch erheblich ausgeweitet werden. Der Außenhandel mit den arabischen Nachbarn Israels hat nach Jahren der Stagnation mittlerweile ein Volumen von gut 4,8 Milliarden Euro erreicht. Dabei sind die deutschen Exporte in die Region doppelt so hoch wie die entsprechenden Importe.

Importiert werden von den Ländern des östlichen Mittelmeers in größeren Mengen Rohstoffe, Vorprodukte, landwirtschaftliche Produkte, Maschinen, Hochtechnologie und Rüstungsgüter. Vor allem letztere beeinflussen die Salden negativ, weil sie in den Importländern weder für die Schaffung eines Mehrwerts noch für Investitionen sorgen.

Wirtschaft und Ökologie

Wirtschaft im Nahen Osten am Scheideweg

Durch die kriegerischen Auseinandersetzungen im Nahen Osten ist das dortige Wirtschaftswachstum erheblich gebremst worden. Dies ist umso bitterer für die Region, als in einigen Bereichen durchaus die Voraussetzungen für eine positive Entwicklung mit jährlichen Wachstumsraten im zweistelligen Bereich gegeben sind: in Israel durch die hochentwickelte Industrie, in Syrien und Ägypten durch die Öl- und Gasvorkommen und im Libanon durch die immer noch intakten Strukturen von Bankenwesen und Tourismus. Einzig Jordanien wird auf längere Sicht auf Impulse von außen angewiesen bleiben.

Die Entwicklung der Ökonomie kann nicht losgelöst vom Friedensprozess betrachtet werden. Es bleibt zu hoffen, dass die vorhandenen Grundlagen für eine positive volkswirtschaftliche Zukunft von weiteren Zerstörungen verschont bleiben. Die katastrophalen ökonomischen und ökologischen Auswirkungen des Krieges zeigen sich besonders deutlich am Beispiel des Libanons, den Israel – nach einer mehrjährigen Phase des Wiederaufbaus und eines bescheidenen »Wirtschaftswunders« – auf den Stand des Bürgerkriegs der 1990er-Jahre zurückgebombt hat. Seine Bewohner werden außerdem noch jahrelang unter ökologischen Schäden wie beispielsweise der Asbestverseuchung durch pulverisierte Gebäude oder der Ölpest an der libanesischen Küste leiden.

Unabhängig von der politischen Entwicklung sind in allen beteiligten Wirtschaftssystemen die Ansatzpunkte für dringend notwendige Reformen zu prüfen. Nur so können die Voraussetzungen geschaffen werden, um von ökonomisch ungesunden Monokulturen wegzukommen, internationale Investoren anzulocken und die Haushaltsdefizite zu reduzieren. Schlüsselfaktoren für den wirtschaftlichen Erfolg dürften vor allem die Privatisierung schwerfälliger Staatsbetriebe sowie eine Finanzpolitik sein, die internationalen Standards entspricht. Schmerzliche Einschnitte werden dabei nicht ausbleiben. Ähnlich wie der Weg des Friedensprozesses ist auch jener der Wirtschaft des Nahen Ostens noch lang und mühsam und nur in kleinen Schritten zurückzulegen.

Dieter H. Kollmer

Die Städte Beirut und Tel Aviv liegen, nicht einmal 200 Kilometer voneinander entfernt, an der östlichen Mittelmeerküste. Sie sind beide Heimat für zahlreiche Bevölkerungsgruppen. In Beirut (im Bildhintergrund der zentrale Platz, die Place d'Étoile) leben mehr als zwei Millionen Menschen. Knapp die Hälfte von ihnen sind maronitische, griechisch-orthodoxe, armenisch- oder römisch-katholische Christen. Etwas mehr als 50 Prozent der Einwohner sind sunnitische und schiitische Muslime sowie Drusen. Die in spätosmanischer Zeit großzügig erweiterte Stadt wurde während der französischen Mandatsperiode von 1919 bis 1943 fast vollständig durch die Anlage neuer Verkehrsachsen überbaut. Schon im Bürgerkrieg von 1975 bis 1990 erlitt sie erhebliche Schäden; dazu kamen die Zerstörungen der israelischen Interventionen von 1982 und 2006. Beirut beherbergt mehrere Universitäten und zahlreiche Kulturinstitutionen.

Tel Aviv, 1909 in den Dünen des Mittelmeers gegründet, wurde 1950 mit der uralten und früher arabischen Stadt Jaffa zu einer Stadtgemeinde zusammengeführt und war bis 1949 die offizielle Hauptstadt Israels. Der Großraum Tel Aviv ist mit 3,1 Millionen Menschen das größte Ballungsgebiet des Landes und gleichzeitig sein Wirtschaftszentrum. Die Stadt hat knapp 380 000 Einwohner; nahezu ausschließlich sind es in Israel geborene oder aus der Diaspora zugewanderte Juden. Tel Aviv besitzt die größte Universität des Landes.

▰▰▰ Städteporträt: Beirut und Tel Aviv

Wenn das Flugzeug den nächtlichen Landeanflug beginnt und jeder Passagier weiß, dass die Bordmonitore über seinem Kopf in den nächsten Minuten eingezogen werden, scheint alles so einfach: Eine leichte Drehung nach links – und man wäre in Beirut; ein wenig nach rechts – und bald würde unterhalb der Fenster das orangene Lichtgefunkel von Tel Aviv sichtbar. Landet man schließlich in einer der beiden Städte, überlagern sich die Wahrnehmungen sogar für eine Weile, denn selbstverständlich ist es die gleiche heiße Luftdusche, die einen sofort umfängt: eine unvergessliche Mittelmeermischung aus Kerosin, Öl, Eukalyptus und Pinien. Im Flughafengebäude dann exakt das übliche Gewusel, Zurufe und Freudenschreie in der Ankunftshalle. Danach erneut der Hitzeschock – und schließlich der Zikadengesang draußen beim Taxistand. Die Taxilenker wischen sich mit schmuddligen Taschentüchern über die schweißglänzende Stirn. Sie tragen breite Goldkettchen und über dem Bauch spannen weiße Hemden. Sie versuchen einen auf der Fahrt in die Stadt ohne Skrupel zu neppen – quasi als Ergänzungsprogramm zur üblich-pathetischen Ich-bin-ein-ehrlicher-Mann-Rhetorik.

Es geht vorbei an staubigen Palmen, Laternenfunzeln und Betonquadern, aus deren Flachdächern rostige Eisenstangen ragen; an heruntergekommenen grauweißen Kolonialhäusern mit sperrmüllverstellten Balkonen; an Plastiksäcken vor graffitibesprühten Rollläden, um die sich räudige Katzen balgen. Das alte Jemenitenquartier im Süden Tel Avivs, die Schiitenviertel in Südbeirut: Ein auf Mittelmeeridylle geeichter Blick würde hier wohl staunend das Gemeinsame entdecken, ein auf Harmonie um jeden Preis bedachter Reisender womöglich gar etwas von »gleichem Kulturkreis« murmeln. In der Tat raten erzieherische Kommentatoren und eifrige Leserbriefschreiber dem Staat Israel immer wieder, sich doch in Zukunft gefälligst besser in seine Umwelt zu integrieren, sprich: zur Konfliktvermeidung seinen feudal-arabischen Nachbarstaaten schlichtweg ähnlicher zu werden.

Wahrscheinlich griffe es zu kurz, solche Gleichmacherei einfach mit dem Fakt zu konfrontieren, dass Beiruts südliche Stadtteile auch weiterhin voller Chomeini-, Chameini- und Scheich-

II. Strukturen und Lebenswelten

Nasrallah-Poster und Transparente hängen, die recht eindeutig die Vernichtung gerade jenes säkular-lebensfrohen Tel Aviv ankündigen, der stets abrufbaren Chiffre für alle antijüdischen Obsessionen. Ist – oder war – das ebenfalls mondäne Beirut aber nicht ganz anders: Perle des Orients, Paris des Nahen Ostens, Ort freundlicher Frivolitäten statt apokalyptischer Endkämpfe? Natürlich ließ und lässt sich in Beirut bei wunderbarem Panoramablick auf dem Dachrestaurant des mehrstöckigen Virgin Megastore, der einst die nach dem Pariser Vorbild erbaute Oper beherbergte, ganz hervorragend Sushi essen (und sogar Sake trinken). Man kann hier Bücher und Zeitschriften – darunter selbst den in anderen arabischen Ländern verbotenen Playboy – kaufen, dazu die neuesten CDs: In der Abteilung »Worldmusic« kommt jedoch, anders als in Paris, hinter dem Schildchen »Irland« sogleich Japan – Israel fehlt noch immer. (Im Vergleich dazu scheinen Israelis keinerlei Probleme zu haben, in jenen vor allem in Tel Aviv präsenten »Lebanese Fast Food«-Läden Schawarma zu essen.) Auch findet sich in Beirut unter all den internationalen Bestsellern kein einziges Buch, das sich mit Anlässen und Folgen des von 1975 bis 1990 dauernden Bürgerkriegs be-

Israelis in Tel Aviv feiern Schuschan Purim. Das Purim-Fest erinnert an die Errettung des jüdischen Volkes aus drohender Gefahr in der persischen Diaspora.

schäftigen würde, dessen Täter und Opfer eben vor allem Libanesen waren und nicht allein die viel zitierten »Zionisten«.

Gern würde man dieses selbst dem entspanntesten abendlichen Gläsergeklirr in Cafés und Clubs unterlegte dröhnende Schweigen mit der inneren Schwäche Libanons erklären, wäre das immerhin in seiner puren Existenz permanent bedrohte Nachbarland Israel nicht das entsprechende Gegenbeispiel: Geradezu unsinnig, in Tel Aviver Buchhandlungen, an den bis weit nach Mitternacht offenen Falafelständen oder in erotisierenden Stranddiscotheken nach innerisraelischer Selbstkritik wie nach einer raren Kostbarkeit zu forschen. Dort nämlich müsste man keineswegs erst die viel zitierten Intellektuellen oder unentwegten Friedensaktivisten von »Peace Now« frequentieren, um Zeuge schier endlos scheinender Alltagsdebatten zum Thema zu werden. Diese kreisen eben nicht nur um die eigene Sicherheit, sondern werden gerade von jungen, dem Amüsement keineswegs abgeneigten Leuten, von Soldaten und Zivilisten, in bester Erwachsenenmanier auf jene Fragen hin zugespitzt: Wo liegt unsere Verantwortlichkeit, unsere Schuld, unsere Ignoranz?

Dass man weder in der iranischen Hauptstadt Teheran noch im syrischen Damaskus auf die Idee käme, sozial- und generationenübergreifend immer wieder genau diese Frage hin- und herzuwenden und den zivilen Streit um Antworten zu wagen, dürfte sich mittlerweile herumgesprochen haben. Dass dagegen auch in Beirut die Präsenz eines »Hard Rock Café« (»Hard times are gone – Hard Rock is here«, lautet der frohgemute Slogan) noch lange nicht den in gedankenschwere Selbstreflexion überführten zivilgesellschaftlichen »beautiful noise« (Neil Diamond) repräsentiert, scheint im Westen nach wie vor erklärungsbedürftig.

Konsum als Stabilitätsgarant?

Es ist, als seien hierzulande die Bilder des Bürgerkrieges – zerschossene Nobelhotels, die Swimmingpools voller Sandsäcke und auch Leichen – in der Erinnerung wie weggewischt und die vom ehemaligen libanesischen Ministerpräsidenten Rafiq al-Hariri getätigten Investitionen inklusive aller Marken-Boutiquen von Versace bis Gucci, Banken und neueröffneter In-Cafés noch

II. Strukturen und Lebenswelten

Frauen im Beiruter Stadtteil Hamra, Aufnahme vom Oktober 2005

immer eine Art Maskottchen: Wo Prada und Chanel herrschen, so die naive Annahme, müsse doch auf Dauer Frieden sein. Ist es der Mut der Verzweiflung, phönizische Händlerklugheit oder eine Art levantischer Laisser-faire-Ignoranz, dass die Einheimischen selbst dieses Spiel so beredt mitmachen – bis heute? Und Europa schaute zu, ohne wirklich zu verstehen.

Weder Hariris Ermordung im Februar 2005 durch mutmaßlich syrische Geheimdienstler noch die fortgesetzte (und durch den von Demonstranten miterzwungenen syrischen Abzug keineswegs gedämpfte) Anti-Israel-Hetze der Hisbollah schienen nachhaltig zu irritieren. Statt dessen pries man die damaskuskritischen, libanesischen »Zedernrevolutionäre« und fand es geradezu schick, dass sich die Jeunesse dorée der christlichen Maroniten im Libanon nach angeblich getaner gesellschaftlicher Arbeit wieder voller Freude dem Sonnenbaden in Byblos und dem Club-Hopping in Ashrafieh hingab, begleitet vom einlullenden Blubbern ihrer Wasserpfeifen. War es nicht tatsächlich ein Fortschritt, dass man inzwischen zusammen mit Sunniten, ja selbst Schiiten vor der ockerfarbenen Fassade von »Dunkin´ Donuts« saß und den vorbeiflanierenden Beauties beiderlei Geschlechts nachschaute? Oder dass junge Libanesen in Sportwagen die Beiruter Strandpromenade entlangbrausten, Verabredungen per Handy trafen (den noch immer kontrollsüchtigen Eltern damit ein modernes Schnippchen schlagend), sich bei durchreisenden Europäern neugierig-verschämt nach dem Nachtleben im halb verhassten, halb beneideten Tel Aviv erkundigten – und gleichzeitig vollmundig über die bigotten Golfaraber spotteten, von denen jeder wusste, dass sie ihre Haupt- oder Nebenfrauen im Prachthotel »Saint Georges« parkten, während sie sich selbst mit libanesischen Gespielinnen in ihre Chalets in den Bergen zurückzogen?

Vielleicht war es ja ein Fortschritt: Wenn dieser Art urbaner Lässigkeit immer auch etwas leicht Neureich-Vulgäres anhaftete, war es doch ein Tänzeln auf weiterhin brodelndem Vulkan, und es schien nie ganz sicher, ob eben dies nun mediterranen Pragmatismus darstellte oder nicht eher doch eine geistlose Vergesslichkeit, die irgendwann neue Opfer fordern würde. Ein elegantes Marcel-Proust-Zitat im Gespräch mit libanesischen Schriftstellern; ein Bizet-Abend im Konzertsaal der Saint-Joseph-Universität, bei dem die berühmte Arie »L´Amour est un oiseau rebelle« aus der Oper »Carmen« gnadenlos mitgeklatscht wird; oder ein Wegzappen fanatischer Scheich-Nasrallah-Reden hin zu anderen Fernsehkanälen, wo man nicht etwa die Vernichtung Israels propagiert, sondern wo eine unverschleierte Schönheit schmachtende »Habibi Habibi«-Gesänge zum Besten gibt. All das charakterisierte Beirut – bis im Sommer 2006 der Krieg zurückkam.

Anfang der 1970er-Jahre träumte die westeuropäische Welt, seinerzeit verzaubert von diversen Dalida-Chansons, noch vom vermeintlich sündig-gelassenen Beirut. Die später ins Exil geflüchtete Schriftstellerin Gadda Samman prophezeite in ihrem Roman »Taxi nach Beirut« bereits damals der auf familiären Absprachen und Kungeleien anstatt auf offenem Markt gegründeten, noch prosperierenden Stadt: »Blut, viel Blut«. Kurz darauf war es dann soweit.

Inzwischen hat in den Clubs erneut die orientalische Popmusik das Regiment übernommen. Klingt sie nicht ähnlich wie das, was man in Tel Aviv im »Vox« oder in den Coffee Shops in der Dizengoff- oder Schenkin-Street zu hören bekommt? Doch wenn

Sarit Hadad in vibrierendem Rhythmus von ihrem geliebten Tel Aviv singt, ist dies weniger zirpende Melancholie als das kraftvolle Plädoyer für eine moderne Metropole, die sich ihrer Verletzlichkeit sehr wohl bewusst ist. Ganz zu schweigen von dem Lied »Boker Tow, Iran« (Guten Morgen, Iran) des israelischen Rockstars Aviv Geffen, worin der beinahe rührende Versuch unternommen wird, für die Hit-Länge von dreieinhalb Minuten irrationalen Hass zu analysieren und mit klugen Argumenten zu überwinden. (Übrigens: Der Bruder seiner Großmutter war der israelische Generalstabschef, Verteidigungs- und Außenminister Mosche Dayan.)

Leben an der Oberfläche?

Leben also all die leichthändig konsumierenden Zivilisten, die bis vor Kurzem und jetzt wieder in der Beiruter Innenstadt abends auf und ab flanieren, in einer anderen, weniger nachdenklichen Welt? Der mehrfache Beirut-Besucher erinnert sich vor diesem Hintergrund vor allem an zwei ein wenig bizarre Vorkriegsszenen, die ihm typisch erschienen. Sein Vorhaben, die Flüchtlingslager Sabra und Schatila aufzusuchen, löste unter seinen libanesischen Bekannten lediglich nervöses Gelächter aus: Weshalb diese Orte, so die Frage, schließlich hausten dort ja nur »schmutzige Palästinenser«, obwohl Ariel Scharon auf ewig verflucht sei dafür, 1982 Tausende dieser Helden ermordet zu haben. (Die Tatsache, dass es der libanesische Christ Elie Hobeika war, der – nach dem Krieg sinnigerweise Minister für Flüchtlinge und Behinderte – mit seinen Milizen das Morden in die Tat umsetzte, spielte innerhalb dieser krausen Logik keinerlei Rolle.)

Andere Tageszeit, anderer Ort: In einem Hamam im von Sympathisanten der Amal-Partei bewohnten Schiitenviertel Beiruts herrscht die von Istanbul bis Kairo übliche Dampfbadstille; im hinteren Teil des türkischen Bades jedoch gedämpftes Keuchen und wechselseitiges Fummeln zweier junger Männer unter leinernen Lendentüchern; dann plötzlich, des hereingeschneiten Fremden gewahr werdend, die reichlich pubertär ausgelebte Homosexualität sofort kaschierend in radebrechendem Englisch: »I have so many girlfriends, I have a wife!« Rein individuelle

Überlebensstrategie oder Lebenslügen als gesamtgesellschaftlicher Verdrängungsdefekt?

Währenddessen laufen in Tel Aviv homosexuelle Soldaten Hand in Hand, sind schwulenfeindliche Äußerungen innerhalb der israelischen Armee Grund für Disziplinarverfahren. Vielleicht lehrt ja der lebensweltlich neugierige Blick auf jene zwei an der Oberfläche so trügerisch ähnliche Städte, dass sich sowohl die deutsche Spaß- und Wellnessfraktion wie auch die hiesige Gilde der griesgrämigen Kulturpessimisten entschieden irren könnten: Weder ist der Konsumismus Beiruter Provenienz Garant für eine stabile Gesellschaft, noch bedeutet eine durchaus hedonistisch ausgelebte Daseinsdankbarkeit á la Tel Aviv das logische Ende von Wehrfähigkeit und Selbstreflexion. Zwei Orte, zwei Welten.

Marko Martin

Jerusalem, die heilige Stadt: Die goldene Kuppel des Felsendoms überragt den Berg Moriah, den die Juden »Tempelberg« und Muslime »Haram asch-Scharif«, das »gewürdigte Heiligtum«, nennen. Auch für das Christentum ist Jerusalem als Ort der Kreuzigung Jesu und Stätte des Heiligen Grabes von zentraler Bedeutung.

Der Charakter Jerusalems als heiliger Erinnerungsort spiegelt sich schon in seinem Namen. Auf Arabisch (al-Quds) heißt die Stadt »die Heilige«. Im Hebräischen bedeutet ihr Name Yerushalajim »Ort des Friedens«, wobei die jüdische Überlieferung insgesamt 70 verschiedene Benennungen Jerusalems kennt. Auf den heiligen Charakter verweist die griechisch-römische Bezeichnung Hierosolyma (hieron = Tempel, Heiligtum), und schon im 8. Jahrhundert v.Chr. bezeugten assyrische Inschriften den Namen Ur-sa-li-immu oder Urusalim (Stadt des Friedens).

Seit 1950 ist Jerusalem Hauptstadt des Staates Israel – was allerdings die internationale Staatengemeinschaft bislang nicht anerkannt hat. Die überwiegende Mehrzahl diplomatischer Vertretungen befindet sich in Tel Aviv. Von den heute 750 000 Einwohnern Jerusalems gehört rund ein Drittel zur arabischen Bevölkerungsgruppe, die vor allem im wirtschaftlich vernachlässigten Ostteil der Stadt lebt. Seit dem Sechstagekrieg 1967 befindet sich auch Ostjerusalem unter israelischer Kontrolle, während die arabisch-palästinensischen Bewegungen ihren Anspruch auf Gesamt-Jerusalem nie aufgegeben haben.

▰▰▰ Jerusalem, die heilige Stadt

Wohl kein Ort besitzt für den mehr als 100 Jahre alten Konflikt zwischen Israelis und Palästinensern größere Bedeutung und Sprengkraft als die Stadt Jerusalem. Die Wahl der Stadt als Zankapfel der Völker und Religionen sollte überraschen, denn eigentlich hat diese Siedlung kaum etwas zu bieten, was man von einem Ort, um den seit Jahrtausenden Krieg geführt wird, erwarten würde. Den größten Teil seiner Geschichte war Jerusalem ein kümmerliches, armes und abgelegenes Bergdorf. Es liegt strategisch ungünstig, weitab von der Heer- und Handelsroute Via Maris an der Küste, der Seidenstraße oder den Karawanenstraßen entlang des Jordantals. Jerusalem gebietet über keine großen fruchtbaren Ebenen, sondern bescheidet sich an der Grenze zwischen Wüste und urbarem Land. Selbst die Wasserzufuhr war lange von einer einzigen Quelle abhängig, die sich zudem anfangs noch außerhalb der Stadtmauern befand.

Letztlich bot Jerusalem seinen Bewohnern niemals die strategische Sicherheit, die man sich von einer Metropole erhofft. Sie wechselte vielleicht öfter als jede andere Hauptstadt der Welt Religionen und Herrscher. In den letzten 2000 Jahren zogen Eroberer 34 Mal in Jerusalem ein, 22 Mal wurde die Stadt belagert, 18 Mal wieder aufgebaut, 11 Mal wechselte innerhalb ihrer Mauern der Glaube. So liegt die wahre Bedeutung Jerusalems zweifellos in ihrer religiösen oder symbolischen Bedeutung als heiliger Ort der drei Weltreligionen. Der Streit dreht sich hauptsächlich um die Herrschaft im »heiligen Becken«, ein nur zwei Quadratkilometer großes Areal, das aus der Altstadt sowie dem angrenzenden Zionsberg und Ölberg besteht. Hier liegen die wichtigsten Stätten, die Juden, Christen und Muslimen gleichermaßen heilig sind.

Lebendige Geschichte

Die Juden verehren »Har Habeit«, den Tempelberg, als heiligsten Ort auf Erden. Hier sollen die biblischen Tempel gestanden haben. Ein Felsen in der Mitte des Berges Moriah gilt Juden als

II. Strukturen und Lebenswelten

Ursprung des Universums, als Schnittstelle zwischen Himmel und Erde. Genau über diesem Punkt soll sich in dem von König Salomon (1000–931 v.Chr.) errichteten ersten Tempel das Allerheiligste befunden haben, worin die Bundeslade, ein Kasten mit den zehn Geboten, aufbewahrt wurde. Den ersten Tempel zerstörten die Babylonier im Jahr 586 v.Chr.; die Elite des Königreichs Judäa verschleppten sie ins Exil. In der babylonischen Diaspora entwickelte sich das Motiv der Zionssehnsucht, der jüdische Wunsch nach Rückkehr nach Jerusalem. (Sie bescherte uns übrigens 2500 Jahre später das Lied »By the Rivers of Babylon« von Boney M., ein Zitat aus Psalm 137.)

Nach der Zerstörung Babylons durch die Perser gestattete Schah Kyros den Juden im Jahr 539 v.Chr. nach Jerusalem zurückzukehren und dort ihren Tempel wieder zu errichten. Der kleine Bau wurde 500 Jahre später von König Herodes mit großem Prunk vergrößert und galt als eines der bedeutendsten Bauwerke der Antike. Der römische Chronist und Philosoph Plinius beschrieb Jerusalem als die »wichtigste Stadt im Osten« und auch als Tempel, um den herum die Juden wohnen. Das Bauwerk wurde nach einer jüdischen Revolte im Jahr 70 n.Chr. von Titus zerstört; einziges Überbleibsel ist die westliche Stützmauer

Jüdische Frauen beten am Trauertag Tischa be-Aw an der Klagemauer.

Jerusalem, die heilige Stadt

des gewaltigen Tempelvorhofs, auf dem damals 300 000 Besucher Platz fanden. Sie ist auf Deutsch als »Klagemauer« bekannt. Diesen traurigen Namen hat sie den byzantinischen Christen zu verdanken. Diese gestatteten Juden nur einmal im Jahr nach Jerusalem zu kommen, am 9. Tag des Mondmonats Av. Dies ist traditionell der Trauertag, an dem der Zerstörung beider Tempel gedacht wird. Juden sammelten sich am letzten Überbleibsel ihres Tempels und beweinten ihr Schicksal, daher der Name.

Erst seit dem Sechstagekrieg 1967 befindet sich die Altstadt Jerusalems in jüdischer Hand, vorher konnten Juden ihre religiösen Feste hier nur unter strengen Auflagen begehen. Unter jordanischer Herrschaft (1948–1967) war Juden das Beten in Jerusalem sogar ganz verboten, die Synagogen des jüdischen Altstadtviertels hatten die Jordanier zerstört. Spätestens nach der Eroberung 1967 erhielt die Klagemauer neben ihrer religiösen Bedeutung dann auch einen national-religiösen Anstrich: Heute wird hier jedes Jahr die Elitetruppe der israelischen Fallschirmjäger vereidigt. Für die meisten Israelis ist jede Friedenslösung, die ihnen die Souveränität über die Klagemauer abspricht, undenkbar.

Christen, darunter auch die etwa zwei Prozent christlichen Palästinenser, verehren Jerusalem wegen seiner Verknüpfung mit dem Leben und Tod Jesu Christi. Jesus wurde auf dem Hügel Golgatha gekreuzigt und soll christlichem Glauben zufolge drei Tage später wieder von den Toten auferstanden sein. Zahlreiche Kirchen haben in den folgenden Jahrtausenden in Jerusalem Fuß gefasst, allein in der einen Quadratkilometer großen Altstadt amtieren drei verschiedene Patriarchen. Sie betreuen 32 Kirchen, in denen in 15 Sprachen gebetet wird. Christen beherrschten die Stadt – nachdem das Römische Reich christlich geworden war – bis zur Eroberung durch die Muslime im Jahr 638 n.Chr. sowie zwischenzeitlich zur Zeit der Kreuzzüge (1099–1187) und von 1917 bis 1948 unter britischem Mandat. Die Anlage der Altstadt geht maßgeblich auf die Kreuzritter zurück: Immer wieder wird behauptet, man könne sich hier noch heute mit einer mittelalterlichen Straßenkarte gut zurechtfinden.

Im Konflikt zwischen Palästinensern und Israelis freilich spielen die Christen, sei es in der arabischen Gesellschaft oder als Partei von außen, eine immer unwichtigere Nebenrolle. War die christliche urbane Elite im vorigen Jahrhundert noch Wort-

II. Strukturen und Lebenswelten

Eine griechisch-orthodoxe Christin betet in der Grabeskirche. Zuvor hatte sie an der orthodoxen Karfreitagsprozession durch die Via Dolorosa in der Jerusalemer Altstadt teilgenommen (Aufnahme von 1997).

führer und Vorkämpfer eines aufblühenden arabischen Nationalismus, so vertrieben islamistische Nationalisten – etwa seitens der Hamas – die Christen während der letzten Jahrzehnte immer mehr nicht nur von der politischen Bühne, sondern sogar aus dem Land.

Den Muslimen schließlich ist Jerusalem heilig, da ihr Religionsstifter, der Prophet Mohammed (570–632 n.Chr.), laut einer mündlichen Überlieferung (»Hadith«) in einem nächtlichen Ritt auf seinem geflügelten Pferd al-Buraq von Mekka zum Felsen auf dem Berg Moriah geritten und von dort in den Himmel aufgestiegen sein soll. Genau an dieser Stelle, den Juden als Aufbewahrungsort der Bundeslade in ihrem Tempel heilig, befindet sich heute der Felsendom (fertiggestellt 691 n.Chr.). Das einer byzantinischen Basilika nachempfundene Gebäude gilt als das älteste islamische Bauwerk der Welt. Südlich davon steht die drittheiligste Moschee der Welt, die al-Aksa. Beide Bauten befinden sich auf dem »Haram asch-Scharif«, dem heiligen Platz, und damit auf jenem Areal, das nahezu mit dem Vorhof des herodianischen Tempels identisch und den Juden als »Har Habeit« heilig ist. Es grenzt unmittelbar an die Klagemauer.

Heiliger Ort für drei Weltreligionen

In keiner der drei Weltreligionen spielte Jerusalem von Anfang an jene zentrale Rolle, die es heute zum größten Stolperstein des Nahost-Friedensprozesses macht. Im Altertum waren den Juden auch andere Städte heilig. Vielerorts, wie in Beth-El, Bet Dagon,

Jerusalem, die heilige Stadt

Dan und Nablus (dem biblischen Sichem) befanden sich Tempel, zu denen gläubige Juden pilgerten, um ihre Opfer darzubringen. Auch im Königreich Judäa scheint es andere Plätze der Gottesverehrung gegeben zu haben: Die puritanischen Verfasser der Bibel beklagten sich darüber, dass die Könige Jerusalems nicht die »hohen Plätze« ausmerzten, an denen heidnische Bräuche begangen würden. Wahrscheinlich erst 622 v.Chr. erklärte König Josia von Judäa (641–609 v.Chr.) den Tempel zum alleinigen rechtmäßigen Heiligtum in der Stadt. Spätestens seit der Rückkehr aus dem babylonischen Exil 586 v.Chr. nahm Jerusalem freilich den Status der wichtigsten heiligen Stätte der Juden ein, deren zentrale Bedeutung in den nächsten Jahrtausenden unangefochten blieb.

Die Verquickung zwischen Glauben und Politik ist auch Eigenart der islamischen Betrachtung Jerusalems. Ihre vitale Rolle für die Muslime errang die Stadt erst Jahrzehnte nach ihrem Fall an die Kreuzritter. Und nachdem sie sich erst wieder in muslimischer Hand befand, geriet der politisch motivierte und religiös begründete »Sonderstatus« Jerusalems schnell wieder in Vergessenheit. Mit dem Aufkommen des Zionismus, der nationalen Befreiungsbewegung der Juden, und stetig zunehmenden jüdischen Einwanderungswellen aus aller Welt wuchs auch der symbolische Wert Jerusalems im arabischen und islamischen Raum. Mit einer erfolgreichen Kampagne, die sich später im Bündnis mit den Nationalsozialisten auch antisemitische Motive zu eigen machte, gelang es Hadsch Amin al-Husseini (1895–1974), dem Großmufti von Jerusalem, die Stadt bei den Muslimen weltweit wieder als heilige Stätte ins Bewusstsein zu rücken.

Diesen Status hat sie sich bis heute erhalten. Für Palästinenser wäre jede Friedenslösung ohne Souveränität auf dem Haram indiskutabel. Da sich der Haram aber praktisch auf der Klagemauer befindet, ist eine Lösung angesichts des auf beiden Seiten verbreiteten Misstrauens nur schwer vorstellbar. Von rund 750 000 Bewohnern der Stadt gehören 68 Prozent dem jüdischen Glauben an, 30 Prozent sind Muslime und 2 Prozent Christen. Sie alle leben in Wohnvierteln, die zum größten Teil entlang ethnischer Linien getrennt sind. Zwischen 1948, dem israelischen Unabhängigkeitskrieg, bis zum Sechstagekrieg 1967 währte die Teilung Jerusalems. Seinen Ostteil, 1967 von Jordanien an Israel

II. Strukturen und Lebenswelten

Eine Gruppe muslimischer Frauen auf der Via Dolorosa nach dem Ende des traditionellen Freitagsgebets in der Al-Aksa-Moschee (Oktober 2004, Fastenmonat Ramadan). Rechts israelische Grenzpolizisten.

verloren, beanspruchen heute die Palästinenser als ihre Hauptstadt. Ostjerusalem ist überwiegend arabisch geprägt, während der modernere Westteil der Stadt sich bereits vor 1967 in israelischer Hand befand und fast ausschließlich von Juden bewohnt wird.

Juden und Araber in Jerusalem

Die israelische Regierung dehnte seit 1967 die Stadtgrenzen immer weiter aus und erbaute auch im Osten zahlreiche jüdische Vororte, um demografisch eine jüdische Bevölkerungsmehrheit zu sichern und Jerusalem unteilbar zu machen. Die Begünstigung jüdischer Zuwanderung ging mit einer Benachteiligung der arabischen Bevölkerung im Osten einher. Während man Juden ermutigte, in die »unteilbare, ewige Hauptstadt« Israels zu ziehen, suchte man den Palästinensern den Alltag durch fehlende Infrastruktur und bürokratische Schikanen zu vergällen. Während der zweiten Intifada, einem bewaffneten Aufstand der

Jerusalem, die heilige Stadt

Palästinenser, der im Jahr 2000 begann, wurde Jerusalem zur »Terrorhauptstadt« Israels. Verschiedene Untergrundorganisationen richteten ihr Augenmerk auf die Stadt wegen ihres symbolischen Werts – und auch deshalb, weil es vom Westjordanland kommend ein Leichtes war, hier einzudringen. Attentate gegen israelische Zivilisten in Autobussen und Restaurants gehörten über Jahre zur Tagesordnung.

Dies veranlasste die israelische Regierung letztlich zum Bau einer Sperranlage im Westjordanland und in der Stadt selbst. Die Trasse der Grenzanlagen ist heftig umstritten. In Jerusalem zieht sich eine acht Meter hohe Betonwand durch die Stadt, die für die arabische Bevölkerung erhebliche Probleme mit sich bringt. Rund 200 000 Araber schlug die Mauer der israelischen Seite zu, während sich etwa 55 000 Stadtbewohner plötzlich auf der »falschen«, palästinensischen Seite der Mauer wiederfanden, wo es kaum städtische Dienstleistungen gibt. Ferner teilt die Mauer das Westjordanland in zwei Teile. Jerusalem, als wichtigste Stadt und wirtschaftlicher Motor, verlor die Verbindung zu seinem arabischen Hinterland.

Für die arabischen Bewohner Ostjerusalems könnte dies verheerende Folgen haben. Bereits heute macht sich immer größerer Unmut breit. Er äußert sich in spontanen Angriffen ostjerusalemer Palästinenser gegen israelische Ziele im Westen der Stadt. Nach Monaten der Ruhe ereigneten sich im ersten Halbjahr 2008 bereits drei solche Attentate. In Friedensgesprächen erweist sich die Frage einer Teilung Jerusalems stets als das größte Problem, da die Stadt historische, religiöse, wirtschaftliche, nationale und strategische Konflikte in sich vereint.

Gil Yaron

▶ Geschichte im Überblick | **Die biblische Zeit (17.–6. Jh. v. Chr.)**

Überregionale politische Entwicklung

2850–332 v. Chr.: Altägypten

2000–539 v. Chr.: Babylonisches Reich

Politische Ereignisse im »Nahen Osten«

Kulturelle, religiöse, ethnische Ereignisse

722–720 v. Chr.: Zerstörung Israels durch Assyrer; Verschleppung der Stämme Israels

ca. 930 v. Chr.: Teilung des Reiches: Juda und Israel

586 v. Chr.: Eroberung Jerusalems, Zerstörung des Tempels durch Nebukadnezar II., Beginn babylonischer Gefangenschaft

515 v. Chr.: Ende babylonischer Gefangenschaft, Wiederaufbau Tempel durch Kyros I.

925 v. Chr.: Älteste hebr. Inschrift

63 v. Chr.–313 n. Chr.: Römische Herrschaft

63 v. Chr.: Eroberung Jerusalems durch röm. General Pompeius; Naher Osten unter röm. Herrschaft

63–4 v. Chr.: Herodes, röm. Vasallenkönig, regiert in Israel

66 n. Chr.: Jüd. Aufstand gegen Römer, Erster Jüd. Krieg

70 n. Chr.: Zerstörung Jerusalems und des Zweiten Tempels

ca. 20–30 n. Chr.: Wirken Jesu von Nazareth

1800–612 v. Chr.: Altassyrische Reiche

1457 v. Chr.: Schlacht bei Megiddo

ca. 1020 v. Chr.: Beginn der Monarchie; erster König: Saul

ca. 1000 v. Chr.: Jerusalem wird Hauptstadt von Davids Königreich

17. Jh. v. Chr.: Abraham, Isaak, Jakob lassen sich in Israel nieder

13. Jh. v. Chr.: Früheste Erwähnung »Israels« in ägyp. Inschrift

1200–1100 v. Chr.: Ansiedlung israelitischer Stämme westl. des Jordan (Kanaan)

Antike (538 v. Chr.–636 n. Chr.)

538–142 v. Chr.: Persische und hellenistische Zeit

332 v. Chr.: Alexander d.Gr. erobert Palästina, Beginn hellenistischer Zeit

166–160 v. Chr.: Makkabäer- (Hasmonäer-) Aufstand

160 v. Chr.: Schlacht von Elasa bei Jerusalem

538–515 v. Chr.: Rückkehr vieler Juden aus Babylon; Wiederaufbau des Tempels

313–636: Byzantinische Herrschaft

73 n. Chr.: Eroberung Masadas durch Römer

132–135: Bar-Kochba- Aufstand gegen Rom

210: Kodifizierung des mündl. jüd. Gesetzes (Mischna) abgeschlossen

ca. 390: Kommentar der Mischna (Jerusalemer Talmud) abgeschlossen

1. Jh. n. Chr.: Kaiser Hadrian zerstört Jerusalem

335: Bau der Grabeskirche in Jerusalem

	Antike (538 v. Chr.–636 n. Chr.) →		
Überregionale politische Entwicklung			
Politische Ereignisse im »Nahen Osten«		634/640: Libanon und Palästina werden von muslim. Arabern erobert	
Kulturelle, religiöse, ethnische Ereignisse	571: Geburt Mohammeds	622: Emigration Mohammeds (Hijra), Beginn islam. Zeitrechnung	

1106–1270: Zeit der Assassinen (schiitische Selbstmordkämpfer)	1291–1516: Mamlukische Herrschaft in Ägypten	1291: Mit Akko geht der letzte christliche Standort im Heiligen Land verloren (18.5.)
1187: Saladin schlägt Kreuzfahrer in der Schlacht von Hattin und erobert Jerusalem	1260: Schlacht von Ain Djalut (Jordanien, 3.9.)	1453: Eroberung Konstantinopels durch Osmanen

	1881/82: Antisemitische Pogrome in Russland; Juden flüchten nach Europa, Palästina, USA		1894: »Dreyfus-Affäre« in Frankreich	
1860: Bau des ersten jüd. Viertels außerhalb der Stadtmauern Jerusalems	1882–1903: Erste Alija (Masseneinwanderung), v.a. aus Russland	1889: »Rat der Hebräischen Sprache« gegründet		1896: »Der Judenstaat« von Theodor Herzl erscheint

Die arabisch/islamische Zeit (636–1917) →

636–1099: Arab. Herrschaft

1096–1291: Kreuzfahrerzeit

1096–1099: Erster Kreuzzug

1099: Gründung Lateinisches Königreich Jerusalem

638: Kalif Omar erobert Jerusalem

1077: Eroberung Jerusalems durch türk. Seldschuken

1099: Kreuzfahrer erobern Jerusalem

692: Bau des Felsendoms in Jerusalem

1492: Rückeroberung muslim. besetzter Gebiete in Spanien, Vertreibung der Juden (Reconquista)

1516–1917: Osman. Herrschaft

1522: Eroberung Rhodos durch Osmanen

1565: Osmanen scheitern bei Eroberung Maltas (7.10.)

1516: Ende der Mamlukenherrschaft in Syrien, Palästina, Ägypten

1571: Seeschlacht bei Lepanto, osman. Niederlage

16. Jh.: Erster Druck des Talmud

1897: Erster Zionistenkongress in Basel (Theodor Herzl); Gründung der Zionistischen Weltorganisation; Beginn der Nationalbewegung in europ. Diaspora; »Baseler Programm«

1903: Baubeginn der Bagdadbahn (27.7.) unter dt. Führung

1905: Siebenter Zionistischer Kongress lehnt Ostafrikaprojekt ab

1908: Jungtürkische Revolution

1908: Aufstand der Jungtürken

1904–1914: Zweite Alija

	Die arabisch/islamische Zeit (636–1917)
Überregionale politische Entwicklung	
Politische Ereignisse im »Nahen Osten«	**1913:** Erster Arabischer Nationalkongress in Paris fordert Autonomie im Osmanischen Reich **1913–1918:** Regierung der Jungtürken
Kulturelle, religiöse, ethnische Ereignisse	**1909:** Gründung erste Kollektivsiedlung (Kibbuz) und erste moderne jüd. Stadt, Tel Aviv (April); Gründung erster Genossenschaften (Moschawim)

1917: Deportation der Armenier in die Wüste Syriens mit Hunderttausenden Toten; brit. Truppen erobern Bagdad; Oktoberrevolution in Russland

1917: Sieg der Briten nach über 400-jähriger osman. Herrschaft (9.12.); brit. Besetzung Jerusalems; Großbritannien sichert Unterstützung zur Errichtung einer »Nationalen Heimstätte für das jüd. Volk in Palästina« zu (Balfour-Deklaration) (2.11.)

1918: Palästina-Schlacht bei Megiddo (18./19.9.)

1919–1922: Türk. Unabhängigkeitskrieg gegen die Alliierten

1919: Faisal-Weizmann-Abkommen in Paris unterzeichnet

1919–23: Dritte Alija

1920: Gründung des jüd. Gewerkschaftsbundes Histadrut; erste Wahlen zur Delegiertenversammlung der jüd. Einwohner Palästinas; Nationalrat Waad Leumi; Syrien erklärt sich für unabhängig (8.3.) und Emir Faisal zum König; Konferenz von San Remo: Briten wird Mandat für Palästina übertragen, Frankreich für Syrien und Libanon (1.7.); Frankreich schafft Staat Großlibanon

1920/21: Arab. Nationalkongress für Palästina in Haifa (Dez. 1920) und Jerusalem (Mai 1921)

1914: Osmanisches Reich tritt an Seite der Mittelmächte in Ersten Weltkrieg ein

1914: Entsendung des brit. Offiziers Lawrence (Lawrence von Arabien) nach Kairo zur Unterstützung eines arab. Aufstands gegen den osmanischen Sultan

1915: Schlacht um die Dardanellen (25.4.)

1915/16: McMahon-Husayn- und Sykes-Picot-Abkommen; Aufteilung der arab. Provinzen zw. Großbritannien und Frankreich; Abwehr alliierter Angriffe auf Meerengen und Gallipoli durch osman. Verbände

1916: Osman. Eroberung Erzurums; dt. Truppen schlagen Briten bei Kut-el-Amara

Mandatszeit (1918–1948)

1918: 14-Punkte-Plan Wilsons; brit. Eroberung von Damaskus; Kapitulation des Osmanischen Reiches (30.10.); Besetzung Syriens durch franz. Truppen (1.11.); Scheitern des Plans eines arab. Reiches mit Hauptstadt Damaskus; blutige Niederschlagung der arab. Aufstände durch Ententemächte

1918: Ende arab. Hoffnungen auf einen arab. Gesamtstaat; Gebietsaufteilung zw. Großbritannien und Frankreich

1918: Waffenstillstand von Mudros: Türkei zieht sich aus dem Krieg zurück; Großbritannien besetzt Palästina (31.10.)

Britisches Mandatsgebiet Palästina

1920/21: Antizionistische Unruhen in Jerusalem (April) und Jaffa (Mai 1921)

1921: Gründung des Obersten Muslimischen Rates

1922: Franz. Mandat über Syrien und Libanon

1922: Völkerbund bestätigt brit. Mandat über Palästina; ab 24.7. vertritt »Jewish Agency for Palestine« die jüd. Interessen

1923: Proklamation türk. Republik (Mustafa Kemal Atatürk); Transjordanien von England als autonomer Staat anerkannt

1924-1931: Vierte Alija (80 000 Menschen)

Mandatszeit (1918–1948) →

Überregionale politische Entwicklung

Politische Ereignisse im »Nahen Osten«

1925: Eröffnung Hebräische Universität Jerusalem

1929: Arab. Unruhen in Jerusalem; Massaker an den Juden in Hebron und Safed

Kulturelle, religiöse, ethnische Ereignisse

1926: Gründung der Muslimbruderschaft

1939–1945: Zweiter Weltkrieg; Holocaust in Europa (Mord an sechs Millionen Juden)

1941: Beginn des dt. Afrikafeldzugs in Libyen (29.3.); Unabhängigkeit Libanons (faktisch erst 1946) und Syriens

1941: Besuch des Großmufti von Jerusalem bei Hitler in Berlin (28.11.); Beginn der Kampfhandlungen im Nahen Osten (2.5.); Waffenstillstand zw. Briten und Irakern (31.5.); dt.-brit. Schlacht um Beirut (Juli); brit. Gegenoffensive in Afrika (18.11.)

1940: Fertigstellung Bagdadbahn (15.7.)

1945: Befreiung von Auschwitz (27.1); Gründung Arabische Liga (März); Gründung Vereinte Nationen (26.6.)

1946: King-David-Hotel (Hauptquartier brit. Militäradministration) von jüd. Guerilla gesprengt: 90 Tote (22.6.)

1947: UN-Vollversammlung stimmt für Teilung Palästinas in jüd. und arab. Staat mit Jerusalem unter internat. Kontrolle

1946: Anglo-Amerikanisches Komitee schlägt Genehmigung der Einwanderung von 100 000 jüd. Flüchtlingen nach Palästina vor

Französisches Mandatsgebiet Libanon

1932–1938: Fünfte Alija (200 000 Menschen)

1936: Gründung des Jüdischen Weltkongresses durch Nachum Goldmann

1936–1939: Arab. Aufstand gegen brit. Herrschaft und jüd. Einwanderung

1937: brit. Peel-Kommission empfiehlt Teilung Palästinas zw. Arabern und Juden (7.7.)

1931: Islamische Weltkonferenz tritt in Jerusalem zusammen (16.12.)

1942: Rommels Afrikakorps erobert Tobruk; Niederlage bei El Alamein

1943: Dt. Kapitulation in Stalingrad (2.2.); Kapitulation des Afrikakorps (13.5.); Hitler akzeptiert Bildung einer muslim. Waffen-SS-Division

1944: Aufstellung zweier weiterer muslim. Verbände der Waffen-SS

ab 1944: Verstärkter Einsatz zionistischer Parteien zur Gründung eines jüd. Staates; Kampf gegen Briten

1942: Baltimore-Konferenz in New York unter Leitung Ben Gurions

Nach dem UN-Teilungsplan (seit 1949)

1947: Flüchtlingsschiff »Exodus« wird aufgebracht und nach Deutschland zurückgeschickt

1948/49: Ausrufung Staat Israel durch Ben Gurion; Beginn erster arab.–israel. Kriegs/Unabhängigkeitskrieg (15.5.1948 bis Frühjahr 1949); Israel 59. Mitglied der UNO; erste Waffenstillstandsbeobachtermission UNTSO; Beginn ägypt. Herrschaft über Gazastreifen; Transjordanien annektiert Westjordanland (Dez.)

1952: 700 000 palästinensische Araber werden aus ihrer Heimat vertrieben. Massenimmigration von Juden aus Europa und den arab. Ländern beginnt

Der »Nahe Osten« nach dem UN-

Überregionale politische Entwicklung	1952: Putsch der »Freien Offiziere« in Kairo gegen König Faruk	1956: UdSSR gestattet tschechoslowakische Waffenlieferungen an Ägypten
Politische Ereignisse im »Nahen Osten«	1952: »Wiedergutmachungs«-Abkommen zw. Israel – BRD	1956: Suezkrieg bzw. Sinaifeldzug (Okt./Nov.); UNEF I – erstmals werden Blaues Barett und Blauer Helm getragen
Kulturelle, religiöse, ethnische Ereignisse		

	1968: Staatsstreich im Irak bringt Baath-Partei an die Macht (Saddam Hussein)		
1967: Sechstagekrieg, Niederlage der Araber (5.–10.6); UN-Resolution 242: Rückzug aus »besetzten Gebieten«	1968: Schlacht bei Karame (Jordanien)	1969: Arafat Vorsitzender der PLO; Vertrag von Kairo (3.11.)	1969/70: ägypt.-israel. Zermürbungskrieg (Abnutzungskrieg) am Ostufer des Suezkanals

1973: Als erster dt. Bundeskanzler besucht Willy Brandt Israel; Jom-Kippur-Krieg gegen Ägypten und Syrien (6.–25.10.); Erdölboykott; UNEF II (bis Juli 1979)	1974: Truppenentflechtungsvertrag Israels mit Ägypten und Syrien (18.1.); Arafat spricht vor den VN, die PLO erhält Beobachterstatus; Arabische Liga legitimiert PLO als Vertretung der Palästinenser; UNDOF-Truppe gemäß UN-Resolution 350 (31.5.), bis heute im Einsatz	1975: Ausbruch des Bürgerkriegs im Libanon (bis 1990)

Teilungsplan (seit 1949) ⟶

1957: Eisenhower-Doktrin (März)

1960: Treffen Ben Gurion – Adenauer in New York (14.3.)

1962: Gründung der Liga der islamischen Welt in Mekka

1965: Aufnahme diplomat. Beziehungen Israel – BRD

1959: Gründung der Fatah (Arafat Mitbegründer) (10.10.); UNOGIL, Resolution 128 (11.6.), Einsatz bis 9.12.

1964: Gründung der PLO

1966: Bundeskanzler a.D. Adenauer besucht Israel als Privatmann

1961/62: Prozess gegen Adolf Eichmann

Israel

1970: Hafis al-Assad in Syrien an der Macht (bis 2000)

1970: »Schwarzer September« in Jordanien: jordan. Truppen kämpfen gegen PLO, die ihre Basis 1971 in den Libanon verlegt

1971: Vereinte Nationen erkennen den »Befreiungskampf der Palästinenser« an

1972: palästinensische Terrorangriffe am Flughafen von Tel Aviv (30.5.) und auf die israel. Sportler bei den XX. Olympischen Sommerspielen in München (5.9.)

Libanon

1977: Erster Besuch eines ägypt. Präsidenten in Israel, gegenseitige Anerkennung; Entführung der Lufthansamaschine »Landshut«

1978: Friedensnobelpreis an Begin, Sadat und Carter; israel. Truppen marschieren in Südlibanon ein (14./15.3.); UNIFIL-Truppe gemäß UN-Resolution 425 (19.3.); Beginn UN-Mission UNIFIL (23.3.); Rückgabe Halbinsel Sinai an Ägypten

1979: Israel. Premier Begin und ägyptischer Präsident Sadat erhalten Friedensnobelpreis

	Der »Nahe Osten« nach dem UN-
Überregionale politische Entwicklung	1979: Islamische Revolution in Iran, Sturz des Schah, Ayatollah Chomeini übernimmt Führung der Islamischen Republik Iran 1980: Beginn des Ersten Golfkriegs (Irak-Iran-Krieg), bis 1988
Politische Ereignisse im »Nahen Osten«	1979: Unterzeichnung Friedensvertrag Israel – Ägypten in Washington (Grundlage: Camp-David-Abkommen, 17.9.1978) (26.3.)
Kulturelle, religiöse, ethnische Ereignisse	

1985: Bundespräsident Richard von Weizsäcker in Israel (8.–11.10.); Rückzug israel. Truppen aus dem Libanon	1987: Beginn der Ersten Intifada (bis 1990); Gründung der Hamas	1990: Beginn des Zweiten Golfkriegs (Überfall des Irak auf Kuwait) (2.8.)
	1988: Arafat erkennt Existenzrecht Israels an und schwört dem Terrorismus ab	1989: Beginn Masseneinwanderung von Juden aus der UdSSR

Palästinensische Autonomiegebiete

1994: Gaza-Jericho-Abkommen (Oslo I), Abzug Israels (4.5.); Arafat übernimmt Leitung der Palästinensischen Autonomiebehörde (Juli); jordan.-israel. Friedensvertrag (26.10.); Entstehung der Autonomiegebiete im Gazastreifen und im Westjordanland; Friedensvertrag Israel – Jordanien

1994: Massaker von Hebron (25.2.); Friedensnobelpreis an Rabin, Peres, Arafat (14.10.)

Teilungsplan (seit 1949) →

1981: Ägyptens Staatspräsident Sadat wird ermordet (6.10.), Nachfolger Mubarak

1981:
Israel. Luftwaffe zerstört irak. Atomreaktor in Usirak;
Israel annektiert Golanhöhen

1982: Israel. Einmarsch in den Libanon (6.6.), Einrichtung »Sicherheitszone« im Südlibanon, Entstehung schiitischer Hisbollah; PLO verlagert ihren Sitz nach Tunis; Kampagne »Frieden für Galliläa« (6.6.)

1982: In den Palästinenserlagern Sabra und Schatila im Libanon Massaker durch libanes. Milizen mit Duldung der israel. Streitkräfte (16./17.9.)

1991: Operation »Wüstensturm« (17.1.–28.2.)

1991:
Beginn Nahost-Friedenskonferenz in Madrid (30.10.); Syrisch-libanes. Vertrag

1992:
Hisbollah nimmt erstmals an Parlamentswahlen teil

1993:
Unterzeichnung Osloer Prinzipienerklärung zw. Israel und PLO; Treffen zw. Arafat und Rabin (13.9.)

1995:
Interimsabkommen Israel – PLO (Oslo II) in Washington (28.9.); Ermordung Rabins (5.11.)

1996: Israelischer Angriff auf Libanon: 100 Palästinenser werden in UN-Lager bei Qana getötet (11.4.)

1997:
Hebron-Protokoll (Jan.)

1998:
Wye-River-Abkommen zw. PLO und Israel (nie umgesetzt) (23.10.)

Der »Nahe Osten« nach dem UN-

Überregionale politische Entwicklung

Politische Ereignisse im »Nahen Osten«

1999: Sharm-El-Scheich-Memorandum (4.9.)

2000: Gipfel von Camp David scheitert (25.7.); Scharon besucht Tempelberg, Ausbruch der Al-Aksa-Intifada (Okt.), bis 2005; israel. Rückzug aus der Sicherheitszone

Kulturelle, religiöse, ethnische Ereignisse

2003: Beginn des Dritten Golfkriegs (»Operation Iraqi Freedom«) (20.3.)

2003: Das »Quartett« (UN, USA, EU, Russland) legt Israelis und Palästinensern den Friedens-»Fahrplan« (Road Map) vor (30.4.)

2004: Resolution 1559 (2.9.): UN-Sicherheitsrat verlangt Auflösung und Entwaffnung aller Milizen im Libanon; Tod Arafats (11.11.), Nachfolger: Abbas

2003: Baubeginn israel. Sperranlagen zur räumlichen Trennung von Israelis und Palästinensern

2004: Ermordung des geistlichen Führers und Gründers der Hamas-Bewegung, Achmed Jassin (22.3.)

2006:
Hamas gewinnt Parlamentswahlen in Autonomiegebieten;
Ausscheiden Scharons aus Politik (Jan.), neue Regierung Olmert (21.5.);
Anschlag auf das dänische Konsulat in Beirut (5.2.);
Entführung zweier israel. Soldaten durch Kommando der schiitischen Hisbollah-Miliz, Beginn Libanonkrieg 2006 (12.7.);
Abriegelung des Gazastreifens durch Israel (24.7.)

Teilungsplan (seit 1949) →

2001: Arab. Terrorangriffe in New York City und Washington (11.9.)

2000: Bundespräsident Johannes Rau spricht vor der Knesset (16.2.); Israel zieht sich aus der 1982 eingerichteten Schutzzone Südlibanon zurück; UN markieren internat. Grenze zw. Israel und Libanon, Nichtanerkennung der Hisbollah (24.5.)

2002: Arabische Liga stimmt Friedensvorschlägen Saudi-Arabiens zu; Israel besetzt große Teile des Westjordanlandes (28.03.)

2005: Sharm-El-Scheich-Abkommen, Ende Zweite Intifada (Feb.); israel. Räumung des Gazastreifens (12.9.); Abzug syrischer Truppen aus Libanon; Waffenruhe, Räumung jüd. Siedlungen bis August

2005: Karikaturenstreit

2006: Verabschiedung der UN-Resolution 1701 durch den Weltsicherheitsrat (11.8.); Waffenstillstand beendet Libanonkrieg/Sommerkrieg (14.8.); Entscheidung des Deutschen Bundestags zur Entsendung dt. Soldaten nach Nahost (19.9.)

Der »Nahe Osten« nach dem UN-

Überregionale
politische
Entwicklung

Politische Ereignisse
im »Nahen Osten«

2007: Bürgerkriegsähnliche Kämpfe
zwischen Milizen der Hamas und Fatah.
Hamas übernimmt Kontrolle im Gazastreifen, Fatah im Westjordanland. Ende
der Regierung der nationalen Einheit

Kulturelle, religiöse,
ethnische Ereignisse

2008: Mit Resolution 1832 (2008) verlängern die Vereinten
Nationen das UNIFIL-Mandat bis zum 31.8.2009 (27.8.). Mehr als
13 000 Soldaten sind im Rahmen der UNIFIL im Einsatz (Oktober);
Der Deutsche Bundestag verlängert den deutschen UNIFIL-Beitrag
bis Ende 2009 (17.9.)

2008: Michel Suleiman wird zum libanesischen Staatspräsidenten
gewählt (25.5.);
Gefangenenaustausch und Übergabe der Leichen der beiden am 12.7.2006
entführten israelischen Soldaten zwischen Israelis und Hamas (16.7.)

Außenministerin Zipi Livni und Premierminister Ehud Olmert (rechts) während
einer Kabinettssitzung in Jerusalem am 21. September 2008. Olmert gab an
diesem Tag seinen Rücktritt bekannt und gratulierte Livni zu ihrer Wahl als
Parteivorsitzende der Kadima.

Teilungsplan (seit 1949) →

2007: Nahostkonferenz in Annapolis (USA) endet mit Abkommen zwischen Israelis und Palästinensern. Ergebnis: Verpflichtung zu weiteren Verhandlungen (27.11.)

2008: Bewaffnete Auseinandersetzungen im Libanon mit mehr als 80 Toten und 200 Verletzten (Mai); Unterzeichnung des Doha-Abkommens nach mehrmonatigem Sitzstreik der Hisbollah aus Protest gegen die prowestliche Regierung in Beirut. Die Hisobollah stellt 11 von 30 Ministern der Einheitsregierung (21.5.)

2008: Die 1958 in Tel Aviv geborene Juristin, ehemalige Geheimdienst-Mitarbeiterin, frühere Justizministerin und amtierende israelische Außenministerin Zipi Livni setzt sich in einer Urabstimmung knapp gegen den als Hardliner geltenden Verkehrsminister Schaul Mofas als Parteivorsitzende der Kadima durch (17.9.). Staatspräsident Schimon Peres beauftragt Livni nach dem Rücktritt Ehud Olmerts mit der Regierungsbildung (22.9.)

2008: In der nordisraelischen Hafenstadt Akko brechen nach dem jüdischen Jom Kippur-Fest schwere Unruhen zwischen jüdischen und arabischen Einwohnern (zusammen ca. 45 000 Menschen) aus. Beide Seiten beschuldigen sich der Provokation und des Extremismus. Die Polizei nimmt mehr als 50 Jugendliche fest, mehr als 20 Menschen werden verletzt (Oktober)

Anhang

Erinnerungstage – Festtage – Feiertage

Schwarz: Sonnenkalender (365 Tage); Rot: Jüdischer Kalender (Lunisolarkalender); Grün: Islamischer Mondkalender (354 Tage) für 2008, Feiertage verschieben sich pro Jahr um etwa elf Tage nach vorn. Eckige Klammer: Bewegliche Feiertage für 2009/2010.

Januar

1./2.	Neujahr
6.	Armenisch-orthodoxe Weihnachten
7.	Koptische Weihnachten
10.	El am Hejir [18.12.; 8.12.] – islamisches Neujahr
19.	Aschura [7.; 16.12.] – Gedenk- bzw. Trauertag der Schiiten an das Martyrium des Imam Hussein
22.	Tu Bi Schwat [9.2.; 30.] – Neujahrsfest der Bäume
27.	Befreiung von Auschwitz (1945)

Februar

9.	Namenstag des Hl. Maroun (Priester und Eremit im 5. Jhdt., Patron der maronitischen Christen)

März

8.	Revolutionstag (Syrien)
20.	Mawlid al-Nabi [9.; 26.2.] (Geburtstag des Propheten)
20.	Beginn Irak-Krieg
21.	Karfreitag [10.4.; 2.4.]
21.	Purim [10.; 28.2.] – Rettung der persischen Juden
23.	Ostersonntag [12.4.; 4.4.]

April

8.	Koptisches Osterfest
9.	Massaker von Deir Jassin (1948) – Ermordung von ungefähr 250 arabischen Dorfbewohnern im britischen Mandatsgebiet
17.	Unabhängigkeitstag (Syrien)
19.–27.	Pesach [8.–16.; 29.3.–6.4.] – Auszug der Juden aus Ägypten
25.	Sinai Befreiungsfest (Ägypten)
25.	Karfreitag (orthodox) [17.; 2.]
27.	Ostersonntag (orthodox) [19.; 4.]

Erinnerungstage – Festtage – Feiertage

Mai
1.	Maifeiertag/Tag der Arbeit
1.	Christi Himmelfahrt [21.; 13.]
2.	Jom ha-Schoah [21..; 11.4.] – Holocaust-Gedenktag
2.	Jom Jeruschalaim [22.; 12.] – Jerusalemtag
6.	Märtyrertag (Libanon, Syrien)
7.	Jom ha-Sikaron [28.4./19.4.] – Gedenktag an die gefallenen israelischen Soldaten und Opfer des Terrorismus
8.	Jom ha-Azma'ut [29.4./20.4.] – israelischer Unabhängigkeitstag
11./12.	Pfingsten [31.5.–1.6./23.–24.]
22.	Fronleichnam [11.6./3.6.]
23.	Lag Ba'omer [12.; 2.]
25.	Abzug israelischer Truppen aus Südlibanon
25.	Unabhängigkeitstag Jordanien

Juni
8./9.	Schawuot [28.–30.5.; 18.–20.5.] – Wochenfest, Offenbarung der Thora am Sinai
9.	Thronbesteigung König Abdullah (Jordanien)
10.	Tag der Streitkräfte (Jordanien)

Juli
17.	Tag der Baath-Partei (Syrien)
23	Tag der Revolution (Ägypten)
31.	Eid al Isra wa-al-miraj [20.; 9.] (»Nächtliche Himmelsreise des Propheten Mohammed«)

August
10.	Tischa be-Aw [30.7.; 20.7.] – Gedenken an die Zerstörung der beiden Jerusalemer Tempel sowie an den Bar-Kochba-Aufstand
15.	Mariä Himmelfahrt

September
2.	Erster Tag des Monats Ramadan [22.8./12.8.] – Beginn der Fastenzeit
5.	palästinensischer Terrorangriff auf israelische Olympia-Sportler (1972)
28.	Beginn der Zweiten Intifada (2000)
29.–1.10.	Rosch Haschanah [18.–20.; 8.–10.] – das jüdische Neujahr

Anhang

Oktober

1.	Eid al-Fitr [21.9.; 10.9.] (Fastenbrechensfest) – das mindestens dreitägige Fest beginnt am letzten Abend des Ramadan (Ende der Fastenzeit)
6.	Tag der Streitkräfte (Ägypten)
8./9.	Jom Kippur [27./28.9.; 17./18.9.] – Versöhnungstag, höchster jüdischer Feiertag
13.–20.	Sukkot [2.–9.; 22.–29.9.] – Laubhüttenfest
19.	Nacht der Bestimmung – Beginn der Verkündung des Korans
21.	Schemini Azeret [10.; 30.9.]
22.	Simchat Thora [11.; 1.]

November

1.	Allerheiligen
4.	Ermordung Itzhak Rabins (1995)
14.	König-Hussein-Gedenktag (Jordanien)
15.	Unabhängigkeitstag (Palästinensische Autonomiebehörde)
22.	Unabhängigkeitstag (Libanon)

Dezember

8.	Eid al-Adha [27.11.; 16.11.] (Islamisches Opferfest – Gedenken an das biblische Opfer Abrahams), Höhepunkt der Pilgerfahrt nach Mekka
21.–29.	Chanukka [11.–19.; 1.–9.] – Lichterfest, Wiedereinweihung des Tempels
23.	Tag des Sieges (Ägypten)
24.–26.	Weihnachten

Erinnerungsorte

(siehe hierzu Klappkarte am Ende des Buches)

Wie kaum eine andere Weltregion ist der Nahe Osten selbst ein »Erinnerungsort«. Die Schnittstelle zwischen den drei Kontinenten Europa, Afrika und Asien birgt seit dem Beginn der geschichtlichen Überlieferung Plätze, die den Anhängern der drei Weltreligionen Judentum, Christentum und Islam heilig oder in anderer Weise bedeutsam sind. Diese Übersicht kann daher nur eine Auswahl beinhalten.

1. Jerusalem (hebr. Jeruschalajim, arab. al-Quds; vgl. auch den Beitrag von Gil Yaron) ....
In Jerusalem leben seit 5000 Jahren Menschen. Die Stadt ist somit eine der ältesten Siedlungen der Welt. Verschiedenste Kulturen und Nationalitäten treffen hier aufeinander. Die Altstadt ist von einer Mauer umgeben und besteht aus einem jüdischen, christlichen, armenischen und muslimischen Viertel. Heute ist Jerusalem Heimat für 732 000 Menschen. In der Bibel wird Jerusalem insgesamt über 800 Mal erwähnt. Die Stadt steht im Mittelpunkt der Heils- und Gerichtsankündigungen des biblischen Gottes, so vor allem bei den Propheten Daniel, Jeremia, Jesaja, Ezechiel (Hesekiel), Sacharja (Zacharias) und in den Psalmen, aber auch in der Offenbarung.

Nach Mekka und Medina ist die Altstadt Jerusalems das drittgrößte Heiligtum des Islams. Hier befindet sich der Tempelberg (mit Felsendom und Al-Aksa-Moschee), der »entfernteste Platz der Anbetung«, von dem aus der Prophet Mohammed in den Himmel auffuhr. In einem Reliquienschrein sind gemäß Überlieferung Barthaare des Propheten aufbewahrt. Der Tempelberg wird in jüdischer und islamischer Tradition mit dem Platz gleichgesetzt, an dem Abraham seinen Sohn zum Opfer darbringen sollte. Der Felsendom wiederum ist eines der prächtigsten Bauwerke islamischer Architektur und einer der schönsten Kuppelbauten der Welt.

Sowohl Palästinenser und als auch Israelis beanspruchen Jerusalem als Hauptstadt eines jeweils eigenen Staates. Gegen die Annexion Ostjerusalems durch Israel im Sechstagekrieg von 1967 und die darauf folgende Ausweitung israelischen Rechts auf die Stadtbezirke bestehen Vorbehalte der internationalen Gemeinschaft (vgl. die Beiträge von Angelika Timm und Gil Yaron zu Jerusalem).

Anhang

2. Yad Vashem (andere Schreibweise: Jad wa-Schem)......................
Yad Vashem ist die offizielle »Gedenkstätte der Märtyrer und Helden des Staates Israel im Holocaust«. Sie ist der bedeutendste Holocaust-Erinnerungsort und gleichzeitig Dokumentationszentrum sowie Forschungsstätte. Yad Vashem wurde 1953 durch einen Beschluss der Knesset gegründet und befindet sich in Jerusalem (http://www.yad-vashem.de). Vgl. den Beitrag von Norbert Kampe.

3. Bethlehem (hebr. Beit Lechem, arab. Beit Lahm) ....
Bethlehem gehört zu den palästinensischen Autonomiegebieten und grenzt im Norden an Jerusalem. In der Stadt soll sich der Stall befunden haben, in dem Jesus Christus auf die Welt kam. Die Geburtskirche zeugt von der Bedeutung Bethlehems für die Christenheit.

In Bethlehem liegt auch eines der größten Heiligtümer der jüdischen Religion, das Grab der Rachel. Rachel verkörpert die Entstehung der Stämme Israels und war die Lieblingsfrau des Stammvaters Jakob. Sie steht als Symbol für Israel und seine Trauer um das verlorene Volk, entsprechend Jeremia 31, 15: »Rachel weint um ihre Kinder und will sich nicht trösten lassen« (weil Ephraim nicht aus assyrischer Gefangenschaft zurückkehrt).

Die Muslime verehren Bethlehem, da hier ihr Prophet Mohammed auf seinem Weg nach Jerusalem betete. Während der zweiten Intifada kam es um das Grab Rachels mehrmals zu heftigen Straßenkämpfen zwischen Israelis und Palästinensern.

4. Jericho (hebr. Yeriho, arab. Eriha) ....
Jericho, in den palästinensischen Autonomiegebieten am Westufer des Jordans gelegen, gehört zu den ältesten Siedlungen der Menschheit. Archäologische Ausgrabungen datierten erste Bauten bereits um 11 000 v.Chr. Die Stadt liegt an einer uralten Handels- und Karawanenstraße und kontrolliert die Furt durch den Jordan. Nach alttestamentlicher Überlieferung (Josua 2, 6) errangen die Israeliten hier ihren ersten Sieg gegen die Jebusiter (12.–10. Jahrhundert v.Chr.).

Obwohl neuere Forschungen davon ausgehen, dass während der israelitischen Landnahme Kanaans an dem Ort keine befestigte Stadt existierte, wurde die Bundeslade mit den Zehn Geboten, die Moses von Gott empfangen hatte, nach Jericho transportiert. In der Gegend hat sich auch nach neutestamentlicher Überlieferung Jesus von Johannes taufen lassen. Jericho wurde 1967 im Sechstagekrieg durch Israel erobert. Es war die erste Stadt, die Israel 1994 nach den Verträgen von Oslo an die Palästinensische Autonomiebehörde übergab (vgl. den Beitrag von Andreas Mückusch).

5. Hebron (hebr. Chevron, arab. al-Chalil) ....
Hebron wurde ca. 3500 v.Chr. gegründet. Eine in der Nähe gelegene Höhle, »Höhle der Patriarchen« oder »Erzvätergrab« genannt, gilt der Überlieferung nach als der Ort, an dem Adam, Eva, Abraham, Sarah, Isaak, Rebekka, Jakob und Lea begraben sind. Diese Höhle ist für Islam und Judentum gleichermaßen ein Heiligtum. In Hebron wurde der Hirtenjunge David zum König von Juda gesalbt und regierte hier, bis er Jerusalem eroberte und die Hauptstadt dorthin verlegte. Der byzantinische Kaiser Justinian I. baute im 6. Jahrhundert über dem »Erzvätergrab« eine Kirche, die später von den Sassaniden zerstört wurde. 638 fiel Hebron unter islamische Herrschaft, 1099 nahmen es Kreuzfahrer ein. Sie nannten die Stadt Abraham. Nachdem die Kreuzritter 1187 von Saladin geschlagen wurden, erhielt die Stadt ihren alten Namen zurück. Seit der Vertreibung der Juden aus Spanien 1492 gab es in Hebron wieder eine jüdische Gemeinde mit Hunderten von Mitgliedern. Die Mamluken regierten die Stadt, bis sie 1516 unter die Herrschaft des Osmanischen Reiches fiel.

Im Jahr 1917 britisch besetzt und anschließend Teil des Mandatsgebietes Palästina, kam es am 23. August 1929 in Hebron zu einem heftigen arabisch-jüdischen Zusammenstoß, hinter dem die Agitation des Großmuftis von Jerusalem stand. Die Unruhen griffen auf andere Städte über. Am schlimmsten waren die arabischen Massaker in Hebron und Safed. Allein dem Massaker von Hebron fielen 67 Juden zum Opfer. Die jüdische Gemeinde floh daraufhin nach Jerusalem. 1948 annektierte Jordanien das Westjordanland und machte Hebron zu einer jordanischen Stadt. Diese fiel nach dem Sechstagekrieg 1967 an Israel. Am 25. Februar 1994 ermordete der extremistische Siedler Baruch Goldstein 29 Muslime in der Abraham-Moschee. In Hebron leben heute ca. 155 000 Einwohner.

6. Gaza (hebr. Azza, arab. Ghazza) ....
Gaza ist eine Hafenstadt am Mittelmeer und Sitz der Palästinensischen Autonomiebehörde im Gazastreifen mit ca. 470 000 Einwohnern. Gaza liegt an der seit römischer Zeit strategisch wichtigen Straße »Via Maris«, die Europa über den Nahen Osten mit Kleinasien

verbindet. Gaza hat eine Schlüsselstellung im gesamten Nahost-Friedensprozess. Von 1948 bis 1967 war der Gazastreifen von Ägypten besetzt und fiel im Sechstagekrieg an Israel. Seit dem Kairoer Abkommen 1994 steht das Gebiet unter palästinensischer Selbstverwaltung.

Seit Ausbruch der zweiten Intifada im Jahr 2000 kam es immer wieder zu blutigen Auseinandersetzungen zwischen israelischen Soldaten und Palästinensern. Gaza-Stadt und Gazastreifen sind eine Hochburg der radikalislamischen Hamas. Trotz heftiger gesellschaftlicher und innenpolitischer Auseinandersetzungen verließen am 12. September 2005 die letzten israelischen Soldaten die israelischen Siedlungen im Gazastreifen. Damit wurde das Gebiet nach 38 Jahren israelischer Präsenz vollständig den palästinensischen Behörden übergeben (vgl. die Beiträge von Andreas Mückusch und Christoph M. Scheuren-Brandes).

7. Masada (hebr. Mezadá)

Die Felsenfestung Masada am südlichen Toten Meer erlangte Berühmtheit, weil hier die Römer 73 n.Chr. nach siebenjährigem Unterwerfungsfeldzug auf den letzten jüdischen Widerstand trafen. Nach dem Fall Jerusalems hatten sich jüdische Aufständische in die kaum einnehmbare Festung zurückgezogen. In einem 16 Tage dauernden Angriff versuchten die Römer die jüdischen Rebellen zu unterwerfen. Als die Verteidiger sich bewusst wurden, dass sie die Angreifer auf Dauer nicht abweisen konnten, verübten sie kollektiven Selbstmord. Durch die Überlieferung von Flavius Josephus (37–100 n.Chr.) wurde Masada zum Symbol des jüdischen Freiheitswillens.

Die Abschlussübungen der militärischen Grundausbildung der israelischen Armee enden jeweils auf der Festung. Im Eid der Soldaten wird diese zu einem Symbol des jüdischen Selbstbehauptungswillens: »Masada soll nie wieder fallen« (vgl. die Beiträge von Loretana de Libero und Gil Yaron).

8. Deir Jassin (arab. Dair Yasin)

Deir Jassin ist ein arabisches Dorf im Norden Jerusalems. Am 9. April 1948 verübten zionistische Untergrundorganisationen ein Massaker an der dortigen arabischen Bevölkerung, dem vermutlich 250 Menschen zum Opfer fielen. Die Gewalttat löste Panik unter den Arabern aus, zumal die Presse die Opferzahlen künstlich in die Höhe trieb. Bis zum Beginn des arabisch-israelischen Krieges 1948 flohen zwischen 250 000 und 300 000 arabische Palästinenser aus ihrem Siedlungsgebiet.

Am 13. April 1948 griffen arabische Freischärler am Skopusberg einen Sanitätskonvoi an; 76 Juden starben. Dieser Anschlag wird als Vergeltungsmassnahme mit Deir Jassin in Verbindung gebracht (vgl. den Beitrag von Angelika Timm zur Gründung des Staates Israel).

9. Sabra und Schatila ....
Während des ersten Libanonkrieges 1982 verübten in der Nacht des 18. Septembers maronitische Milizen unter den Augen der israelischen Armee in den palästinensischen Flüchtlingslagern Sabra und Schatila (Beirut) ein Massaker, dem nach unterschiedlichen Angaben Hunderte Menschen zum Opfer fielen. Die internationale Schutztruppe UNIFIL hatte sich bereits zwei Tage zurückgezogen. Die maronitischen Milizen befanden sich im Kampf gegen die Palästinensische Befreiungsorganisation (PLO) im Südlibanon. Nach Demonstrationen und Protesten in Israel gegen die Libanonpolitik der Regierung wurde ein Untersuchungsausschuss eingesetzt. Der für den Feldzug verantwortliche Politiker, Verteidigungsminister Ariel Scharon, musste zurücktreten (vgl. den Beitrag von Christoph M. Scheuren-Brandes).

10. Nazareth (arab. en-Nasira) ....
Nazareth gilt als Heimatort Jesu; hier lebten seine Eltern Maria und Josef. In Nazareth verkündete der Erzengel Gabriel Maria die Geburt des künftigen Erlösers. In vorchristlicher Zeit war Nazareth ein unbedeutender Ort, und man fragte noch mit Bezug auf Jesus: Was kann aus Nazareth Gutes kommen? (Johannes 1, 46) Heute gehört die 64 000 Einwohner zählende Stadt zu den wichtigsten Pilgerstätten des Heiligen Landes. An der Stelle, wo gemäß Überlieferung das Haus Marias stand und der Erzengel zu ihr kam, erhebt sich die katholische Verkündigungsbasilika aus dem 20. Jahrhundert (geweiht 1969).

11. Golanhöhen (hebr. Ramat HaGolan, arab. al-Dschaulan)
– Kunaitra (arab. al-Qunaitira) ....
Der hügelige Landstrich im Norden Israels gehört nach internationalem Völkerrecht zur arabischen Republik Syrien. Die Golanhöhen

wurden von Israel im Sechstagekrieg erobert und 1981 annektiert. Zu den Golanhöhen zählen unter anderem die Schebaa-Farmen, von denen Syrien behauptet, es habe sie 1951 an den Libanon abgetreten, weshalb sie auch vom Libanon beansprucht werden. Israel betrachtet die Schebaa-Farmen als Teil seines Territoriums, die Vereinten Nationen sehen sie als Bestandteil Syriens.

Bisher stand der Streit um die Golanhöhen einem Friedensschluss zwischen Israel und Syrien im Weg. Die Golanhöhen sind für Israel von großer strategischer Bedeutung, da die Rückgabe des Gebiets Syrien einen Angriff auf den Norden Israels erleichtern würde. Zum anderen kontrolliert Israel von hier aus die wichtigsten Wasserquellen der Region: die Ursprünge des Jordans sowie den aus den Golanhöhen gespeisten See Genezareth.

Die größte Stadt auf den Golanhöhen ist die syrische Stadt Kunaitra. Kunaitra liegt in einem neutralisierten Streifen direkt an der Grenze zu israelisch besetztem Gebiet. Bevor sich die israelischen Truppen 1974 zurückzogen, wurden die 37 000 Einwohner der Stadt evakuiert und diese von der israelischen Armee dem Erdboden gleichgemacht. Noch 1974 wurden in der Gegend um Kunaitra im Zuge des Truppenentflechtungsabkommens zwischen Israel und Syrien UN-Friedenstruppen stationiert. Kunaitra ist heute eine verminte Geisterstadt, die nur in Begleitung von syrischem Sicherheitspersonal besucht werden darf. Syrischer Rhetorik dient sie als Vorzeigebeispiel für die Brutalität der israelischen Armee (vgl. den Beitrag von Andreas Mückusch).

12. Nablus (hebr. Shechem)

Nablus, mit 127 000 Einwohnern eine der drei größten arabischen Siedlungen im Nahen Osten, befindet sich nördlich von Jerusalem im Westjordanland. Nablus hat eine nahezu viertausendjährige Geschichte und für alle drei monotheistischen Religionen gleichermaßen historische Bedeutung. Nichtsdestoweniger steht Nablus aber auch als Symbol für Gewalt und Gegengewalt im gesamten Nahostkonflikt. Während der britischen Mandatsherrschaft nach dem Ersten Weltkrieg operierte der antibritische Widerstand unter anderem von hier aus. Nach dem arabisch-israelischen Krieg von 1948 kam Nablus unter jordanische Kontrolle und wurde dann während des Sechstagekrieges 1967 von Israel annektiert. Zur Zeit der ersten und der zweiten Intifada (1987–1993 bzw. 2000–2005) war Nablus eines der Zentren des palästinensischen Terrorismus. Ein Großteil der historischen Altstadt ist heute zerstört.

13. Naharija

Das knapp 50 000 Einwohner zählende Naharija befindet sich nördlich von Haifa an der Grenze zu Libanon. Die Stadt gründeten jüdische Einwanderer aus Deutschland im Jahre 1934. In den Blickpunkt der Weltöffentlichkeit geriet sie erstmals im israelisch-arabischen Krieg von 1948. Als einzige jüdische Siedlung nördlich von Akko war Naharija komplett von der Außenwelt abgeschnitten und konnte nur über den Seeweg erreicht werden. Im Bewusstsein der Bevölkerung blieb insbesondere ein brutaler Mord an einem vierjährigen Mädchen und dessen Vater durch die Palästinensische Befreiungsorganisation im Jahr 1979 haften. (Im Juli 2008 wurde der Mörder Samir Kuntar gegen die sterblichen Überreste zweier israelischer Soldaten ausgetauscht.) Während des Sommerkriegs 2006 stand Naharija dauernd unter Raketenbeschuss der Hisbollah.

14. Kana

Kana ist ein Dorf im Südlibanon, etwa 15 Kilometer von der israelischen Grenze entfernt. Im Konflikt zwischen Israel und Libanon hat Kana eine hohe politische Brisanz: Während der israelischen Operation »Früchte des Zorns« wurde im April 1996 in Kana eine Einrichtung der UNIFIL von der israelischen Artillerie schwer getroffen. Etwa 100 Flüchtlinge kamen bei dem Angriff ums Leben. Im Israel-Libanon-Konflikt 2006 wurde Kana abermals von einem israelischen Luftschlag getroffen. Laut Angaben der Menschenrechtsorganisation Human Rights Watch starben bei diesem Angriff 28 Zivilisten. In das Bewusstsein der libanesischen Bevölkerung sind die israelischen Angriffe von 1996 als »Massaker an unschuldigen Zivilisten« eingegangen.

15. Tiberias (hebr. Tewerja)

Die Stadt mit 40 000 Einwohnern befindet sich im Norden Israels in der Landschaft Galiläa am See Genezareth. In Tiberias befindet sich das Grab des Jitro, des Schwiegervaters von Moses (Exodus 2, 16 ff.). Für die Drusen ist Jitro ein Prophet, sein Grab ist das höchste Heiligtum der weltweit verbreiteten Glaubensgemeinschaft (vgl. das Schaubild auf S. 231).

Anhang

Literatur und neue Medien

Soweit vorhanden, sind bei Buchtiteln die deutschen Übersetzungen aufgeführt. Die genannten Werke sind zum Teil im Buchhandel vergriffen. Bitte wenden Sie sich in diesem Fall an Bibliotheken oder suchen Sie nach antiquarischen Ausgaben (www.zvab.com).

Wissenschaftliche Literatur ....

Achcar, Gilbert, und Michael Warschawski, Der 33-Tage-Krieg. Israels Krieg gegen die Hisbollah im Libanon und seine Folgen, Hamburg 2007 [israel-kritische Analyse des Konfliktes]
Arabien. Mehr als Erdöl und Konflikte. Hrsg. von Udo Steinbach, Opladen 1992 [Standardwerk, leider keine neuere Auflage]
Asseburg, Muriel, Die EU und der Friedensprozess im Nahen Osten, SWP-Studie, Berlin 2003
Baumgartner, Helga, Arafat. Zwischen Kampf und Diplomatie, München 2002
Baumgartner, Helga, Hamas. Der politische Islam in Palästina, Kreuzlingen u.a. 2006
Bautz, Franz Josef, Geschichte der Juden. Von der biblischen Zeit bis in die Gegenwart, 5. Aufl., München 1996
Beaupain, André, Befreiung oder Islamisierung? Hamas und PLO – Die zwei Gesichter des palästinensischen Widerstands, Marburg 2005
Beck, Martin, Friedensprozess im Nahen Osten. Rationalität, Kooperation und politische Rente im Vorderen Orient, Wiesbaden 2002 [anspruchsvolle Konfliktanalyse für die gesamte Region]
Benz, Wolfgang, Der Holocaust, 4. Aufl., München 1999 [gut verständliche Gesamtdarstellung]
Berger, Lars, Die USA und der islamische Terrorismus. Herausforderungen im Nahen und Mittleren Osten, Paderborn u.a. 2007 [umfassende Analyse des Terrorismus aus Sicht amerikanischer und arabischer Akteure]
Bregmann, Ahron, Israel's Wars. A History since 1947, London 2002 [kompakte Darstellung der Nahostkriege bis zum Ausbruch der zweiten Intifada]
Chorherr, Christa, Wessen Heiliges Land? Christen im Israel-Palästina-Konflikt, Wien 2008 [zur Rolle der stark von Auswanderung betroffenen Christen]

Literatur und neue Medien

Christians and Jews in the Ottoman Empire. The Functioning of a Plural Society. Ed. by Benjamin Braude and Bernhard Lewis, vol. 2: The Arabic-Speaking Lands, New York, London 1982 [Standardwerk zum Osmanischen Reich]

Clauss, Manfred, Das alte Israel. Geschichte, Gesellschaft, Kultur, München 1999 [100 Seiten Beck'sches Wissen]

Cook, Michael, Der Koran. Eine kurze Einführung, Ditzingen 2002

Creveld, Martin van, Israelische Verteidigungs- und Sicherheitspolitik der Zukunft, Erfurt 2005 [teils heiß diskutierte Thesen des bekannten israelischen Militärhistorikers]

Croitoru, Hamas, Der islamische Kampf um Palästina, Bonn 2007 (= Schriftenreihe der Bundeszentrale für politische Bildung, 634) [Darstellung der Islamisierung der palästinensischen Widerstandsbewegung]

Daase, Christopher, Kleine Kriege – Große Wirkung. Wie unkonventionelle Kriegführung die internationale Politik verändert, Baden-Baden 1999 (= Weltpolitik im 21. Jahrhundert, 2) [israelisch-palästinensischer Konflikt als kleiner (»neuer«) Krieg]

Deeb, Marius, Syria's Terrorist War on Lebanon and the Peace Process, New York 2003

Elger, Ralf, Islam, Frankfurt a.M. 2002

Elon, Amos, Jerusalem. Innenansichten einer Spiegelstadt, Reinbek bei Hamburg 1992

Ex Oriente. Geschichte und Gegenwart christlicher, jüdischer und islamischer Kulturen. Hrsg. von Wolfgang Dressen, Georg Minkenberg und Adam Oellers, Mainz 2003

Faroqhi, Suraiya, Herrscher über Mekka. Die Geschichte der Pilgerfahrt, Düsseldorf, Zürich 2000

Fiedler, Heinz, und Karl-Heinz Volkert, Deutschland, Europa und der Nahe Osten, Frankfurt a.M. 2003 [komprimierter Überblick über die großen Krisen im Nahen Osten und ihre Hintergründe]

Finkelstein, Norman H., Ariel Sharon, Minneapolis 2005 [kompakte Biografie]

Fisk, Robert, Pity the Nations. Lebanon at War, 3. Aufl., Oxford, New York 2001 [umfassende Berichte des britischen Journalisten zum Bürgerkrieg im Libanon]

Flores, Alexander, Die arabische Welt: Ein kleines Sachlexikon, Stuttgart 2003 [Wissen kompakt]

Galley, Susanne, Das jüdische Jahr: Feste, Gedenk- und Feiertage, München 2003

Geschichte der arabischen Welt. Hrsg. von Heinz Halm, 5. Aufl., München 2004

Gewaltspirale ohne Ende? Konfliktstrukturen und Friedenschancen im Nahen Osten. Hrsg. von Uta Klein und Dietrich Tränhardt, Schwalbach 2002 (= DIAK, 37)

Gresch, Alain, Israel – Palästina. Die Hintergründe eines unendlichen Konfliktes, Zürich 2002

Grosbard, Ofer, Israel auf der Couch. Zur Psychologie des Nahostkonfliktes, Düsseldorf 2001

Grossmann, David, Diesen Krieg kann keiner gewinnen, München 2003 [erklärt Zusammenhänge des Nahostkonflikts; Plädoyer für einen anderen Weg als den der Dominanz und Gewalt]

Hanf, Theodor, Co-existence in War Time Lebanon: Decline of a State and Rise of a Nation, London 1993 [Standardwerk des in Freiburg und Beirut lehrenden Wissenschaftlers]

Hansen, Niels, Aus dem Schatten der Katastrophe. Die deutsch-israelischen Beziehungen in der Ära Konrad Adenauer und David Ben Gurion, Düsseldorf 2002 [dokumentierte Berichte der Konrad-Adenauer-Stiftung]

Harris, William, Faces of Lebanon: Sects, Wars and Global Extensions, Princeton, NJ 1997 (= Princeton Series on the Middle East) [guter Überblick]

Hashem-Talhami, Ghada, Syria and the Palestinians. The Clash of Nationalisms, Gainesville 2001 [Einblick in die syrisch-palästinensischen Beziehungen]

Haumann, Heiko, Geschichte der Ostjuden, 2. Aufl., München 1998 [jüdisches Leben und Verhältnis zur nichtjüdischen Umwelt in Polen und Russland]

Heine, Peter, Terror in Allahs Namen. Extremistische Kräfte im Islam, Bonn 2004 (= Schriftenreihe der Bundeszentrale für politische Bildung, 449)

Heiße Kriege im Kalten Krieg. Hrsg. von Bernd Greiner, Christian Th. Müller und Dierk Walter, Hamburg 2006 (= Studien zum Kalten Krieg, 1) [Sammelband zu den Konflikten der »Nachkriegszeit«, u.a. auch mit Beiträgen zu Nahost]

Heller, Mark A., und Rosemary Hollis, Israel and the Palestinians. Israeli Policy Options, London 2005 [Handlungsspielräume der israelischen Politik bei der Lösung des Nahostkonflikts]

Herzig, Arno, Jüdische Geschichte in Deutschland. Von den Anfängen bis zur Gegenwart, 2. Aufl., München 2002

Herzog, Chaim, Kriege um Israel 1948 bis 1984, Frankfurt a.M. 1984

Hilberg, Raul, Die Vernichtung der europäischen Juden, Frankfurt a.M. 1990 [Standardwerk mit Schwerpunkt auf langfristigen Wurzeln des Holocaust]

Literatur und neue Medien

Hourani, Albert, Die Geschichte der arabischen Völker, Frankfurt a. M. 2000 [umfassender Überblick von den Anfängen bis zur Dekolonialisierung]

Das Internationale Krisenjahr 1956. Polen, Ungarn, Suez. Hrsg. von Winfried Heinemann und Norbert Wiggershausen, München 1999 [Einbindung der Suezkrise in die internationale Politik in einem Schlüsseljahr des Kalten Krieges]

Der israelisch-palästinensische Konflikt. Hintergründe, Dimensionen und Perspektiven. Hrsg. von Dietmar Herz, Christian Jetzlsperger und Kai Ahlborn, Stuttgart 2003 (= Historische Mitteilungen, 48) [Analyse der Konfliktparteien im israelisch-palästinensischen Konflikt]

Kleines Islamlexikon. Geschichte, Alltag, Kultur. Hrsg. von Ralf Elger, München 2006 [Nachschlagewerk]

Kneissl, Karin, Hizbollah. Libanesische Widerstandsbewegung, islamische Terrorgruppe oder bloß eine politische Partei?, Wien 2002 (= Schriftenreihe der Landesverteidigungsakademie) [Untersuchung der schiitischen Massenbewegung Hisbollah im libanesischen und regionalen Kontext]

Der Koran. Übers. von Rudi Paret, Stuttgart 1963

Krämer, Gudrun, Geschichte des Islam, Bonn 2005 (= Schriftenreihe der Bundeszentrale für Politische Bildung, 493) [Entstehung und Ausbreitung des Islam bis zum Zeitalter der Weltkriege]

Krämer, Gudrun, Geschichte Palästinas. Von der osmanischen Eroberung bis zur Gründung des Staates Israel, München 2002

Krautkrämer, Elmar, Krieg ohne Ende? Israel und die Palästinenser. Geschichte eines Konflikts, Darmstadt 2003 [mit ausführlichem Quellenanhang]

Krupp, Michael, Die Geschichte des Staates Israel. Von der Gründung bis heute, Gütersloh 1999 [behandelt auch die israelische Innenpolitik und ihre Auswirkungen auf den Nahostkonflikt]

Laube, Stefan, Der lange Weg der Versöhnung. Geschichte und Struktur des Friedensprozesses im Nahen Osten, Marburg 2003 [detaillierte Darstellung der israelisch-arabischen Annäherung von 1973 bis 2002]

Lebanon in Limbo. Postwar Society and State in an Uncertain Regional Environment. Hrsg. von Theodor Hanf und Nawaf Salam, Baden-Baden 2003 [Aufsatzsammlung zu Ethnizität, Religion und Demokratie]

Lewis, Bernard, The Middle East. A Brief History of the Last 2000 Years, New York 2005

Lewis, Bernard, Der Untergang des Morgenlandes. Warum die islamische Welt ihre Vormacht verlor (engl. What Went Wrong?), Bonn 2002 (= Schriftenreihe der Bundeszentrale für Politische Bildung, 391) [kurzer Abriss über die Entwicklung der islamischen Welt zwischen Tradition und westlicher »Modernisierung«]

Lewis, Bernard, Die Wut der arabischen Welt. Warum der jahrhundertelange Konflikt zwischen dem Islam und dem Westen weiter eskaliert, Frankfurt, New York 2004 [Abriss über die west-östliche Beziehungen mit Darstellung der Beziehungen zwischen Islam und Terrorismus]

Longerich, Peter, Politik der Vernichtung. Eine Gesamtdarstellung der nationalsozialistischen Judenvernichtung, München 1998 [beschreibt den Entscheidungsprozess bis hin zur systematischen Ermordung der europäischen Juden]

Matuz, Josef, Das Osmanische Reich. Grundlinien seiner Geschichte, 2., unveränd. Aufl., Darmstadt 1990

Mejcher, Helmut, Sinai, 5. Juni 1967. Krisenherd Naher und Mittlerer Osten, München 1998 (= 20 Tage im 20. Jahrhundert) [Überblick über die Vorgeschichte und Zusammenfassung des Sechs-Tage-Kriegs]

Milton-Edwards, Beverley, and Peter Hinchcliffe, Conflicts in the Middle East since 1945, London 2004 [Überblicksdarstellung der Konflikte im gesamten Nahen und Mittleren Osten]

Morris, Benny, Israel´s Border Wars 1949–1956. Arab Infiltration, Israeli Retaliation and the Countdown to the Suez War, Oxford 1993 [detaillierte Darstellung der Entwicklung vom ersten israelisch-arabischen Krieg 1948/49 bis zum Sinai-Feldzug 1956]

Morris, Benny, Righteous Victims. A History of the Zionist-Arab Conflict, 1881–2001, New York 2001

O'Ballance, Edgar, Civil War in Lebanon, 1975–1992, New York 1998 [kompakter Abriss über den Bürgerkrieg im Libanon]

Ökonomie der Bürgerkriege. Hrsg. von François Jean und Jean-Christophe Rufin, Hamburg 1999 [Sammelband zu den ökonomischen Triebkräften in Konflikten des ausgehenden 20. Jahrhunderts]

Oren, Michael B., Six Days of War. June 1967 and the Making of the Modern Middle East, Oxford 2002 [detaillierte Darstellung des Sechs-Tage-Kriegs]

Ortag, Peter, Jüdische Kultur und Geschichte. Ein Überblick, Potsdam 2003

Palästina in der Antike. Hrsg. von Ariel Lewin, Darmstadt 2004

Die Palästina-Frage 1917–1948. Historische Ursprünge und internationale Dimensionen eines Nationenkonflikts. Hrsg. von Helmut Mejcher, 2. Aufl., Paderborn u.a. 1993

Palmer-Harik, Judith, Hezbollah. The Changing Face of Terrorism, London, New York 2005 [umfangreiche Analyse zur Hisbollah]

Perthes, Volker, Geheime Gärten. Die neue arabische Welt, Berlin 2002 [faszinierende Überblicksdarstellung]

Perthes, Volker, Der Libanon nach dem Bürgerkrieg: Von Ta'if zum gesellschaftlichen Konsens?, Baden-Baden 1994 [Analyse der politischen Perspektiven]

Perthes, Volker, Orientalische Promenaden: Der Nahe und Mittlere Osten im Umbruch, Berlin 2006 [politische Lageanalysen zwischen Iran, dem Irak, Israel und Palästina]

Primor, Avi, Frieden mit den Islamisten?, Düsseldorf 2007 [ehemaliger israelischer Botschafter in Deutschland analysiert die aktuelle Situation und die Rolle Europas und der USA]

Rotter, Gernot, und Schirin Fahti, Nahostlexikon. Der israelisch-palästinensische Konflikt von A–Z, Heidelberg 2001 [mit Bibliografie und Internetlinks]

Roy, Olivier, Der islamische Weg nach Westen. Globalisierung, Entwurzelung und Radikalisierung, Bonn 2006 (= Schriftenreihe der Bundeszentrale für politische Bildung, 590) [Untersuchung zum islamischen Fundamentalismus und Terrorismus, Globalisierungsfolgen der muslimischen Welt]

Rubin, Barry, und Judith Colp Rubin, Yasir Arafat. A Political Biography, New York 2003

Rubinstein, Amnon, Geschichte des Zionismus. Von Theodor Herzl bis Ehud Barak, München 2001

Salaf, Nawaf, Options for Lebanon, London, New York 2005 [beleuchtet die politische Lage im Libanon und sucht nach möglichen zukünftigen Entwicklungen]

Schiegl, Florian, Syriens Politik im Libanon (1975–2005). Auswirkungen der Besatzung auf Land und Region, Saarbrücken 2007 [politikwissenschaftliche Analyse]

Schiller, David Thomas, Der Bürgerkrieg im Libanon: Entstehung, Verlauf, Hintergründe, Gütersloh 1979 [nach wie vor kompakte, gute Hintergrundinformationen zum Libanonkonflikt]

Schreiber, Friedrich, und Michael Wolffsohn, Nahost. Geschichte und Struktur des Konflikts, Opladen 1995 [Standardwerk]

Schulze, Reinhard, Geschichte der islamischen Welt im 20. Jahrhundert, München 2002 [länderübergreifende Darstellung des Islam als religiöse und politische Bewegung]

Segev, Tom, Es war einmal in Palästina. Juden und Araber vor der Staatsgründung Israels, München 2005 [preisgekrönte Darstellung der englischen Mandatszeit, die den Wurzeln des aktuellen Konflikts nachgeht]

Segev, Tom, Die ersten Israelis. Die Anfänge des jüdischen Staates, München 2008 [herausragende Darstellung der Gründungsjahre]

Segev, Tom, 1967. Israels zweite Geburt, Bonn 2007 (= Schriftenreihe der Bundeszentrale für Politische Bildung, 635) [Geschichte der Ursachen und Folgen Sechs-Tage-Krieges, mit Blick für das Alltagsleben der Betroffenen]

Steininger, Rolf, Der Nahostkonflikt, Frankfurt a.M. 2003 [Konflikt auf 100 Seiten erklärt, guter Einstieg ins Thema]

Stemberger, Günter, Jüdische Religion, München 1995 [Einführung auf weniger als 100 Seiten]

Strathern, Paul, Napoleon in Egypt. »The Greatest Glory«, London 2007 [Napoleons Feldzug in Ägypten und Palästina]

Süleyman the Magnificent and His Age. The Ottoman Empire in the Early Modern World. Ed. by Metin Kunt und Christine Woodhead, London, New York 1995 [Standardwerk zum Osmanischen Reich]

Tibi, Bassam, Pulverfaß Nahost. Eine arabische Perspektive, Stuttgart 1997 [Darstellung des Friedensprozesses im Nahen Osten aus arabischer Sicht]

Timm, Angelika, Israel – Geschichte des Staates seit der Gründung, 3. Aufl., Bonn 1998 [gut lesbare Überblicksdarstellung]

Walker, Tony und Andrew Gowers, Arafat. The Biography, London 2003 [umfassende Biografie]

Wolffsohn, Michael, Israel. Geschichte, Wirtschaft, Gesellschaft, Politik, Opladen 2002 [Überblicksdarstellung zur ersten Information]

Wolffsohn, Michael, Wem gehört das Heilige Land? Die Wurzeln des Streits zwischen Juden und Arabern, München 2002 [Standardwerk]

Wunder, Simon, Israel – Libanon – Palästina. Der Zweite Libanonkrieg und der Israel-Palästina-Konflikt 2006, Berlin 2007 [Darstellung des Sommerkrieges]

Yaron, Gil, Jerusalem – ein historisch-politischer Stadtführer, München 2007

Literatur und neue Medien

Belletristik und Erinnerungsliteratur..

Alejchem, Scholem, Tewje, der Milchmann, Leipzig 1995 [der Briefroman beschreibt jüdisches Leben in den ukrainischen Schtetlach. Vorlage für das bekannte Musical »Anatevka« (Fiddler on the Roof, 1964)]

Al-Rawi, Rosina-Fawzia, Tante Fatima kauft einen Teppich. Mein Leben im Morgenland der Frauen, München 2002 [die authentischen Geschichten der Autorin entführen auf poetische Weise in die weibliche Welt des Nahen und Mittleren Ostens]

Barker, A.J., Der Sechs-Tage-Krieg, München 1974 [Darstellung des Sechs-TageKriegs in Romanform mit vielen Zeichnungen und Bildern]

Binur, Yoram, Mein Bruder, Mein Feind. Ein Israeli als Palästinenser, Zürich 1990 [als Araber getarnt, lebt der jüdische Journalist Yoram Binur sechs Monate unter Palästinensern. Die Aufdeckung seiner wahren Identität wäre sein sicherer Tod]

Broder, Henryk M., Die Irren von Zion, München 1999 [Hintergründe der Spannungen im Nahen Osten auf sarkastische Weise erzählt]

Broich, Sigrid von, Libanon – warum es geschah. Das Rezept eines Bürgerkriegs, New York 1989/2004 [die Autorin, eine Verwandte der Dschumblat-Dynastie, erzählt ihre Insider-Story]

Collins, Larry, und Dominique Lapierre, O Jerusalem, München 1972 [Darstellung des Kampfes um Jerusalem im Unabhängigkeitskrieg 1948/49]

Dschabra, Dschabra Ibrahim, Der erste Brunnen, Basel 2001 [der große irakische Schriftsteller erzählt aus seiner Kindheit in Bethlehem und Jerusalem]

Friedländer, Saul, Wenn die Erinnerung kommt, München 1998 [Friedländer über die Judenverfolgung im von den Nationalsozialisten besetzten Europa]

Gur, Batya, In Jerusalem leben. Ein Requiem auf die Bescheidenheit, München 2001

Habibi, Emil, Der Peptimist, Basel 1996 [Klassiker; das Buch über einen Mitläufer und Kollaborateur in Israel, dessen Naivität im Laufe der Geschichte langsam schwindet]

Hass, Amira, Berichte aus Ramallah, München 2003 [die israelische Journalistin kennt Menschen wie Gesellschaft in »Palästina« durch eigenes Miterleben]

Humaidan-Junis, Iman, B wie Beirut. Roman aus dem Libanon, Basel 2007 [verarbeitet die Erfahrungen des Bürgerkriegs]

Humaidan-Junis, Iman, Wilde Maulbeeren. Roman aus dem Libanon, Basel 2006 [Leben einer Frau im multiethnischen und -konfessionellen Libanon]

Israel, ein Lesebuch. Hrsg von Patricia Reimann, München 1998 [Sammlung israelischer Erzählungen]

Kassir, Samir, Das arabische Unglück, Berlin 2006 [der Autor kämpfte öffentlich gegen die syrische Hegemonie im Libanon; er wurde 2005 durch eine Autobombe in Beirut getötet]

Kermani, Navid, Schöner neuer Orient. Berichte von Städten und Kriegen, München 2003 [eine islamische Reise im 21. Jahrhundert]

Khadra, Yasmina, Die Attentäterin, München 2006 [Roman über die politisch und religiös motivierte Gewalt und das Selbstmordattentat einer Frau, das den Helden, ihren Mann, zum unwissenden Witwer macht]

Khoury, Elias, Das Tor zur Sonne, Stuttgart 2004 [der libanesische Autor schildert auf 750 Seiten die dramatische Geschichte des palästinensischen Volkes]

Kłańska, Maria, Aus dem Schtetl in die Welt 1772–1938. Ostjüdische Autobiographien in deutscher Sprache, Wien, Köln, Weimar 1994 [Schilderung von ostjüdischem Leben auf der Basis jüdischer Erinnerungsliteratur]

Kleeberg, Michael, Das Tier, das weint. Libanesisches Tagebuch, München 2007 [eindringliche Schilderung vom Leben in Beirut]

Lawrence, Thomas Edward, Die sieben Säulen der Weisheit, München 1999 [packender, literarisch hochwertiger Roman über den Nahen Osten während des Ersten Weltkriegs; »Seven Pillars of Wisdom« erschien 1926 in winziger Auflage, 1927 in gekürzter Form unter dem Titel »Revolt in the Desert« für ein breites Publikum]

Laqueur, Walter, Jerusalem. Jüdischer Traum und israelische Wirklichkeit, Berlin 2006 [Eindrücke und Reflexionen über Juden und Araber]

Leshem, Ron, Wenn es ein Paradies gibt, Berlin 2008 [Leshems mehrfach preisgekrönter Roman schildert aus Sicht eines jungen Truppenoffiziers den Militäreinsatz in der israelischen Sicherheitszone im Südlibanon. Im Zentrum steht der Zeitraum von 1999 bis zum Rückzug der Streitkräfte 2000, Schauplatz ist ein Stützpunkt neben der historischen Burg Beaufort, am Litani-Fluss gelegen. Das Buch vermittelt einen ebenso eindringlichen wie kritischen Einblick in das Innenleben der Zahal und über den Umgang der israelischen Gesellschaft mit dem Krieg gegen die Hisbollah]

Löwer, Hans-Joachim, Heilige Erde, unheiliges Land. Eine Grenzwanderung durch Israel und Palästina, München 2006 [unterwegs in einer der explosivsten Gegenden der Welt, schildert Löwer das Leben der Israelis und Palästinenser]

Meir, Golda, Mein Leben, Hamburg 1975 [Autobiografie der israelischen Premierministerin zwischen 1969 und 1974]

Moszkowicz, Imo, Der grauende Morgen. Erinnerungen, Münster u.a. 2004 [Geschichte und Leben eines Juden]

Oz, Amos, Eine Geschichte von Liebe und Finsternis, Bonn 2006 [israelische Familiensage mit autobiografischen Bezügen, Schauplatz ist Jerusalem seit den 1940er-Jahren]

Oz, Amos, Israel und Deutschland: Vierzig Jahre nach Aufnahme diplomatischer Beziehungen, Frankfurt a.M. 2005 [Essay über die deutsch-israelischen Beziehungen]

Peres, Shimon, Man steigt nicht zweimal in denselben Fluß. Politik heißt Friedenspolitik, München 1999 [Nahostkonflikt nach dem Attentat an Rabin 1995]

Rados, Antonia, Gucci gegen Allah. Der Kampf um den neuen Nahen Osten, München 2005 [führt zu den Brennpunkten des Nahen Ostens, wo Muslime mit Muslimen um die Gestaltung der Zukunft streiten]

Raheb, Mitri, Bethlehem hinter Mauern, Gütersloh 2005 [provozierend offenes und selbstbewusstes Buch eines lutherischen Pfarrers in Palästina]

Rifa'i, Amal, und Odelia Ainbinder, Wir wollen beide hier leben. Eine schwierige Freundschaft in Jerusalem, Hamburg 2004

Samman, Ghada, Mit dem Taxi nach Beirut, Berlin 1990 [Schicksale von fünf Frauen und Männern, die vom Land kommen und in Beirut ihr Glück suchen]

Schrobsdorff, Angelika, Jerusalem war immer eine schwere Adresse, München 1996 [Beschreibung der ersten Intifada aus Sicht einer jüdischen Bewohnerin Jerusalems]

Sharon, Ariel, und David Chanoff, Warrior, New York City u.a. 1989 [Autobiographie Scharons bis zum Libanonkrieg von 1982]

Singer, Isaac Bashevis, Eine Kindheit in Warschau, München 2000; Das Erbe, München 1999 [Issac B. Singer, 1902–1991, 1935 aus Polen in die USA emigriert, erhielt für sein zunächst in jiddischer Sprache erschienenes Werk den Literaturnobelpreis.
Die beiden Romane beschreiben, ebenso wie zahlreiche weitere Werke Singers, die Spannung zwischen orthodoxer jüdischer Kultur des osteuropäischen Schtetl und der Säkularisierung des Judentums]

Anhang

Tawil, Raymonda, Mein Gefängnis hat viele Mauern. Eine Palästinenserin berichtet, Bonn 1992

Theisen, Manfred, Checkpoint Jerusalem. Eine Liebe in Zeiten des Terrors, München 2004

Trojanow, Ilija, Zu den heiligen Quellen des Islam. Als Pilger nach Mekka und Medina, Berlin 2006

Uris, Leon, Exodus, München 1998 [gewaltiges Epos über die Gründung des Staates Israel; engl. Ausgabe 1958]

Filme

500 Dunam on the Moon, Frankreich/USA 2002, Regie: Rachel Leah Jones [Geschichte des palästinensischen Dorfes Ayn Hawd, dass von Israel im Krieg von 1948 besetzt und entvölkert wurde]

Aftershock, Israel 2002, Regie: Yariv Horowitz [israelischer Soldat spricht über seine traumatischen Eindrücke während der Intifada]

Al-ard al-majhula (Terra incognita), Libanon/Frankreich 2002, Regie: Ghassan Salhab [beschreibt das Leben dreier junger Mittdreißiger im heutigen Beirut, die nicht mehr im Krieg aber auch nicht im Frieden leben]

Asurot, Israel 2001, Regie: Anat Even, Ada Ushpiz [im Stadtzentrum von Hebron leben drei palästinensische Witwen mit ihren insgesamt elf Kindern in einer absurden Lage: Seit 1997 befindet sich ihr Haus exakt auf der Grenze – die Vorderseite steht unter israelischem Kommando, die Palästinenser überwachen die Rückseite]

Atash – Durst, Israel 2004, Regie: Tawfik Abu Wael [der palästinensische Regisseur schildert ein Familiendrama in einem patriarchalischen Palästinenserclan]

August, Israel 2002, Regie: Avi Mograbi [Momentaufnahme Israels im August 2001; Avi Mograbi ist Israels politischster und humoristischster Filmemacher]

Die Band von Nebenan (Bikur hatizmoret), Israel/Frankreich 2007, Regie: Eran Kolirin [Dramödie über die kleinen Gemeinsamkeiten unterschiedlicher Menschen, die seit langer Zeit eine Nachbarschaft des »kalten Friedens« miteinander pflegen: Eine ägyptische Polizeikapelle landet in Israel und will bei der Eröffnung eines arabischen Kulturzentrums aufspielen. Doch Bürokratie, Pech oder einfach nur dumme Zufälle lassen sie bereits am Flughafen stranden]

Literatur und neue Medien

Bayrut al-liqua´ (Beirut die Begegnung), Libanon/Tunesien/Belgien 1981, Regie: Borhane Alaouié [während der Krieg tobt, versuchen Zayna aus Ostbeirut und Haidar aus Westbeirut sich zu treffen]

Beaufort, Israel 2007, Regie: Joseph Cedar [Verfilmung des Romans »Wenn es ein Paradies gibt« von Ron Leshem (vgl. Literaturtipps), ausgezeichnet auf der 57. Berlinale]

Chronique d'une disparation, Palästina 1996, Regie: Elia Suleiman [eine Reise auf der Suche nach einer Identität als Palästinenser; eine persönliche, teilweise ironische Meditation über die seelischen Auswirkungen der politischen Instabilität]

Exodus, USA 1960, Regie: Otto Preminger [jüdischer Untergrundkämpfer (Paul Newman) kapert ein Schiff mit jüdischen Einwanderern und führt sie nach Palästina, nach dem Roman von Leon Uris, 1958]

Frontiers of Dreams and Fears, Palästina/USA 2001, Regie: Mai Masri [Abzug der Israelis aus dem Südlibanon, Beginn der Al-Aksa-Intifada 2000]

Gaza Strip, Palästina/USA 2002, Regie: James Longley [ungefilterter Einblick auf die israelisch-palästinensischen Spannungen im Gazastreifen 2001]

Die Hisbollah im Libanon (oder Allahs Krieger). Dokumentarfilm von Mehran Bozorgnia und Martin Baer, Produktion im Auftrag von SDR und NDR im Libanon 1993/94 [komplexe Darstellung der Konflikte zwischen Israel, Libanon und Hisbollah]

Ila Ayn? (Wohin?), Libanon 1957, Regie: Georges Nasr [der Vater aus einem libanesischen Dorf in den Bergen emigriert in das Eldorado vieler seiner Landsleute, Brasilien, und kehrt erst nach 20 Jahren verarmt zurück]

In the Shadows of the City, Frankreich/Libanon 2000, Regie: Jean Khalil Chamoun [über den libanesischen Bürgerkrieg, der 1990 zu Ende ging]

Kharij al-hayat (Außerhalb des Lebens), Frankreich/Libanon 1991, Regie: Maroun Bagdadi [erzählt die auf einer wahren Begebenheit beruhende Geschichte eines französischen Reporters, der während des Bürgerkrieges nach Beirut kam und entführt wurde]

Lamma hikyit maryam (Als Maryam sprach), Libanon 2001, Regie: Assad Fouladkar [Ziad und Maryam sind glücklich verheiratet. Doch als nach drei Jahren ihre Ehe immer noch kinderlos bleibt, steigt der soziale und familiäre Druck auf das Paar]

Lemon Tree (Etz Limon), Deutschland/Israel/Frankreich 2008,
    Regie: Eran Riklis [der Kampf der palästinensischen Witwe
    Salma gegen den Staat Israel um ihren kleinen Zitronenhain an
    der Grenze nimmt groteske Züge an. Ausgezeichnet mit dem
    Panorama Publikumspreis der 58. Berlinale]
Der Libanon – Reisewege zur Kunst (mit Bonus-Film: Die Drusen
    – Länder, Menschen, Abenteuer), DVD Deutschland 2005,
    Regie: Peter Weinert [der Libanon von seiner schönsten Seite]
Ma´arik hubb (Schlachten der Liebe), Libanon/Frankreich/Belgien
    2004, Regie: Danielle Arbid [zeigt am Beispiel der zwölfjährigen
    Lina, wie der Krieg die menschlichen Beziehungen beeinflusst]
Massaker, Deutschland/Libanon/Schweiz/Frankreich 2004,
    Regie: Monika Borgmann, Lokman Slim, Hermann Theissen
    [Verfilmung der Massaker von Sabra und Schatila]
Mauer, Frankreich/Israel 2004, Regie: Simone Bitton [»Mauer« ist
    eine filmische Meditation über den Israel-Palästina-Konflikt.
    Die Filmemacherin Simone Bitton behauptet ihre doppelte
    Identität als Jüdin und Araberin und lässt so die Grenzen des
    Hasses verschwimmen]
Men on the Edge, Israel 2005, Regie: Avner Faingulernt, Macabit
    Abramzon [vom friedlichen Zusammenleben israelischer und
    palästinensischer Fischer an der Grenze zwischen Gaza und
    Israel von 1999 bis 2003]
News from Home, Israel/Belgien/Frankreich 2006, Regie: Amos
    Gitai [Dokumentarfilm über die wechselvolle Geschichte eines
    Hauses in Westjerusalem]
Promises, USA 2001, Regie: Justine Shapiro, B.Z. Goldberg, Carlos
    Bolado [schildert die Geschichte von sieben Kindern in Jerusalem]
Rana's Wedding, Palästina 2002, Regie: Hany Abu-Assad [Drama
    über ein palästinensisches Mädchen, das den Mann heiraten
    möchte, den es liebt, und ihn innerhalb von zehn Stunden im
    besetzten Jerusalem finden muss]
Recycle, Jordanien/Niederlande/Deutschland 2007, Regie:
    Mahmoud al Massad [Der Dokumentarfilm präsentiert das
    Porträt eines geläuterten Gotteskriegers, der in Zarqa, der
    zweitgrößten Stadt Joradaniens, wieder ein normales Leben
    führen will]
Route 181 – Fragmente einer Reise in Palästina-Israel, Palästina/Israel 2003, Regie: Michel Khleifi, Eval Sivan [israelisch-palästinensische und arabisch-jüdische Aussöhnung sind ohne einen
    Prozess von Wahrheitskommissionen nicht möglich. Route 181
    ist ein erster Schritt in diese Richtung]

Literatur und neue Medien

Shnat Effes – Die Geschichte vom bösen Wolf, Israel 2004, Regie: Joseph Pitchhadze [unterhaltsame Schilderung des Lebens junger Israelis in Tel Aviv zu Beginn unseres Jahrtausends]

Die syrische Braut, Deutschland/Israel/Frankreich 2004, Regie: Eran Riklis [Mona lebt in einem drusischen Dorf in dem von Israel besetzten Teil der Golanhöhen. Sie soll den syrischen Fernsehstar Tallel aus Damaskus heiraten. Um sich vermählen zu können, muss sie ihre Familie für immer verlassen, denn wenn sie die Grenze nach Syrien einmal überschritten hat, wird Mona nie mehr in ihre Heimat zurückkehren können]

Tehilim (Psalmen), Israel/Frankreich 2007, Regie: Raphael Nadjari [auf mysteriöse Weise verschwindet ein Familienvater in Jerusalem]

Welcome to Hadassah Hospital, Niederlande 2002, Regie: Ramón Gieling [Arbeit eines Arztes in Jerusalem geprägt durch ständig neue Opfer von Selbstmordanschlägen]

Ya awlad (West-Beirut), Frankreich/Libanon 1998, Regie: Ziad Doueiri [erzählt von zwei Jungen und einer jungen Christin aus dem muslimischen Teil der Stadt. Am ersten Tag des Bürgerkrieges 1975 werden sie Zeugen, wie die Insassen eines palästinensischen Busses massakriert werden]

Internet ....

Bitte nutzen Sie für Ihre Internetrecherche die ständig aktualisierten Webtipps des Militärgeschichtlichen Forschungsamtes: http://www.mgfa.de/html/einsatzunterstuetzung/.
Neben den Beiträgen der Reihe »Wegweiser zur Geschichte« finden Sie auf diesen Seiten auch Karten und Diagramme im PDF-Format.

Hinweis: Bitte beachten Sie, dass wir keinerlei Einfluss auf Gestaltung und Inhalte der Seiten haben, auf die wir verlinken. Trotz sorgfältiger Auswahl können wir nicht in allen Fällen eine Garantie für die Ausgewogenheit der dort angebotenen Inhalte übernehmen. Für entsprechende Hinweise sowie Anregungen, Korrekturen und Ergänzungsvorschläge sind wir dankbar.
Schreiben Sie bitte an MGFAPresseEingang@bundeswehr.org.

Anhang

Häufige Orts- und Ländernamen wie Jerusalem bzw. Israel, Libanon oder Palästina sind nicht aufgeführt. Fettgedruckte Zahlen verweisen auf Infokästen.

Abbas, Machmud 111, 120 f., 162, 166, 168, 177 f., 276
Abdallah (transjord. König) 63, 93 f.
Abdülhamid II. (Sultan) 46–48
Abraham 207, 265, 282 f., 285
Abu Bakr 43
Abukir 35, 36
Adenauer, Konrad 220 f., 224, 273
Adrianopel (Edirne) 39
Afrikakorps 78, 80, 86, 271
Ägäis 28-31, 53, 84
Ain Djalut, Schlacht von 266
Akko (Akkon) 25, 36, 266, 279, 289
Al-Aksa-Intifada 110, 112, 119, 176, 276
Al-Aksa-Märtyrer-Brigade 118
Al-Aksa-Moschee 25, 102, 262, 283
Akrotiri (Zypern) 195
Alamut (Bergfestung) 23
Alawiten 64
Aleppo 42, 45
Alexander der Große 17, 36, 195
Alexandria 35, 44
Alexios I. Komnenos (byz. Kaiser) 18
Ali (Kalif) 23, 42 f., 59, 267
Alija (Masseneinwanderung) 71, 73, 75, 266–268
Allenby, Edmund 61
Amalfi 33
Amal-Miliz/Partei (Libanon) 129, 135 f.
Amselfeld 38
Anatolien 38–40
Angola 183

Annapolis, MD 7, 168, 178, 279
Ansiedlungsrayon 211, 213, 215
Antigonos Monophtalmos 17
Antiochia 44
Antisemitismus 67, 69, 170, 202, 213, 216, 218, 225
Antonius Pius (röm. Kaiser) 24
Aoun, Michel 136, 137
Arabische Liga 124, 131, 136, 148, 175, 270, 272, 277
Arabische Nationale Bewegung (Libanon) 128
Arabischer Nationalkongress 268
Arafat, Jassir **165**, 174–177, 223, 272–276
Argentinien 226
Armenier 52, 55 f., 149, 268
Aschkenasim 211 f.
Ashrafieh 252
Askalon 19, 21
al-Assad, Baschar 154
al-Assad, Hafis 104, 124
Assassinen **23**, 266
Assyrer 19, 264
Asymetrische Gewalt **150 f.**
Athen 87
Atta, Mohammed 23 f., 41, 43, 46, 76, 82 f., 172, 228–230, 232, 235, 260, 266, 281, 283 f.
Auschwitz 199, 270, 280
d'Austria, Don Juan 26
Ayatollah Chomeini 141, 274

Baader, Andreas 115
Baalbek 64
Baath-Partei (Syrien und Irak) 128, 272, 281
Babylon 208, 258, 265
Bagdad 23, 42, 52, 56 f., 82–84, 268

Bagdadbahn 51, **52**, 56, 267, 270
Balduin von Flandern 24
Balfour, Arthur J. 69 f., 157
Balfour-Deklaration 69, 268
Baltimore-Konferenz 271
Banias (Fluss) 239
al-Banna, Hassan 234
Barak, Ehud 112, 165
Bar Giora (Schutztruppe) 201
Bar Giora, Simon 201
Bar-Kochba-Aufstand 20, 265, 281
Basel 68, 267
Baseler Programm 68 f., 267
Basra 42, 52, 84, 86
Bayezid II. (Sultan) 40
Beerscheba 42, 57
Begin, Menachem 105, 131, 150, **158**, 223
Beita Israel 212
Bekaa-Ebene 64, 125, 141
Belgien 182, 245
Belgrad 84
Ben Elieser, Israel 213
Ben Gurion, David 77, 92, 220, 224, 271, 273
Ben Jehuda, Eliezer 199, 210
Berg Moriah 256, 260
Bernadotte, Graf Folke 182
Berri, Nabih 136, 141
Bet Dagon 260
Beth-El 260
Bethlehem 22, 156, 284
Bewegung der Entrechteten 141
Bey, Enver 30, 48
Bismarck, Otto von 51
Blaue Linie 191, 196
Bnei Brak 71
Bonde, Thord 182
Boney M 258
Bosporus 28, 37, 52–55
Bourgiba, Habib 87

Register

Brandt, Willy 225, 272
Briceño 191
Bronsart von Schellendorf, Fritz 53
Bulgarien 27
Bull, Odd 182
Bundeslade 258, 260, 284
Bundeswehr 7–9, 126, 194, 221
Bush, George W. 145, 162, 168
Byblos 252
Byzantinisches Reich 18

Caesarea (paläst. Stadt) 19, 21
Çaldiran 40
Camp David 105 f., 112, 165, 174 f., 189, 274, 276
Carter, Jimmy 105 f., 174, 189, (273)
Catroux, George 65
Cemal Pascha 48
Chaluz 72
Chameini, Seyyed Ali 143, 249
Chamoun, Camille 128, 130
Chassidismus 213
Chomeini, Ayatollah 141, 233, 249, 274
Christentum 15 f., 207, 212, 217, 256, 283
Chtaura 131
Churchill, Winston S. 81, 86
Clinton, Bill 112, 164 f.
Constantius II. (röm. Kaiser) 24

Damaskus 42, 45, 57, 61, 63, 82, 104, 131, 182, 238, 251 f., 269
Damur 131
Dan 261
Daniel 283
Dardanellen 27, 50, 53–55, 57, 269
David 77, 92, 105, 220, 224, 265, 276, 285
Dayan, Mosche 203, 254
Deir Jassin 91 f., 280, 286 f.
Democratic Front for the Liberation of Palestine (DFLP) 116, 129, 151
Dentz, Henri Fernand 85 f.

Deutsch-AnatolischeEisenbahngesellschaft 52
Deutsch-Arabische Lehrabteilung (DAL) 86
Deutsche Demokratische Republik (DDR) 219
Deutscher Bundestag 9, 10, 194, 221, 277 f.
Deutsches Afrikakorps (DAK) 78, **80**, 271
Deutsches Reich 218 f.
Deutschland 219 f., 222, 224 f., 227 f., 234, 245 f., 271, 289
Deutschritter/Deutschritterorden 25
Dhekelia (Zypern) 28 f., 33 f., 36, 194 f.
Diamond, Neil 251
Diaspora 201 f., 206, 208, 210, 217, 222, 248, 250, 258, 267
Di Biase, Ruggiero 197
Diocletian (röm. Kaiser) 17
Doha-Abkommen 279
DPR (Division for Palestinian Rights) 181
Dragut 33
Dreyfus-Affaire 69, 266
Drusen 64, 96, 125 f., 140, 160, 200, 248, 289
Dschidda 28
Dschihad 15, 46, 52, 59, 115, 120, 141, 143, 228, **233**–235
Dschije 241
Dschumblat, Kamal 129
Dschumblat, Walid 129

East-Ghor-Kanal 239
Eichmann, Adolf 223 f., 226, 273
Eisenhower-Doktrin 273
El Alamein 80, 87, 271
Elasa, Schlacht von 265
Elkana, Yehuda 226 f.
Enver Pascha 51
Ephraim 284
Erskine 192
Erster Golfkrieg 274
Erster Jüdischer Krieg 264
Erster Kreuzzug 18, 267
Erster Weltkrieg 114, 139, 195, 216, 269

EUMARFOR (European Maritime Force) 197
Euphrat 56, 85
Europäische Gemeinschaft (EG) 175
Europäische Union (EU) 15, 148, 172, 197, 237
»Exodus« 89, **90**, 94, 271, 289
Ezechiel 283
Ezel 77, 91, 94, 150

Faisal I. (syr. König) 61
Falkenhayn, Erich von 56
Famagusta 34
Faruk II. (ägypt. König) 87
Fatah-Bewegung 7, 11, 110, 112, 116, **118** f., 121, 129, 131, 151, 161, 163, 165, 177 f., 283, 278
Fayyad, Salam 178
Feisal-Weizmann-Abkommen 268
Felsendom 24 f., 102, 256, 260, 267, 283
Ferdinand II. (span. König) 212
Flavius Josephus 20, 286
Frangieh, Antoine »Tony« 128
Frangieh, Soleiman 128
Frankreich 90, 93, 99–101, 122, 125, 150, 170, 172, 182 f., 197, 200, 206, 297, 209, 211, 266, 268 f.
»Freie Offiziere« (Ägypten) 272
»Frieden für Galiläa« 107, 133
»Früchte des Zorns« (isr. Operation) 289
Fürstenfeldbruck 115

G8-Staaten 245
Gadna (israel. Jugendorganisation) 201
al-Gailani, Rashid Ali 82, 84 f.
Galiläa 19, 20–22, 36, 107, 131, 133, 289
Gallipoli 50, 55, 269
Gaulle, Charles de 86
Gaza-Jericho-Abkommen (Oslo I) 108–110, 274

305

Anhang

Gaza-Stadt 94, 286
Gazastreifen 161–163, 165 f., 177, 185, 204, 223, 271, 276–278, 285 f.
Geburtskirche (Bethlehem) 284
Gedera 68
Geffen, Aviv 254
Gemara (= Lehre) 209
Gemayel, Amin 128
Gemayel, Baschir 128, 133
Gemayel, Pierre 128
Genezareth (See) 238–240, 288 f.
Gesellschaft zur Entwicklung Palästinas 68
Gessius Florus (röm. Prokurator) 20
Gibraltar 90
Globke, Hans 221
Golanhöhen 98, 101, 145, 148, 155, 163, 166, 204, 223, 239, 275, 287 f.
Goldmann, Nachum 75, 271
Goldstein, Baruch 285
Golf von Akaba 186
Golgatha 259
Goltz, Colmar Frhr. von der 53, 56
Grabeskirche (Jerusalem) 22, 24, 260, 265
Granada 31, 212
Graziano, Claudio 197
Grenzschutzgruppe 9 (GSG 9) 115
Griechenland 27, 81, 84
Großbritannien 36, 46, 47, 49–51, 58, 59, 61, 63, 69 f., 76, 78–90, 93, 99–101, 157, 162, 169, 172, 183, 195, 200, 268 f.
Großlibanon 64, 268
Grüne Linie 130, 203
Guerilla (Kriegführung) 10, 91, 102, 107, 117, 123 f., 150 f., 270

Habima (Nationaltheater Tel Aviv) 75
Habsburger Monarchie 27
Hadad, Sarit 254
Haddad 133, 193
Hadith 229 f., 232, 260

Hadrian (röm. Kaiser) 20, 24, 208, 265
Haganah 76 f., 91, 94, 164, 198, 201 f.
Haifa 36, 75, 84 f., 90, 92, 182, 203, 206, 236, 268, 289
Halacha (= Wandeln) **209**
Haleb (Aleppo) 42, 45
Hamas **118**–120, 161, 177
Hamburg 8, 90, 245
Hammarskjöld, Dag 184 f.
Hamra 252
Haniyya, Ismail 177
Haram asch-Scharif (arab. für Tempelberg/Heiliger Platz) 256, 260
Hard Rock Café 251
al-Hariri, Rafiq 130, 251
al-Hariri, Saad 130
Hasan-e Sabbāh 23
Hasbani (Fluss) 239
Haschimiten (Bani Haschim) 59
Haschomer (Schutztruppe) 201
Hattin, Schlacht von 25, 266
Hausner, Gideon 226
Hebräisch **210**
Hebräische Universität Jerusalem 270
Hebron 21, 275, 285
Heiliger Krieg 45, 52, 59
Heiliges Land 16, 22, 24 f., 36, 67
Heine, Heinrich 211
Hermongebirge 64
Herodes (jüd. König) 19, 20, 67, 258
Herodot 19
Herzl, Theodor 68, **69**, 222, 266 f.
Heydrich, Reinhard 218
Hidschas 47 f.
Hijra 266
Hinden, Alain 197
Hisbollah (arab.: hizb allah) 5, 7, 10 f., 13, 107, 129, 135, 137–150, **143**, 152–155, 167, 178, 196, 204, 236, 241, 252, 275, 277, 279, 289

Histadrut (jüd. Gewerkschaftsbund) 72, 77, 268
Hitler, Adolf 78
Hobeika, Elie 254
Hohe Pforte 28, 31, 125
Hohes Arabisches Komitee 76, 93
Holocaust 6, 14, 89, 211, 219, 221–223, 225, 270, 284
Homosexualität 254
Homs 42
Horn von Afrika 212
al-Hoss, Salim 136
Human Rights Watch 289
Hussein (jord. König) 116, 118, 280, 282
Hussein, Saddam 124, 272
Hussein, Sherif von Mekka 59, 61, 63
al-Husseini, Hadsch Mohammed Amin (Großmufti) 76, 82, **83**, 86, 165, 261

Ibn Saud 63
Indien 36 f., 79, 84, 212
Indischer Ozean 54
Internationaler Währungsfonds (IWF) 244
Intifada 108–110, 112, 118 f., 137, 165, 176, 204, 262, 274, 276 f., 281, 284, 286, 288
Ionisches Meer 32
Irak 48 f., 53, 56, 62 f., 76, 82, 84–86, 93, 118 f., 124, 127 f., 137, 167, 181, 187, 209, 272, 274, 280
Iran 39 f., 83 f., 86, 119, 124, 142, 144, 154 f., 274
Irgun 150
Irland 192, 250
Isaak 207, 265, 285
Isabella I. (span. Königin) 212
Islamische Dschihad Union 228
Islamischer Dschihad (arab.: al-Dschihad al-Islami) 115
Ismail I. (Schah) 40
Ismailiten 23
Ismailiya 234

Register

Israel Defence Forces/Israelische Verteidigungsarmee (IDF) (hebr. Zahal) 76, 193, 198
Istanbul 39, 42, 47 f., 52, 254
Italien 29, 31, 35 f., 48, 79, 83, 122, 197
Ivrit (Neuhebräisch) 210
Jaffa 36, 42, 164, 248
Jakob 207, 265, 284 f.
Japan 250
Jarmuk (Fluss) 239
Jarring, Gunnar 104
Jassin, Achmed 276
Jassir-Arafat-Märtyrer-Brigade 118
Jebusiter 284
Jeckes 75
Jemen 42 f., 47 f., 118, 183
Jeremia 283 f.
Jericho 21, 108, 274, 284
Jerusalemer Talmud 209, 265
Jesaja 283
Jesus Christus 22, 284
Jewish Agency for Palestine 269
Jiddisch 71, 210–214
Jischuv 70 f., 201
Jitro 289
Johanniter/Johanniterorden 25, 28, 32, **33**
Johnston-Plan 239
Jom Kippur **104** f., 127, 164, 180, 188, 239, 272, 279, 282
Jordan 116, 157 f., 238 f., 265, 284, 288
Josef (Ehemann Marias) 287
Josia (bibl. König) 261
Josua 284
Judäa (Iudaea)/Juda 21, 203 f., 208, 258, 261, 264, 285
Jüdische Kolonisationsbank 68
Jüdischer Nationalfonds 68, 72, 241
Jüdischer Stiftungsfonds 68
Jüdischer Volksrat 92
Jüdischer Weltkongress 75

Jugoslawien 84, 183, 221
Jungtürken **47**, 267, 268
Justinian I. (byz. Kaiser) 285
Kadima (israel. Partei) 7, 11, 278 f.
Kairo 23, 42, 83, 106, 127, 161, 174, 193, 254, 269, 272,
Kairo, Abkommen von 286
Kalifat 23, **43**, 49, 59
Kalter Krieg 171
Kana 10, 289
Kanaan 208, 265, 284
Karame, Schlacht bei **116**, 272
Karami, Raschid 136
Karikaturenstreit 228 f., 277
Karl V. (dt. Kaiser) 32 f.
Karl der Große (dt. Kaiser) 210
Katz, Jacob 217
Kemal, Mustafa Pascha Atatürk 47 f., 269
Kennedy, John F. 170
Khair ed-Din 30
Kibbuz[im] 72 f., 206, 268
Kidduschzeremonie 214
Kirijat Schmona 206
Klagemauer 20, 101, **102**, 158, 215, 258–260, 262
Knesset 98, 105, 164, 166, 225, 277, 284
Köhler, Horst 225
Konstantin II. (Constantius II.) 24
Konstantinopel 27, 29 f., 36, 40, 52, 125, 266
Konya 52
Kopten 40, 44
Koran 14, 41, 230, 232, 235, 282
Korea 171
Koreischiten (arab.: Quraish) 230
Korsaren 28–34, 36
Kreß von Kressenstein, Friedrich 53
Kreta 28 f., 34, 84 f.
Kreuzzüge 16, **18**, 24, 33, 195, 259, 261, 267, 285

Krim 38
Kubakrise 171, 188
Kunaitra 187, 288
Kuntar, Samir 153, 289
Kurden 149
Kut-al-Amara, Schlacht bei 56, 269
Kuwait 9, 46, 175 f., 245, 274
Kyros II. (pers. König) 208
»**L**andshut« (Flugzeug) 117
Lateinisches Königreich Jerusalem 267
Lawrence, Thomas E. 58 f., 62, 269
Lea 285
Lebanese National Movement/Libanesische Nationalbewegung 191
Lechi 77, 94
Lejeune, Louis-François 35
Lemnos 28
Lenin, Wladimir I. 62
Lepanto, Schlacht von 26 f., 30, 34, 267
Libanesische Nationalbewegung 191
Libanongebirge 17
Libyen 43, 48, 79 f., 83, 124, 270
Likud-Block (Israel) 158
Liman von Sanders, Otto 53, 55
Limassol 33, **194 f.**
Litani 123, 131, 191, 193, 239
Livni, Zipi 7, 11, 278 f.
Luther, Christian 197
McMahon, Henry 59
McMahon-Husayn-Abkommen 269
Madaba (Jordanien) 22
Maghreb 29, 31 f., 63
Makkabäer-Aufstand 265
Malta 29, 31–36, 267
Malteserorden/-ritter 33 f.
Mamluken 18, 23, 28 f., 39 f., 42, 267, 285
Mapai (Sozialdemokratische Arbeiterpartei Israels) 77
Marco Polo 23

Maria (Mutter Jesu) 281, 287
Marokko 29, 62, 80
Maroniten 44, 47, 65, 125 f., 128, 136, 140 f., 252
Maroun (Heiliger) 280
Marseille 28
Masada (Felsenfestung) 16, 20, 265, 286
Masyaf 23
Mauren 212
Mea Schearim 71
Medina 28, 40, 42, 46 f., 230, 235, 283
Megiddo, Schlacht bei 21, 265, 268
Mehmet II. (Sultan) 27
Mehmed Ali Pascha 45
Meinhof, Ulrike 115
Meir, Golda 225
Mekka 28, 40, 42 f., 46 f., 59, 230, 235, 260, 273, 282 f.
Mendelssohn, Moses 215
Menora (siebenarmiger Leuchter) 20
Merkel, Angela 225
Messianismus 67
Messias 41, 67, 70
Metulla 239
Mexiko 27
Mischna (= Wiederholung) 209, 265
Misrahim 212
Mofas, Schaul 279
Mogadischu 117
Mohammed (Prophet) 18, 23 f., 41, 43, 228–230, 232, 260, 266, 281, 283 f.
Moriah, Berg 256 f., 260
Mosambique 183
Moschav[im] (Genossenschaften) 72 f., 268
Moses 208 f., 215, 284, 289
Moskau 86, 170–172, 174
Mossul 42
Mubarak, Mohammed Hosni 275
Mudros, Waffenstillstand von 269
München 115, 117, 151, 273

Muslimbruderschaft 118, 128, 234, 270
Mytilene 28
Nablus (bibl. Sichem) 261, 288
Nahalal 73
Naharija 289
Nahr al-Bared 152
Napoleon I. 33, **35 f.**
Nasrallah, Sayyid Hassan 138, 143 f., 148, 250, 253
el-Nasser, Gamal Abd 87, 99 f., 102, 161 f., 172
Nationalsozialismus 221
Naupaktos 27, 34
Nazareth 22, 73, 264, 287
Nebukadnezar II. (babyl. König) 208, 264
Negev (Wüste) 239
New York, NY 181, 205, 220, 224, 271, 273, 277
Nikolaus I. (russ. Zar) 37
Nikopolis 18
NSDAP 218, 221
Nürnberger Kriegsverbrecherprozess 83
Oberster Muslimischer Rat 76, 269
Oberstes Arabisches Komitee 76, 83
Observer Group Beyrouth (OGB) 193, 196
Observer Group Lebanon (OGL) 192
Ölberg 257
Österreich 27, 44, 213, 216, 219
Österreich-Ungarn 49, 52
Oktoberrevolution 61, 269
Olmert, Ehud 7, 11, 168, 178, 276, 278 f.
Omar (Kalif) 58, 267
ONUC 183
ONUCA 183
Oslo-Abkommen (I und II) 108, 109, 110, 163, 165, 240, 274 f., 285
Osman I. (Sultan) 38
Osmanen 19, 26–34, 36, 38–40, 43, 49, 52, 55, 57–59, 113, 195, 266 f.
Osmanisches Reich 12, 13, 18, 25–27, 31, 37–40,

45, 47–55, 58 f., 64, 114, 139, 268 f., 285
Ostjerusalem 94, 97 f., 102, 113 f., 116, 121, 158, 160, 163, 167, 256, 262 f., 283
O'Toole, Peter 58
Palaestina (röm. Provinz) 16, 19
Palästinensische Autonomiebehörde/Palestinian National Authority (PNA) 108–110, 112
Palästinensische Befreiungsarmee siehe PLO
Palmach 77
Paphos (Zxpern) 194
Paris 61 f., 64 f., 112, 139, 165, 178, 250, 268
Paris III-Konferenz 245
»Peace Now« 251
Peel-Kommission 271
Peres, Schimon 7, 11, 108 f., 112, 165, 225, 274, 279
Persischer Golf 51 f., 124, 160
Pesach-Fest 280
Pétain, Henri Philippe 81 f., 86
Phalange-Partei (Libanon) 139
Philister 113
Picot, Charles F.G. 61–63, 269
Plinius 258
PLO 13, 98 f., 106–108, 112–121, 123, 127, 129 f., 133, 135, 137, 139 f., 161, 164–166, 174–178, 191–193, 196, 272 f., 275, 287
Polen 44, 73, 171, 199, 211, 213
Pompeius (röm. Feldherr) 264
Pontius Pilatus (röm. Prokurator) 22
Popular Front for the Liberation of Palestine (PFLP) 116, 129, 151
Portugal 197, 212, 242
Potsdamer Abkommen 219
Prevesa 32

Register

Progressiv-Sozialistische Partei (Libanon) 128
Proust, Marcel 253
Purim-Fest 250, 280
Al-**Q**aida 46, 51
Qana (Libanon) 275
al Qassam, Muhammad Izz al-Din 150
Qassam-Brigaden 119
Quibya 164
Quinn, Anthony 58
Qumran 210

Rabat 112, 161
Rabin, Itzchak 108, **109**, 110, 112, 165 f., 274 f., 282
Rachel 284
Ramadan 105, 235, 262, 281 f.
Ramallah 113, 120
Raqqa 42
Rat der Hebräischen Sprache 210, 266
Rau, Johannes 68
Rebekka 285
Reconquista 31, 44, 212, 267
Rhodos 27–29, 31, 33, 36, 182, 267
Rischon le Zion 68
»Road Map« 111, 177, 276
Römisches Reich 16 f., 79, 208, 259
Rommel, Erwin 79 f., 83–87, 271
Roosevelt, Franklin D. 170
Rosch Pina 68
Rote Armee 221
Rote Linie 123
Rotes Meer 25, 28, 99
Rothschild, Lionel W. 157
Royal Air Force 84
Russisches Reich 212 f., 216
Russland 33, 44, 51, 57, 61 f., 68 f., 85, 111, 172, 177, 200, 207, 211, 213, 216, 266, 268, 276

Sabbat 213, **214**
Sabra 117, **134**, 164, 254, 275, 287
as-Sadat, Anwar 87, 104–106, 166, 172, 188, 273, 275

al-Sadr, Sayyid Musa 129, 141
Safawiden 40
Safed 71, 270, 285
Saida siehe Sidon
as-Saika (Libanon) 129, 151
Saint-Joseph-Universität 253
Saladin (Sultan) 25, 266, 285
Salomon (bibl. König) 258
Saloniki 85
Şam (Damaskus) 42, 45
Samman, Gadda 253
Sassaniden 210, 285
San Remo 62, 268
Sarah 285
Saud 45 f., 63
Saudi-Arabien 46, 63, 175 f., 245, 277
Saul (bibl. König) 265
Scharia 39, 43, 232, 234
Scharon, Ariel 107, 110 f., 119, **134 f.**, 162, 164 f., 254, 276, 287
Schatila 117, **134**, 164, 254, 275, 287
Schawarma 250
Schebaa-Farmen 142, 148, 154 f., 288
Schia 41
Schiiten 23, 40, **41**, 126, 140 f., 144, 233, 249, 252, 254, 280
Schkedy, Eliezer 199
Schoah 89, 95, 222 f., 225–227, 281
Schuf-Gebirge 131, 135
»Schwarzer September« (Ailul al-Aswad) 106, 115, 273
Schwarzes Meer 31, 53 f.
Schweiz 83, 125, 139
Sechstagekrieg 98, 101, 109, 115, 127, 142, 148, 151, 160, 163 f., 166, 172, 174, 182, 186, 188, 204, 239, 256, 259, 261, 272, 283–286, 288
Segev, Tom 157
Seldschuken 24, 267
Selim I. (Sultan) 25, 40, 42
Sephardim 212

Serbien 27, 53, 57
Sète 90
Severer 24
Sharif, Omar 58
Sharm el-Scheich 277
Sidon 18, 42, 64, 130
Simonszoon, Simon 30
Sinai 55, 57, 98–101, 104, 106, 157, 182 f., 185 f., 272 f., 280 f.
Sinai (Berg) 208 f.
Sinai (Wüste) 19, 42
Siniora, Fuad 148, 152
Sira 229 f., 232
Sizilien 31, 84
Skopusberg 287
Sommerkrieg (Libanon) 7, 9, 111, 137, 144, 147, 152 f., 178, 277, 289
Souchon, Wilhelm 53
Sowjetunion 73, 81, 83, 86, 92 f., 97, 100 f., 124, 162, 166, 168, 170, 172, 174, 183, 188 f., 207, 210 f., 216, 221, 225, 272, 274
Spanien 18, 27, 29, 31, 34, 44, 197, 211 f., 267, 285
Special Night Squad (SNS) 76
Stalin, Jossif W. 86, 216
Stalingrad 87, 271
Südlibanesische Armee 133, 193, 196
Suezkanal 51, 57, 79, 87, 100, 102, 104 f., 171, 183, 185, 195, 272
Suezkrise **100**
Suleiman, Michel 8, 153, 278
Sunna 41, 229
Sunniten 23, **41**, 126, 140 f., 144, 233, 252
Sykes, Mark 61
Sykes-Picot-Abkommen 61–63, 269
Syria Palaestina (röm. Provinz) 19, 113
Syrische Soziale Nationalistische Partei (Libanon) 128

Taba, Vertrag von (Oslo II) 108

Anhang

Tabor (Berg) 36
Taif 122, 124, 136, 140
Taif-Abkommen 137
Talat Pascha 47
Talmud 198, **209**, 265, 267
Tanzim-Miliz 118
Taurusgebirge 56
Teheran 83, 86, 142, 145, 251
Tel as-Zaatar 130 f.
Tel Aviv 15, 71, 73, 75, 91 f., 109, 203, 205 f., 239, 248–251, 253–256, 268, 273, 279
Tempelberg (arab.: Har Harbeit) 102, 110, 119, 163, 165, 256 f., 276, 283
Tempelherren (Templer-Orden) 25
Thora 207–209, 213, 281 f.
Tiberias 21, 71, 289
Tiran, Straße von 99–101, 186
Tischa be-Aw 258, 281
Tito, Josip Broz 83
Titus Flavius (röm. Kaiser) 80, 84, 271
Tobruk 80, 84, 271
Totes Meer 210, 241, 286
Trablus (Tripolis) 42
Transjordanien 63, 93, 181, 269, 271
Tripolis (Libanon) 18, 30, 33
Tripolis (Libyen) 42, 84, 87, 129, 131
Tripolitanien 48
Truman, Harry S. 90, 170
Tschechoslowakei 93, 172
Türkei 40, 49 f., 57, 70, 79, 81, 85, 237, 269
Tunesien 29, 46, 80, 118
Tunis 30–32, 34, 43, 87, 107, 117, 133, 165, 275
Turkmenen 40
Tyrrhenisches Meer 33
Tyrus (Tyros) 18, 21, 64, 191 f.
U Thant, Sithu 185
UdSSR siehe Sowjetunion
Ultraorthodoxie 71, 212
Uluj Ali (Giovanni Dionigi Galeni) 30, 34

UNAVEM 183
UN-Charta 182, 184, 193
UNDOF ((United Nations Disengagement Observer Force) 180, 189, 191 f., 272
UNEF I, II (United Nations Emergency Force) 100 f., 180, 183, 185 f., 188 f., 192, 272
UNFICYP (United Nations Peacekeeping Force in Cypris) 195
Ungarn 27, 31, 171
UN-Generalsekretär 182–185, 188, 192 f., 197
UN-Generalversammlung 180, 183–185
UNIFIL (United Nations Interim Force in Lebanon) 7–12, 107, 133 f., 147, 150, 154 f., 180, 189, 192 f., **194** f., 196 f., 273, 278, 287, 289
UNOGIL (United Nations Observer Group in Lebanon) 180, 186 f., 273
UN-Palästina-Komitee 89
UNPROFOR 183, 193
UN-Sicherheitsrat 9, 101, 104, 133, 153, 181, 183, 186–188, 191–193, 276
UNTSO (United Nations Truce Supervision Organization) 180–183, 185–188, 191 f., 196, 271
UNYOM 183
Ukraine 207, 213
Urban II. (Papst) 18, 24
Uris, Leon 90
Usirak (Irak) 275
Venedig 26, 28, 34, 36, 44, 209
Venedig, Erklärung von 175
Vereinigte Arabische Republik (VAR) 186
Verkündigungsbasilika (Nazareth) 287
Veronese, Paolo 26
Via Dolorosa 260, 262
Via Maris 257, 285

Vichy-Regime 81 f.
Vietnam 171
Völkerbund 62, 70, 81, 269
Volksrepublik China 188
Waad Leumi 71, 268
Wahhabiten/Wahhabismus 44–**46**
El-Wajh 58
Wannseekonferenz 218
Warna 18
Weizsäcker, Richard von 225, 274
Westjordanland (Westbank) 7–11, 98, 101, 105, 107–111, 113, 116, 119, 156, 163, 177 f., 204, 223, 239 f., 263, 271, 274, 277 f., 285, 288
»Wiedergutmachung« 220, **224**, 272
Wien 31, 38, 44, 69, 216
Wilna 213
Wingate, Orde C. **76**
Wilhelm II. (dt. Kaiser) 51–53
Wolga 87
Wye Plantation 164
Wye-River-Abkommen 110, 275
Yad Vashem 218, 223, 284
Zacharias 283
Zahal, siehe IDF 10, 93, 140, 147, 198–202
Zahle 133
Zehn Gebote 258, 284
Zichron Jakow 68
Zion 67, 158
Zionismus 13, 66–70, 75, 95, 114, 157, 170, 202, 222, 261
Zionistische Föderation 157
Zionistische Weltorganisation (ZWO) 68, 71, 75, 92, 267
Zionsberg 257
Zionssehnsucht 258
Zweiter Golfkrieg 274
Zweiter Weltkrieg 78–87, 89, 109, 139, 157, 169, 211, 216, 270
Zypern 28 f., 33 f., 36, 194 f.

Autorinnen und Autoren

Privatdozent Dr. Martin Beck, GIGA Institut für Nahost-Studien, Hamburg (Beck@giga-hamburg.de)

Leitender Regierungsdirektor Thomas Breitwieser, Bundeswehrdisziplinaranwalt beim Bundesverwaltungsgericht, Leipzig (ThomasBreitwieser@bundeswehr.org)

Dr. Bernhard Chiari (bc), Militärgeschichtliches Forschungsamt, Potsdam (BernhardChiari@bundeswehr.org)

Prof. Dr. Loretana de Libero, Militärgeschichtliches Forschungsamt, Potsdam (LoretanadeLibero@bundeswehr.org)

Prof. Dr. Ralf Elger, München (RalfElger@yahoo.com)

Prof. Dr. Henner Fürtig, GIGA Institut für Nahost-Studien, Hamburg (Fuertig@giga-hamburg.de)

Richard Göbelt, Friedrich Meinecke Institut, Freie Universität Berlin (RichardGoebelt@aol.com)

Oberstleutnant Dr. Gerhard P. Groß, Militärgeschichtliches Forschungsamt, Potsdam (GerhardGross@bundeswehr.org)

Dr. Mehmet Haçısalihoğlu, Institut für Geschichte und Kultur des Nahen Orients sowie Turkologie, Ludwig-Maximilians-Universität München / Yıldız Teknik Üniversitesi, Istanbul (Hacisalihoglu.Mehmet@gmx.de)

Melanie Herwig M.A. (mh), Justus-Liebig-Universität Gießen (mela_herwig@gmx.de)

Dr. Norbert Kampe, Leiter Gedenk- und Bildungsstätte Haus der Wannsee-Konferenz, Berlin (NKampe@ghwk.de)

Oberstleutnant Dr. Dieter H. Kollmer (dhk), Bundesministerium der Verteidigung, Bonn (DieterKollmer@bmvg.bund.de)

Marko Martin, freier Schriftsteller, Berlin (Bigsikpa@hotmail.com)

Kapitänleutnant Andreas Mückusch M.A., Fregatte Schleswig-Holstein (andymueckusch@web.de)

Prof. Dr. Rolf-Dieter Müller, Militärgeschichtliches Forschungsamt, Potsdam (RolfDieterMueller@bundeswehr.org)

Hauptmann Dipl. Päd. Tarik Ndifi, Eurokorps Strasbourg (Tarikn@gmx.de)

Anhang

Hauptmann Magnus Pahl M.A. (mp), Militärgeschichtliches Forschungsamt, Potsdam (MagnusPahl@bundeswehr.org)

Leutnant Sandra Pillath (sp), Dipl. Pol, FlaRak-Gruppe 26 Husum (SandraPillath@bundeswehr.org)

Dr. Martin Rink (mr), Historiker, Potsdam (MRink@wundertier.de)

Dr. Christoph M. Scheuren-Brandes, Wissenschaftler, Hamburg (scheurenlaw@t-online.de)

Oberstleutnant Dr. Rudolf Schlaffer, Militärgeschichtliches Forschungsamt, Potsdam (RudolfSchlaffer@bundeswehr.org)

Prof. Dr. Udo Steinbach, Berlin (us@udosteinbach.eu, www.udosteinbach.eu)

Friedrich Tänzer (ft), Heinrich-Heine-Universität, Düsseldorf (FritzTaenzer@t-online.de)

Dr. Angelika Timm, Arbeitsstelle Politik des Vorderen Orients, Freie Universität Berlin / Bar Ilan University, Ramat Gan, Israel (TimmAng@mail.biu.ac.il)

Dr. Gil Yaron (gy), Making the Middle East Understandable, Tel Aviv (www.info-middle-east, GilmYaron@013.net)